»Richtig wandern«
Lappland

»Richtig wandern«

Lappland

Norwegen – Finnland – Schweden

Michael Möbius und Annette Ster

DuMont Buchverlag Köln

Umschlagvorderseite: Am Sagfjorden zwischen Fauske und Narvik (Norwegen)
Frontispiz: Kirche von Kvikkjokk (Schweden)

Für Alea

CIP-Titelaufnahme der Deutschen Bibliothek

Möbius, Michael:
Lappland: Norwegen – Finnland – Schweden / Michael Möbius
und Annette Ster. – Köln: DuMont, 1991
   (Richtig wandern)
   ISBN 3-7701-2661-0
NE: Ster, Annette:

© 1991 DuMont Buchverlag, Köln
Satz, Druck und buchbinderische Verarbeitung: Boss-Druck, Kleve

Printed in Germany   ISBN 3-7701-2661-0

Inhalt

Praktische Reiseinformationen

Lappland ist vielsprachig. Neben der norwegischen, finnischen und schwedischen Sprache verwendet die Urbevölkerung auch das Samische. Die Schreibweisen und Abkürzungen von geographischen Namen variieren entsprechend stark und sind nicht immer eindeutig festzulegen. Im Buch wurde in der Regel die ortsübliche Version verwendet.

Vorbemerkung

»O du armer Mensch, welche Umstände eines schweren Schicksals haben dich hierhergetrieben, wohin niemand zuvor sich gewagt hat, bisher habe ich noch nie einen Fremden hier gesehen. Du armer Mensch, wie bist du hierhergekommen, oder was willst du?«

Die Zeiten haben sich geändert, seit Carl von Linné, einer der bedeutendsten Naturwissenschaftler seiner Zeit, diese an ihn gerichteten Fragen am 3. Juni 1732 in seinem Reisetagebuch notierte. Lappland, damals noch *Terra incognita,* heute ein touristisch erschlossenes Land, ist in Mode gekommen. Unzählige Prospekte und handfestere Werke zeugen davon. Asphaltstraßen bringen die Urlauber bis aufs hohe Fjell, Brücken überspannen von Staumauern gebändigte Stromschnellen, und Hamburger gibt's an jeder Tankstelle.

Man fährt mit dem Auto über die Polarstraße, diese lange, schmale Zunge, die die Zivilisation bis zum Eismeer ausgestreckt hat. Man hält an und schaut ins Gelände, atmet ›Edda-Klima‹ und ›Ultima Thule-Gefühle‹ ein. Aber das Ziel ist noch fern, die Zeit reicht nur für einen flüchtigen Blick, ein Foto vielleicht, und schon geht es weiter: Richtung Nordkap. Was bleibt, ist die verzehrende Unruhe, die auf Reisen treibt, die Lust auf die Fremde, und immer stärker mischt sie sich mit Resignation, mit der Erfahrung, daß sich Lappland – wie kein Land – auf solche Weise erfahren läßt.

Aber vielleicht eilt man ja nicht durch die Landschaft, sondern wandert in sie hinaus und öffnet sich dem einzig Wesentlichen, das einem Touristen widerfahren kann: dem Berührtwerden von Stimmungen. Dann kann es sein, daß sich für Momente der Geist des Landes entschleiert, alles Flüchtige brennend und intensiv wird. Und auf diese Augen-Blicke, von denen wir Ihnen möglichst viele wünschen, kommt es an.

Ein landeskundlicher Überblick

›Grenzenloses‹ Lappland

Landkarten können trügerisch sein, denn suchen wir Lappland auf einer solchen, so entdecken wir lediglich, daß kein Nationalstaat und keine Provinz irgendeines Landes diesen Namen trägt. Nur ein kleiner Bezirk im schwedischen Norrbotten heißt so, aber dabei kann es sich unmöglich um ganz Lappland handeln.

Wenden wir uns also anderen Quellen zu, um die Frage nach Lage und Abgrenzung dieses Gebietes beantworten zu können. In der ethnographischen Literatur wird mit der Bezeichnung Lappland derjenige geographische Raum belegt, in dem das Volk der Lappen oder, wie sie selbst sagen, der *Sameh* (auch: Samen) von alters her lebt und wirtschaftet. Eine solche Auslegung aber scheint außerhalb der Völkerkunde unbefriedigend, denn das Verbreitungsgebiet der als Ureinwohner Lapplands geltenden Volksgruppe war im Laufe der Geschichte immer wieder so unterschiedlich, daß nach dieser Lesart halb Skandinavien sowie die heute zur Sowjetunion gehörige Halbinsel Kola gleich Lappland wäre, wobei noch zahlreiche ›Enklaven‹ ausgeklammert werden müßten. Nach der geologischen Terminologie umfaßt Lappland ganz vage Nordskandinavien sowie die Kola-Halbinsel. Und auch die Geographen bekommen Lappland letztlich nicht in den Griff und ziehen sich mit einem lapidaren ›Nordskandinavien‹ aus der Affäre. – Freilich ohne zu bestimmen, wo dieser Norden denn nun beginnt.

Wie es aber keine verbindliche geographische Abgrenzung für Lappland gibt, so scheint es auch keine endgültige etymologische Erklärung des Wortes Lappland zu geben. Im Finnischen handelt es sich bei dem Wort *lappi* um »das öde Land im Norden, wo sich lediglich rohe und unzivilisierte Menschen aufhalten« (Wiklund, 1947). In der samischen Sprache bedeutet es in etwa ›Ende‹ oder ›Schluß‹, und im finnischen Nationalepos *Kalevala* wird es mit ›Grenzland‹ gleichgesetzt. Lappland also, kein Reich für sich, sondern ›grenzenloses Grenzland‹, durch das vier Staaten ihre Grenzen gezogen haben: Norwegen, Schweden, Finnland und die Sowjetunion.

Uns bleibt nur, eine weitere Grenze zu ziehen. Denn ein Buch über eine nicht abgegrenzte Region zu verfassen, erscheint doch sehr problematisch. So haben wir uns entschieden, diejenigen Gebiete von Norwegen, Schweden und Finnland zu Lappland zu erklären, für die die Einwohner aller drei skandinavischen Länder den (im deutschsprachigen Raum allerdings weitgehend unbekannten) Namen **Nordkalotte** geprägt haben.

Die Südgrenze des so verstandenen Lappland deckt sich größtenteils mit jener imaginären Linie, die bei 66°33′ nördlicher Breite verläuft und als Polarkreis bekannt ist. Im Westen endet das Land am Europäischen Nordmeer, im Norden an der Barentssee, und im Osten schließlich am ›eisernen Vorhang‹, der – wenn auch ›mottenzerfressen‹ – seine trennende Aufgabe doch noch immer erfüllt. Aber auch das Lappland in dieser

Ausdehnung, ohne die eigentlich dazugehörige Halbinsel Kola, wäre groß genug, um einen selbständigen Staat zu bilden. Man könnte auf den anstehenden rund 315 000 km² ganz Großbritannien unterbringen, und es wäre immer noch genug Platz für Dänemark und Belgien. Andererseits könnte man die gesamte, nur etwa 1 Mio. Menschen zählende Bevölkerung auf eine Reise zu den Kanarischen Inseln einladen, und es wären immer noch Betten frei. Doch genug! Was können solche Zahlenspielereien schon besagen, wenn die Superlative fehlt? – Lappland: rauheste Wildnis und gleichsam die größte zusammenhängende Fläche Natur unseres Kontinentes.

Zwischen Fjell und Fjord – Strukturen der Eiszeit

Wir befinden uns 500 km nördlich des Polarkreises, direkt an der Stelle, wo die Klippen der Halbinsel Raggonjargga steil ins Eismeer abfallen. Dies ist der Nordrand der arktischen Tundra, ein nacktes, ödes, unfruchtbares Land. Und hier, unter dem Tanahorn und weit über dem bleifarbenen Meer, sitzen wir auf dem nackten Fels und denken an die Geschichte dieses uralten Landes, in dem alles an die Vergangenheit erinnert. Schon die Schreie der Vögel wirken wie ein Echo aus fernen Zeiten, die kein Mensch miterlebte. Dies ist ein Ort, wo geologische Zeitalter Realität sind.

Dabei ist unser Sims in Wirklichkeit nicht sehr alt, vielleicht nur etwa 300 Mio. Jahre. Keine Tagesreise von hier können wir Schichten finden, die aus rund 2,5 Mrd. Jahren altem Gestein bestehen und als Baltischer Schild nicht nur den ältesten Teil Europas bilden, sondern – entstanden aus dem Urkontinent Magagäa selbst – einen Stützpfeiler der Erde. Die archaischen Gesteine des Schildes (hauptsächlich Granite, Gneise, Schiefer) machen mehr als 50% der Fläche Lapplands aus. Im Übergang vom Silur zum Devon (vor rund 600 Mio. Jahren) faltete sich in einem Senkungsgebiet der Erdkruste (Geosynklinale) das Kaledonische Gebirge auf. Dieser Gebirgszug ist aus Graniten, Gneisen und Eruptivgestein aufgebaut und seiner Struktur nach ein Deckengebirge, das auf den Baltischen Schild geschoben wurde. Nach Osten findet er seine Grenze entlang der Linie von Stavanger im Süden Norwegens bis zum Varangerfjord im hohen Norden und umfaßt somit den gesamten Küstensaum Lapplands, mithin auch unseren Sims über dem Eismeer.

Nur scheint uns dieser gar nicht kaledonisch zu sein, ist er doch mit kleinen Fossilen bedeckt und sieht überhaupt so aus, als wäre er dem Meer entstiegen. – Das ist er auch, denn zur Zeit des Diluviums spielte sich in der naturgeographischen Einheit Fenno-skandien (bestehend aus Norwegen, Schweden, Finnland sowie Sowjetisch-Karelien und der Kola-Halbinsel) eine zweite Schöpfungsgeschichte ab. Sie wurde von den Eiszeiten geschrieben, deren letzte vor etwa 70 000 Jahren begann und vor rund 13 000 Jahren den Rückzug antrat, wobei bis zum völligen Abschmelzen des Eises weitere 6000 Jahre vergingen. Das unvorstellbare Gewicht des glazialen Eispanzers, der stellenweise bis 3000 m dick war, führte dazu, daß sich die Landmasse senkte. Und als das Eis sich schließlich zurückzog, hob sich auch das Land wieder, und zwar an manchen Stellen bis zu 300 m. – Ein Vorgang, der noch immer nicht abgeschlossen ist, auch wenn er heute mit maximal 9 mm pro Jahr relativ langsam verläuft.

Aber der Glazialpanzer drückte das Land nicht nur in den Erdmantel hinein, sondern hinterließ seine Spuren auch in der eigentlichen Erdoberfläche, weil er praktisch wie eine Kombination aus Bulldozer, Planierraupe und Dampfwalze arbeitete. Alles erlag dem Eis, unerbittlich war seine Gewalt, und nichts konnte ihm widerstehen. Die Gletscher rundeten und glätteten das Gestein und schufen so den beherrschenden Relieftypus des **Fjell** (schwed.: *fjäll*), worunter man die hügeligen Regionen oberhalb der Baumgrenze versteht. Drei Arten werden unterschieden. Das allgemeine Fjell umfaßt die für das ganze lappländische Binnenland so charakteristische Buckelberg-Landschaft von mittlerer Höhe. Die zweite Variante ist das von Tälern nur mäßig reliefierte, sanft gewellte Plateaufjell, und schließlich kommt – im Bereich des Kaledonischen Gebirges – das alpine Fjell, das eigentliche Hochgebirge mit Trogtälern, Karen und alpinen Gipfelformen. Längs der Küste schuf die sich dahinwälzende Eismasse langgestreckte Täler, aus denen dann, als das Eis endlich schmolz und der Meeresspiegel anstieg, die steilen Fjorde wurden, deren Grund oft wesentlich tiefer liegt als der des Meeres und die weit in das Gebirgsland hineinreichen. Der in der Finnmark gelegene Porsangerfjord liefert mit einer Länge von 128 km dafür ein markantes Beispiel.

Als das Eis dann schließlich zurückwich, wurde eine phantastische Landschaft freigelegt. Von seiner Erde und Pflanzendecke entblößt, kam das Felsbett des Baltischen Schildes und des Kaledonischen Gebirges teilweise wieder zum Vorschein und glänzte matt in der bleichen Sonne des Pleistozän-Frühlings. Auf Tausenden von Quadratkilometern war diese öde Landschaft mit Gletscherseen gesprenkelt. Gigantische Felsen – sogenannte erratische Blöcke – lagen überall verstreut, und nur das Wasser bewegte sich, grub Abflüsse für die Seen und Betten für die Flüsse, schlängelte sich durch Täler, schoß Stromschnellen hinab. Der Anblick einer neugeborenen Welt.

Die Spuren der Eiszeit sieht man auch heute noch überall in Lappland, wie hier im norwegischen Skibotn ▷

Warme Küstenzonen – kaltes Binnenland

Die langen, eintönigen Wintermonate in Lappland lassen einen leicht vergessen, daß eines der eindrucksvollsten Merkmale dieses Landes seine klimatische Vielfalt ist. Die starken Gegensätze der Jahreszeiten sind (zumindest den Samen) die Würze des Lebens, und bei durchaus möglichen Temperaturschwankungen im Laufe des Jahres zwischen –30 °C und +30 °C ist es fast, als lebte man am Nordpol und Äquator gleichermaßen. Aber dies ist nur eine Seite Lapplands, das vom Kontinentalklima geprägte Binnenland. Ihm steht das maritime Klima der Küstengebiete diametral gegenüber. Hier präsentiert sich Lappland weniger polar als mehr ›solar‹, denn die Temperaturschwankungen zwischen Sommer und Winter sind auf durchschnittliche 14 °C zusammengeschrumpft. Ein tief im Land liegender Fjordteil kann im Winter schon mal zufrieren, während die Küste das ganze Jahr hindurch eisfrei bleibt.

Warum aber bleibt das Eismeer eisfrei, warum ist das Küstenklima maritim, und warum ist Lapplands Binnenland, wenn auch von Extremen geprägt, wesentlich durchwärmter als alle anderen gleichweit im Norden liegenden Landschaften wie etwa Südgrönland, Alaska oder Nordsibirien? Für diese Erscheinungen ist einmal mehr jene natürliche ›Warmwasserheizung‹ zuständig, die ihren Ursprung im Golf von Mexiko hat: der Golfstrom. Er fließt mit einer Geschwindigkeit von rund 1 m/s nördlich der Bermudas und der Azoren durch den Atlantik und transportiert so ständig neues Wasser aus tropischen Gegenden nach Norden. Dort sorgt er nicht nur für ein eisfreies Eismeer, sondern – indem er die über ihm liegenden Luftmassen erwärmt – auch für die höchste Temperaturanomalie positiver Art auf der Welt, die etwa auf den Lofoten stolze 24 °C beträgt. Anders ausgedrückt: überall sonst ist es im Jahresmittel auf gleicher geographischer Breite um 24 °C kälter als dort.

Die Klimatologen mögen die stark vereinfachte Darstellung der Zusammenhänge verzeihen, wenn wir noch hinzufügen, daß der Golfstrom eigentlich nicht Ursache, sondern Wirkung ist. Wie jede Meeresströmung verdankt er seine Entstehung den vorherrschenden Winden, in diesem Fall den westlichen und südwestlichen, die ebenso charakteristisch sind für die atmosphärische Zirkulation in den mittleren und auch hohen Breiten wie die Entwicklung von Zyklonen an der atlantischen Polarfront, deren Aktivitäten der gesamten Westküste häufigen Wetterwechsel bescheren.

Wie im vorangegangenen Kapitel erläutert, wird die Westküste vom Kaledonischen Gebirgsgürtel begrenzt, an den sich das weite, nach Osten offene, eigentliche Kernland Lapplands anschließt. Diese Barriere nun zwingt die über dem Atlantik entstandenen Wolken aufzusteigen, wodurch sie sich abkühlen und ausregnen. An der Luvseite des Gebirges treten im Jahresmittel Niederschlagsmengen von über 2000 mm auf, während die direkte Leeseite nur 1200 mm erhält (Ausnahme: Sarek, um 2000 mm), sich der weiter östlich liegende Landesteil mit 400 mm und weniger zufrieden geben muß. Und in gleichem Maße, wie sich die Wolken ausregnen, läßt auch der ozeanische Einfluß nach – sprich: östlich des Küstengebirges wird das Klima kontinentaler, mithin extremer.

Für den Wanderer, der sich ja die meiste Zeit unter freiem Himmel aufhält, sind Klima und Wetter von herausragender Bedeutung. Gehen wir also einmal die Jahreszeiten

Blühendes Wollgras im Sommer

durch und beginnen mit dem Winter, der im Binnenland sowie im Gebirge etwa von Oktober bis April/Mai herrscht und für den zwei verschiedene Wetterlagen typisch sind. Im einen Fall erstreckt sich ein Hochdruckrücken von Sibirien bis an den Atlantik. Dann bringen östliche Winde kontinentale Polarluft, die Temperaturen in ganz Lappland sind tief (in der Finnmark wurden schon einmal –50 °C gemessen) und die niedergehenden Schneemengen eher gering. Im anderen Fall tragen West- und Südwestwinde erwärmte Polarluft heran. Dann steigen die Temperaturen landesweit, mit besonders großen Anomalien an Norwegens Westküste. So kommt es durchaus auch im Binnenland vor, daß die Quecksilbersäule an die 0 °C-Marke heranreicht und an der Küste Tauwetter einsetzt. Starke Niederschläge fallen jetzt besonders an der Westküste.

Den klassischen Frühling suchen wir im hohen Norden vergebens. Überspitzt ausgedrückt, gibt es heute noch Naßschnee, morgen schon Knospen, übermorgen bereits Blüten und Blätter – der Sommer hat seinen Einzug gehalten. Für diese Übergangsperiode ist das sogenannte Aprilwetter typisch: kalte Polarluft strömt ein, wird von der teilweise schon schneefreien Landoberfläche erwärmt, was dauernde Wechsel zwischen heftigen Regen- oder Schneeschauern und Sonnenschein zur Folge hat.

Der richtige Sommer, der auch mit Badetemperaturen einhergehen kann, setzt oft erst nach Mittsommer ein und endet im Binnenland sowie im Gebirge gegen Mitte August, während er in den Küstenregionen auch bis Anfang September anhalten kann. Driften die Zyklone mit den Westwinden gegen Skandinavien, so gehen an der Küste sowie im angrenzenden Kaledonischen Gebirge gewaltige Regenmassen nieder, während es in östlichen Landesteilen sonnig sein kann. Baut sich im Sommer hoher Luftdruck über Skandinavien auf, hängt das Wetter von der Lage der Hochdruckachse ab. Im Zentrum des Hochs ist es warm und sonnig, an der Ostflanke herrscht kühle Polarluft vor, und an der Westseite bringt die zyklonale Tätigkeit relativ hohe Temperaturen sowie Niederschläge mit sich. Die dritte für den Sommer typische Wetterlage wird wieder durch das Sibirien-Hoch beeinflußt (s. o.) und erfreut im größten Teil Skandinaviens mit Sonnenschein sowie hohen Temperaturen.

Ein bißchen Nachtfrost macht in Lappland noch keinen Winter, leitet höchstens den Frühherbst ein und läßt Birken, Eschen und Espen in unvorstellbaren Farben aufleuchten. Selbst vollkommen rationale Zeitgenossen verlieren sich dann gänzlich ins ›Blättergucken‹. Das Wetter ist in der ersten Herbsthälfte noch außerordentlich stabil, also warm und sonnig, und erst gegen Ende leitet trübes, nebliges, doch meist niederschlagsfreies Wetter in den Winter über.

Licht über Lappland

Farben sind die lebendige Sprache des Lichts, und was sich in Lappland in besonderem Maße erfahren läßt, ist der ungeheure Einfluß, den Farben auf die menschliche Psyche nehmen können. Abgesehen von dem ästhetischen Genuß, den sie vermitteln, lösen die Farben noch etwas Tieferes und Subtileres im Bewußtsein aus: das Gefühl der Stille. Und genau diese Stille prägt das Licht über Lappland. Seine andere Qualität ist die Transparenz. Die Konturen ferner Gebirge erblickt man wie aus einem Glaskasten, der die Unendlichkeit als Relief zeigt. Und welche Farben dieses Licht hat! Mal hält es sich schwebend zwischen Blau und Grau mit Andeutungen von Gelb, dann scheint es aus Ultramarin gewebt oder aus jenem Blau, wie es im Perlmutt schimmert. Mal ist es von solcher Kraft, daß sich die Landschaft vom Himmel abhebt, als ob sie die Quelle des Lichts wäre. Dann wieder ist es grau, und Seen und Fjorde liegen wie blind gewordene Spiegel silbergrau unter einem eintönigen, doch niemals langweiligen Lappland-Himmel. Natürlich kennt es auch alle Rot- und Brauntöne, auch die Tausenden Nuancen zwischen ihnen. Das Licht herrscht nicht über Lappland, es ist Lappland. Und selbst die Nächte sind nicht völlig dunkel. Ein seltsam diffuses Licht durchdringt das Land, ein Licht, das von den Sternen ausgeht und so im wahren Sinn des Wortes ›astral‹ ist.

Letzteres Licht freilich wird wohl den meisten Lesern dieses Buches ein immerwährendes Geheimnis bleiben, denn schon im Mai und bis in den August hinein wird es ja im ›Land der Mitternachtssonne‹ nachts nicht mehr dunkel. Und wenn es dann ›endlich‹ wieder Nacht wird, schließlich Polarnacht, die den Tag mit einbezieht, dann scheint entweder der Mond, oder das Polarlicht flackert als Sonnenbote.

Der Grund für all diese Phänomene, für die ›nackte Intensität‹ des Lichts ebenso wie für den Polartag, die Polarnacht sowie das Polarlicht, ist einmal mehr die geographische Breite, auf der Lappland liegt. Die Erdachse steht schräg zur Umlaufbahn der Erde um die Sonne (die Abweichung von der Senkrechten beträgt 23,5 °), und die direkte Folge ist, daß es im Sommer nördlich des Polarkreises Zeiten gibt, in denen die Sonne nicht untergeht, sondern als Flammenball im Abendrot zum Horizont sinkt und kurz vor dem Untergang im Morgenrot wieder aufsteigt. Die Kehrseite dieses ›Überangebotes‹ zur Sommerzeit ist die Polarnacht, während der die Sonne entsprechend gar nicht erst

Auch heute noch sind Trolle in ganz Lappland präsent

aufgeht. Wie lange es nun aber währt, daß die Tage die Nächte und die Nächte die Tage mit einbeziehen, hängt von der geographischen Breite ab. An der imaginären Grenze Lapplands, am Polarkreis, dauert der Polartag genau einen Tag, nämlich nur den 22. Juni – Sommersonnenwende. Am 70. Breitengrad, der etwa durch Alta verläuft, hält der Polartag bereits 65 Tage an, am 80. sind es 134 Tage und am Nordpol ein halbes Jahr. Entsprechend lange währt im Winter die Polarnacht, die aber eigentlich keine Nacht, sondern eher eine graue, diffuse Helligkeit ist – dank Mondenschein, Sternenlicht oder eben dem Polarlicht, das sich meist als grün-weiß-blaue Lichtfahne über den Himmel spannt.

Geheimnisvoll, rätselhaft und furchterregend – Märchen und Mythen ranken sich um diese Naturerscheinung, die den Völkern des Nordens stets ein Mirakel war. Die kanadischen Eskimos etwa sahen in dem ›großen Licht‹ Götterfackeln, die die Seelen der Verstorbenen ins Paradies geleiteten, wohingegen es die Eismeerbewohner Norwegens mit dem Widerschein tanzender Fischschwärme in Verbindung brachten. Eine andere Vorstellung, die der Samen, wird von Crottet (1989) geschildert: »Wenn die Schatten des Winters auf der Erde liegen, kommen die Seelen der Toten hervor und zeigen sich den Lebenden, damit diese Geduld und Mut genug haben, auf die Rückkehr des Frühlings und der Sonne zu warten. Von einem Ende des Himmels bis zum anderen tanzen die Seelen im Nordlicht und schenken uns mehr Licht als der Mond oder die Sterne.« Den Menschen in südlichen Breiten hingegen, wo das Nordlicht nur sehr selten, dann aber meist blutrot zu sehen ist, galt es als Menetekel, als Zeichen für Unheil, das z. B. den Römern den Überfall der Hunnen ›ankündigte‹.

Im Lichte der Empirie ist der Aberglaube zerfallen, und anstatt von Geisterfackeln sprechen die Wissenschaftler heute von Elektronen und Protonen, positiv und negativ geladenen Teilchen, die – je nach Sonnenaktivität – in wechselnder Stärke als ›Sonnenwind‹ zur Erde strömen. Nun können aber diese Teilchen nur dort in die Erdatmosphäre eindringen, wo das Magnetfeld der Erde verzerrt, also schwächer ist als üblich: an den Polkappen. Mit rasender Geschwindigkeit (300 bis 900 m/s) stürzt der (etwa 100 000 °C heiße) Sonnenwind den magnetischen Polen entgegen, bis er, beim Eintritt in die Atmosphäre, schrittweise abgebremst wird. Seine Energie geht auf die Moleküle und Atome der Luft über, die sie als Licht innerhalb der Ionosphäre zwischen meist 120 und 130 Kilometern Höhe wieder abstrahlen, wobei die Farben des Lichts mit der Höhe korrelieren. Und dieses Licht ist das Nordlicht, das der französische Wissenschaftler Pierre Gassendi im 17. Jh. *Aurora borealis* taufte – ›Morgenröte des Nordens‹.

Von der Taiga in die Tundra

Die boreale Nadelwaldzone

Wer die Strecke durch das schwedische oder finnische Binnenland bevorzugt, um nach Lappland zu gelangen, der macht schon lange, bevor er den Polarkreis erreicht, Bekanntschaft mit dem riesigen borealen Nadelwaldgürtel, der für Nordeuropa ebenso typisch ist wie für die hohen Breiten Amerikas und Asiens, und der mit Abstand die größte Vegetationszone der Erde bildet. Diese Waldregion wird **Taiga** genannt – eine aus der Geographie Sibiriens übernommene Bezeichnung. Aber Taiga ist nicht gleich Taiga: nirgends ist dieses Waldgebiet, bedingt durch die pleistozäne Vereisung (die länger andauerte als in Sibirien), so artenarm wie in Nordeuropa. Lediglich zwei Baumarten gelten als bestandsbildend – die Fichte *(Picea abies)* und die Kiefer *(Pinus sylvestris)* –, wobei erstere nährstoffreichen Boden bevorzugt, letztere hingegen sowohl auf trockenen, nährstoffarmen als auch auf nassen und nährstoffreichen Böden gedeiht. An Laubbäumen kommt im wesentlichen nur die genügsame Birke *(Betula pubescens)* vor, besonders als sekundäre Vegetation auf Kahlschlägen und Lichtungen.

Der Unterbewuchs ist in beiden Nadelwaldarten nahezu gleichförmig und besteht in der Hauptsache aus Heidelbeere *(Vaccinium myrtillus)*, Preiselbeere *(Vaccinium vitis-idaea)*, Krähenbeere *(Empetrum nigrum)* und Rauschbeere *(Vaccinium uliginosum)* neben verschiedenen Moosarten, von denen das Isländische Moos *(Cetraria islandica)* und das Gemeine Widertonmoos *(Polytrichum commune)* dominieren. Nicht zu vergessen die Flechten aus der Gattung *Cladonia*, allen voran die Rentierflechte *(Cladonia rangiferina)* – auch Rentiermoos genannt –, die insbesondere in der eher lichten Kieferntaiga gedeiht und die als eine der widerstandsfähigsten ihrer Art gilt. Diese grünlich-weiße Pflanze, so sagt man, sei so weich und gleichzeitig so zäh, obendrein derart saugfähig, daß man sie als Babywindel verwenden könne.

Kiefern bestimmen das Landschaftsbild Lapplands [

Eine große Rolle im borealen Nadelwald spielen auch die Moore, mit denen Nordfinnland und -schweden immerhin zu etwa 30% bedeckt sind. Man unterscheidet zwischen den relativ artenarmen Hochmooren, die hauptsächlich auf Torfmoosen (z. B. dem braunen Torfmoos, *Sphagnum fuscum*) aufgebaut sind, und den artenreichen Flachmooren, in denen zahlreiche Seggenarten (etwa die Schnabelsegge – *Carex rostrata* –, Fadensegge – *Carex lasiocarpa* –, Frühlingssegge – *Carex saxatilis*) wachsen sowie der Teilschachtelhalm *(Equisetum limosum)*, das Schlanke Wollgras *(Eriophorum gracile)* wie das Scheidige Wollgras *(Eriophorum vaginatum)*, der Fieberklee *(Menyanthes trifoliata)* und Sonnentau *(Drosera)*, die Moosbeere *(Oxycoccus)* aber auch Rauschbeere, Krähenbeere und Multebeere *(Rubus chamaemorus)*. Generell gilt, daß je besser ein Moor mit Wasser versorgt ist, desto reicher auch die Vegetationsvielfalt.

Die subarktische/subalpine Birkenwaldregion

Je weiter wir nach Norden oder in höhere Lagen vorstoßen, desto stärker ist der boreale Wald mit Birken durchsetzt, bis nach und nach die Birke vorherrscht – ein in mancher Hinsicht einzigartiger Umstand. Während zirkumpolar die Nadelbäume die nördlichste/höchstgelegene Baumart bilden, ist es hier umgekehrt, und sogar noch geschlossene Birkenwälder kommen viel weiter nördlich/höher vor als irgendein Nadelbaum.

Aber es sind meist nicht die hohen, schlanken Birken, die wir antreffen, sondern niedrige, krumme und verkrüppelte Bäume der Art *Betula tortuosa*, für deren Aussehen das Klima haftet. Was neben der Birke noch gedeiht, hängt davon ab, wie nährstoffreich der Boden und wie reich die Zufuhr an Wasser ist. Auf trockenem und magerem Boden ist der Baumbestand licht, und den Waldboden bedecken Flechten, im wesentlichen die Rentierflechte. Das andere Extrem – zu finden etwa an weiten Südhängen mit gutem Boden und schwach erodiertem Gestein – überrascht mit einer schier unglaublichen Üppigkeit, für die es im übrigen Lappland kein Beispiel gibt.

Wir finden viele stattliche Pflanzengesellschaften – z. B. den Erzengelwurz *(Angelica archangelica)*, den Nordischen Eisenhut *(Aconitum septemtrionale)*, den Alpen-Milchlattich *(Lactua alpina)* –, zahlreiche Grasarten, viele Moose und üppige Farne – etwa den Dornfarn *(Dryopteris austriaca)*, Wurmfarn *(Dryopteris filix)* und Straußfarn *(Matteuccia struthiopteris)* – und natürlich auch das große farbenfrohe Bunt von Sumpfdotterblume *(Caltha palustris)*, Trollblume *(Trollis europäus)*, Hartriegel *(Cornus suecica)* und unzähligen anderen Blumen.

Tundral und Oreal

Die Bäume wachsen spärlicher, und bald erinnert das Land an einen Flickenteppich von Birken und Zwergsträuchern auf einem Boden aus Rentierflechte und Moosen. Und schließlich ist die arktische **Tundra** (gleich Tundral) erreicht. Der Begriff Tundra leitet sich von *tunturi* ab, dem finnischen Wort für ›waldloser Hügel‹, und bezeichnet jene Vegetationszone, die sich zirkumpolar nördlich der Taiga bzw. – wie in Lappland – nördlich der etwa 60 bis 80 km breiten subpolaren Birkenwaldregion erstreckt.

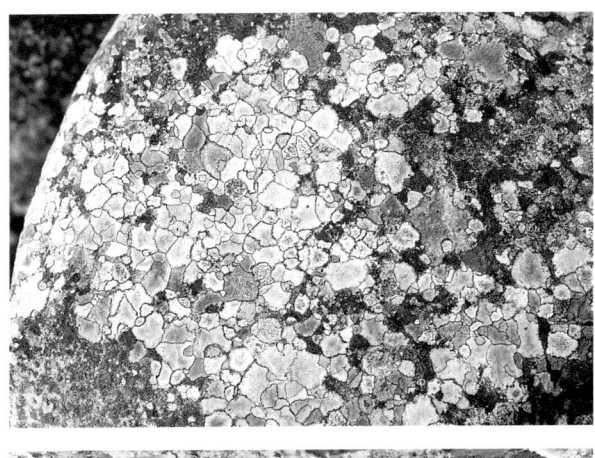

Die anspruchslosen Flechten zeigen sich gerade in unwirtlichen Regionen in vielfältigen Farben und Formen

Natürlich sind diese beiden Gürtel nicht durch eine gerade Linie getrennt, sondern die Grenze verläuft, je nach den örtlichen Klimaverhältnissen, mal nördlicher, mal südlicher. Aufgrund der besonderen klimatischen Bedingungen (s. S. 14 ff.) hat Lappland aber nur mit einigen Inseln und Halbinseln vor dem nördlichen Norwegen Anteil an dieser sogenannten arktischen Zone. Die häufig tief gelegene und feuchte Tundra, die für die nordamerikanischen und sibirischen Küstengebiete so prägend ist, wird auf dem nordeuropäischen Festland hingegen nur durch die teils durch den Menschen verursachte große Pseudotundra in der inneren Finnmark (Norwegen) sowie im nördlichsten Finnland vertreten. In den größten Teilen Lapplands haben wir es im übrigen mit der Sonderform zu tun, der oberhalb des Birkenwaldgürtels gelegenen alpinen Tundra oder dem **Oreal** (grch.: *oros* ›Berg‹, ›Gebirge‹), das in Norwegen als *fjell*, in Schweden als *fjäll* bezeichnet wird.

Vielerorts geht die arktische Tundra in die alpine über, und da sich die (von extrem abiotischen Bedingungen geprägten) Lebensverhältnisse in beiden Regionen gleichen, werden sie auch von weitgehend identischen Pflanzengesellschaften bewohnt. Zahlreiche Weidenarten (insbesondere die Krautige Weide, *Salix herbacea*) wachsen hier, aber keine reicht einem Menschen weiter als bis an die Oberschenkel; der Hartriegel kriecht ihm zu Füßen. Der niedrige Wuchs fast aller Tundrabüsche ist Ergebnis einer notwendigen Anpassung an das Klima, denn wären sie höher, könnten sie durch die winterliche Schneedecke nicht mehr vor Kälte und Austrocknung bewahrt werden und wären der vollen Wucht der Eiswinde ausgesetzt.

Tundrapflanzen müssen Opportunisten sein, wenn sie überleben wollen, und als Schmarotzer sind die wurzellosen Flechten *(Cladonia* und *Cetraria)* eindeutig im Vorteil, weshalb sie neben den Moosen (hauptsächlich *Polytrichum* und *Dicranum)*, zahlreichen Gräsern *(Poa)* sowie verschiedenen Steinbrecharten *(Saxifraga)* und Heidekrautgewächsen *(Ericaceae)* auch noch in exponierten Lagen gedeihen. Die Flechten, eine Symbiose von Algen und Pilzen, gehören nicht nur zu der eigenartigsten Gruppe im Pflanzenreich, sondern bilden auch ihre vielleicht anspruchsloseste. Sogar dort, wo keinerlei Erde mehr den nackten Fels bedeckt, etwa in den Gipfelregionen unter der Zone ewigen Schnees oder Eises, fühlen sie sich wohl, ja zeigen sich dort sogar in einer großen Vielfalt von Farben und Formen.

Wanderzeit – Sammelzeit

Kaum eine Wanderung, von der man nicht etwas Schmackhaftes aus dem großen Wildgarten der lappländischen Natur mitbringen könnte, oder auf der sich nicht zumindest teilweise die Wegzehrung sammeln ließe. Beginnen wir mit den allgegenwärtigen Beeren, von denen insbesondere die Heidel- oder Blaubeere sowie Rauschbeere neben Preiselbeere, Molte- oder Multebeere und auch Hagebutte zu nennen sind.

Die Blaubeere *(Vaccinium myrillus)* wächst zwar in Lappland in den meisten Vegetationszonen, aber in der Taiga, insbesondere der Kieferntaiga, gedeiht sie in stellenweise wirklich unglaublichen Mengen und übertrifft mit ihrer Größe die bei uns beheimatete Beere bei weitem. Dank der intensiven Sonnenbestrahlung sind in Lappland die Beeren viel eher reif als in südlicheren Lagen, und generell kann man sagen, daß – mit regionalen Unterschieden – die ganze Zeit zwischen Ende Juni/Anfang Juli und Mitte/Ende August auch Blaubeerzeit ist. Die Rauschbeeere *(Vaccinium uliginosum)* übrigens ist die direkte Verwandte der Blaubeere, sieht dieser auch äußerlich zum Verwechseln ähnlich, ist nur innen von weißer Farbe und schmeckt säuerlich, was man aber durch Zugabe von Zucker ausgleichen kann.

Auch die kleine rote Preiselbeere *(Vaccinium vitis-idaea)* bevorzugt die Kieferntaiga, ist aber in unbehandeltem Zustand – also ungekocht und nicht gezuckert – von ziemlich herbem Geschmack. Auch im Juli kann man sie hier und da schon sammeln, aber im August und bis etwa Mitte September geht es erst richtig (und gefäßfüllend) zur Sache. Manch einer erntet dann mit einer Art Rechen großflächig ab.

Zwischen Mitte Juli und Anfang September stiefeln norwegische, schwedische und finnische Familien zu Tausenden mit Eimern und Plastiktüten durch moorige (aber nicht sumpfige) Landschaften. Sie sind auf der Suche nach Skandinaviens Vitamin-C-reichster und beliebtester Beere – der Multebeere *(Rubus chamaemorus)*. Seit kurzem kann man aber auch Legionen von Polen in den Feuchtgebieten beobachten, denn die bis zu daumengroße Beere im ›Brombeer-Look‹ ist auch die teuerste Skandinaviens und

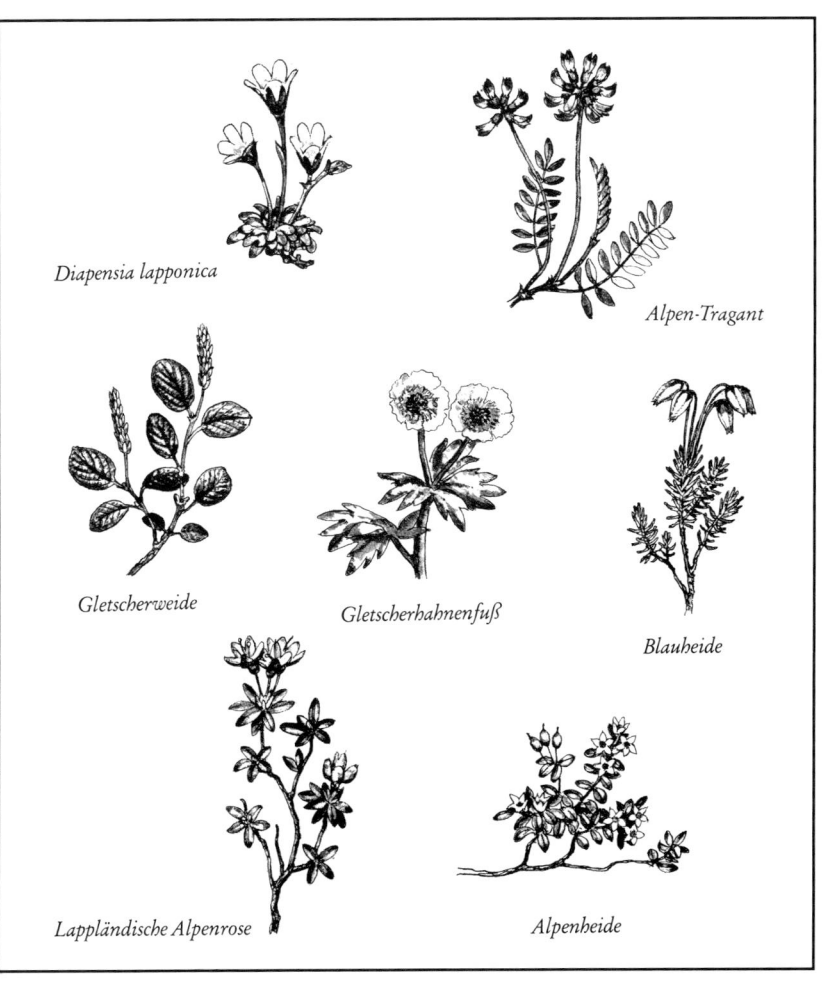

Diapensia lapponica

Alpen-Tragant

Gletscherweide

Gletscherhahnenfuß

Blauheide

Lappländische Alpenrose

Alpenheide

bringt auf dem (für jeden) freien Markt immerhin stolze 60 Schwedenkronen pro Liter. Zum Vergleich: der Liter Blaubeeren wird nur mit 18 Kronen honoriert. Der Geschmack der reifen Frucht – und reif ist sie nicht rot, sondern orange bis hellgelb – ist in erster Linie süß, erinnert irgendwie an Aprikose, Erdbeere und Mango.

Auch die vorzugsweise an Waldrändern gedeihende scharlachrote Hagebutte *(Rosa kamina)* ist reich an Vitamin C, erfreut sich aber bei den Nordlandbewohnern keiner allzu großen Beliebtheit. Sammelzeit ist der Herbst ab etwa Anfang August, und als Tee oder Most schmeckt sie am besten.

Aber nicht nur um Beeren geht es in Lapplands Wäldern, sondern auch und insbesondere um Pilze. Wer Ahnung hat oder mit einem Pilzbuch ausgestattet ist, auf den warten kulinarische Genüsse. Alle vorkommenden Pilze zu beschreiben, hieße jeden Rahmen zu sprengen, weshalb wir uns hier mit nachfolgender Auflistung begnügen wollen, die aber keinen Anspruch auf Vollständigkeit erheben kann.

Gattung/Art	Vorkommen	Verträglichkeit
Blaublättriger Weisstäubling, *Russula delica*	B (–) K (–)	nicht eßbar
Weinroter Graustieltäubling, *Russula obscura*	B (–) K (+)	**
Orangeroter Graustieltäubling, *Russula decolorans*	B (–) K (+)	**
Grasgrüner Täubling, *Russula aeruginea*	B (+) K (–)	***
Gelber Graustieltäubling, *Russula claroflava*	B (+) K (–)	**
Blaustielschleimfuß, *Cortinarius collinitus*	B (+) K (+)	eßbar
Natternstieliger Schleimfuß, *Cortinarius trivialis*	B (+) K (+)	giftig
Geschmückter Gürtelfuß, *Cortinarius armillatus*	B (+) K (+)	ungenießbar
Blutblättriger Hautkopf, *Cortinarlus semisanguineus*	B (–) K (+)	ungenießbar
Birkenreizker, *Lactarius torminosus*	B (+) K (+)	giftig
Rotbrauner Milchling, *Lactarius rufus*	B (–) K (+)	ungenießbar
Blaureizker, *Lactarius trivialis*	B (+) K (+)	■**
Feinschuppiger Ritterling, *Tricholoma imbricatum*	K (+)	nicht eßbar
Brennender Ritterling, *Tricholoma virgatum*	B (–) K (–)	giftig
Grünling, *Tricholoma flavovirens*	K (–)	***
Rötlicher Holzritterling, *Tricholomopsis rutilans*	K (+)	ungenießbar
Gelbblättriger Ritterling, *Tricholoma flavobrunneum*	B (+) K (–)	nicht eßbar
Gelbbräunlicher Scheidenstreifling, *Amanita fulva*	B (+) K (+)	***
Fliegenpilz, *Amanita muscaria*	B (+) K (–)	giftig
Üppiger Träuschling, *Stropharia hornemannii*	B (–) K (+)	giftig
Grünspanträuschling, *Stropharia aeruginosa*	B (+) K (–)	giftig
Butterpilz, *Suillus luteus*	K (+)	***
Sandröhrling, *Suillus variegatus*	K (+)	**
Birkenrotkappe, *Leccinum versipelle*	B (+) K (+)	***
Birkenpilz, *Leccinum scabrum*	B (+) K (–)	**
Schopftintling, *Coprinus comatus*	B (–) K (–)	***
Faltentintling, *Coprinus atramentarius*	B (+) K (–)	nicht eßbar
Birken-Porling, *Piptoporus betulinus*	B (+	nicht eßbar
Zonen-Porling, *Trametes zonata*	B (+) K (–)	nicht eßbar
Zigeunerpilz, *Rozites caperata*	B (+) K (+)	***
Birnenbovist, *Lycoperdon pyriforme*	B (+) K (+)	*
Frostschneckling, *Hygrophorus hypothejus*	K (+)	**
Horngrauer Rübling, *Collybia asema*	B (–) K (–)	nicht eßbar
Roter Lacktrichterling, *Laccaria laccata*	B (+) K (+)	*
Hallimasch/Stammpilz, *Armillaria mellea coll.*	B (+) K (+)	**
Rauchblättriger Schwefelkopf, *Hypholoma capnoides*	B (+) K (+)	*

Gattung/Art	Vorkommen	Verträglichkeit
Glockendüngerling, *Panaeolus shpinctrinus*	B (−) K (−)	nicht eßbar
Weißer Rasling, *Lyophyllum connatum*	B (−) K (−)	nicht eßbar
Violetter Rötelritterling, *Lepista nuda*	B (−) K (−)	* * *
Echter Pfifferling, *Cantharellus cibarius*	B (+) K (−)	* * *
Goldgelber Zitterling, *Tremella mesenterica*	B (+) K (−)	nicht eßbar
Filziger Röhrling, *Xerocomus subtomentosus*	B (+) K (−)	* *
Steinpilz, *Boletus edulis*	B (−) K (−)	* * *
Stockschwämmchen, *Kuehneromycesmutabilis*	B (+) K (+)	* * *
Rosablättriger Helmling, *Mycena galericulata*	B (+) K (−)	nicht eßbar

Zeichenerklärung: B = Birkenwald, K = Kiefernwald, (+) = häufig, (−) = selten; * = eßbar, ** = gut, *** = sehr gut, ■** = gut, wenn gekocht

Ein Refugium wilder Tiere?

Nachdem der Glazialpanzer der letzten Eiszeit abgeschmolzen war, wanderten allmählich – den Pflanzen, die ihnen die notwendige Nahrung boten, folgend – auch die Tiere nach Norden zurück. Im Gegensatz etwa zur Fauna Nordamerikas unterschieden sie sich nicht sehr von den Geschöpfen, die hier gelebt hatten, bevor das Eis kam. Mammut und Wollnashorn waren zwar ausgestorben, aber die meisten anderen Säuger hatten überlebt und bevölkerten bald wieder die Region. So blieb es viele Jahrtausende lang und im großen und ganzen bis weit in unser Jahrhundert hinein. Zahlreiche Braunbären streiften durch die Wälder, in denen Vielfraß und Luchs dafür Sorge trugen, daß die Ren- und Elchpopulation nicht jeden Rahmen sprengte. Unzählbar waren die Eis- und Rotfüchse, und über die Tundraebenen bewegten sich Wölfe, deren wehklagendes Geheul tausendfach über die mondbeschienene Vidda hallte. Immer schon wurde er vom Menschen gejagt, der alte ›Erbfeind‹, und ein Wolfstöter galt den Samen als Volksheld. Doch den völligen Garaus konnte man ihm nie machen. Bis es in unseren Tagen in Mode kam, den ›Schrecken der Tundra‹ von Hubschraubern und Motorschlitten aus mit Schnellfeuergewehren zu jagen. *Canis lupus* ist heute geschützt, aber er hat die Schlacht verloren, gilt in ganz Lappland faktisch als ausgerottet. Die wenigen Exemplare, die in den Nationalparks noch existieren sollen, haben keine Zukunft mehr.

Ursus arctus, der Braunbär, gilt als das größte Raubtier des hohen Nordens und soll immerhin noch in recht großer Population in Lapplands Taiga umhertrotten. Auf etwa 400 bis 1000 Exemplare wird die Zahl des Allesfressers geschätzt, der vom Gesetz rechtzeitig geschützt wurde, so daß sein Bestand heute wieder langsam aber sicher wächst.

So verhält es sich auch mit dem Luchs *(Lynx lynx),* dem einzigen wildlebenden katzenartigen Raubtier Lapplands. Auf leisen Pfoten und perfekt getarnt durchstreift er sein bis zu 600 km² großes Nadelwaldrevier, in dem er sich am liebsten an durch Krankheit geschwächte Rentiere heranpirscht. Aber auch an Eichhörnchen, Hasen, Füchsen und Vögeln tut er sich gütlich, dieser Einzelgänger.

Historische Darstellung des Vielfraß

»Vielfraße sind widerliche Gesellen«, sagen nicht nur die Samen in Lappland, denn *Gulo gulo* riß früher alljährlich zweimal soviel Rentiere wie der Luchs und gar siebenmal so viele wie der Bär. Allen Völkern des Nordens ist er verhaßt, denn er sieht abstoßend aus – etwa wie ein Geschöpf zwischen Hund, Bär und Katze –, riecht ekelhaft – schlimmer als ein Stinktier, sagt man – und soll ausgesprochen unangenehme Angewohnheiten haben. Kaum eine Falle, die er nicht ›entschärfen‹ kann, kein Stall, kein Gehege, in das er nicht Einlaß findet, um sich dort mit bis zu 100 kg Fleisch zu mästen – obwohl er selbst nur 20 kg wiegt. Er kann schwimmen und klettern, innerhalb von einem Tag 130 km zurücklegen und ist von einer solch unerbittlichen Aggressivität und Wildheit, daß er sogar in der Lage sein soll, Bären einzuschüchtern und sich selbst – so er mal in eine Falle gerät – die Zehen abzunagen, um sich befreien zu können. Aber was helfen all diese Eigenschaften schon, wenn man den Menschen zum Feind hat? – Nichts, und so war auch dieser größte Vertreter der Marderfamilie noch vor zwei Jahrzehnten vom Aussterben bedroht. Dann wurde er unter Schutz gestellt. In den Nationalparks soll es ihn noch geben, aber fast überall sonst in Lappland ist er verschwunden.

Bestimmt liegt es – wenn auch nicht ausschließlich – unter anderem an der Ausrottung der Wölfe und der schwindenden Zahl von Luchs, Bär und Vielfraß, daß man dem Elch *(Alces alces)*, der früher eigentlich nur im borealen Nadelwald vorkam, heute auch in der Birkenzone, vereinzelt sogar in der Tundra, begegnen kann. Das größte freilebende Wildtier Europas (das 500 kg und mehr wiegen kann) gilt mittlerweile wieder als Landplage, nachdem es zu Anfang unseres Jahrhunderts schon beinahe ausgerottet war. Man kann ihn zwar überall antreffen, aber am einfachsten – so scheint es – auf den Straßen, die er zu allen Jahreszeiten immer wieder unsicher macht. Und dies im Sinne des Wortes, weshalb Raserei auch auf wenig frequentierten Straßen schnell im Krankenhaus oder in einem noch weit unangenehmeren Haus enden kann. In Schweden kommen jährlich mehr als 50 Menschen durch Zusammenstöße mit den Riesenhirschen ums Leben, über 100 werden schwer verletzt.

Art	Taiga (–500 m)	Birkenwald (500–800 m)	Tundral (800–1000 m)	Oreal (über 1000 m)
Wie häufig kommen die wichtigsten Vogelarten in Zentral-Lappland vor?				
– in Abhängigkeit von der Höhenlage –				
Prachttaucher	+ + +	+ + +	+ + +	+ + +
Sterntaucher	– – –	– – –	+ + +	+ + +
Stockente	+ + +	+ + +	– – –	
Krickente	+ + +	+ + +	+ + +	
Pfeifente	+ + +	+ + +	+ + +	
Bergente	– – –	+ + +	+ + +	– – –
Schellente	+ + +	+ + +		
Eisente	– – –	– – –	+ + +	+ + +
Samtente	+ + +	+ + +	+ + +	– – –
Trauerente	+ + +	+ + +	+ + +	– – –
Mittelsäger	+ + +	+ + +	+ + +	
Gänsesäger	+ + +	+ + +		
Singschwan	+ + +	+ + +		
Steinadler	+ + +	+ + +	+ + +	– – –
Rauhfußbussard	– – –	+ + +	+ + +	+ + +
Sperber	+ + +	– – –		
Habicht	+ + +			
Gerfalke	– – –	+ + +	+ + +	– – –
Merlin	– – –	+ + +	– – –	– – –
Turmfalke	+ + +	+ + +	+ + +	+ + +
Moorschneehuhn	– – –	+ + +	+ + +	
Alpenschneehuhn		– – –	– – –	+ + +
Birkenhuhn	+ + +			
Auerhahn	+ + +			
Kranich	+ + +	+ + +	– – –	
Sandregenpfeifer			– – –	+ + +
Goldregenpfeifer			+ + +	– – –
Mornellregenpfeifer				+ + +
Bekassine	+ + +	+ + +	+ + +	
Waldschnepfe	+ + +	+ + +		
Regenbrachvogel	+ + +	+ + +	– – –	
Flußuferläufer	+ + +	+ + +	+ + +	
Rotschenkel	+ + +	+ + +	+ + +	
Dunkler Wasserläufer	– – –	+ + +	+ + +	+ + +
Zwergstrandläufer				+ + +
Alpen-Strandläufer	+ + +	+ + +	+ + +	+ + +
Sumpfläufer	+ + +	+ + +	+ + +	+ + +
Kampfläufer			+ + +	+ + +
Ringeltaube	+ + +	+ + +	+ + +	
Kuckuck		+ + +		
Habichtskauz	+ + +			
Sumpfohreule	+ + +	– – –	– – –	– – –

Art	Taiga (–500 m)	Birkenwald (500–800 m)	Tundral (800–1000 m)	Oreal (über 1000 m)
Mauersegler	+ + +			
Dreizehenspecht	+ + +	+ + +		
Schwarzspecht	+ + +			
Ohrenlerche			+ + +	+ + +
Mehlschwalbe	+ + +	+ + +	+ + +	+ + +
Kolkrabe	+ + +	+ + +	+ + +	+ + +
Nebelkrähe	+ + +	– – –		
Eichelhäher	+ + +	– – –		
Unglückshäher	+ + +			
Kohlmeise	+ + +	– – –		
Lapplandmeise	+ + +	+ + +		
Weidenmeise	+ + +	+ + +		
Wasseramsel	+ + +	+ + +	– – –	
Misteldrossel	+ + +	– – –		
Wacholderdrossel	+ + +	+ + +	+ + +	– – –
Singdrossel	+ + +	+ + +		
Rotdrossel	+ + +	+ + +	– – –	
Ringdrossel	+ + +	+ + +	+ + +	+ + +
Amsel	+ + +	– – –		
Braunkehlchen	+ + +			
Rotkehlchen	+ + +			
Schilfrohrsänger	+ + +	+ + +		
Gartengrasmücke	+ + +	+ + +		
Klappergrasmücke	+ + +	– – –		
Wintergoldhähnchen	+ + +			
Grauschnäpper	+ + +	+ + +		
Trauerschnäpper	+ + +	+ + +		
Heckenbraunelle	+ + +	+ + +	– – –	
Wiesenpieper	+ + +	+ + +	+ + +	+ + +
Baumpieper	+ + +	+ + +		
Bachstelze	+ + +	– – –		
Schafstelze	+ + +	+ + +	– – –	
Raubwürger	– – –	+ + +		
Zeisig	+ + +	– – –		
Birkenzeisig	+ + +	+ + +	+ + +	+ + +
Buchfink	– – –	+ + +		
Bergfink	+ + +			
Goldammer	+ + +			
Zwergammer	+ + +	+ + +	– – –	
Rohrammer			+ + +	– – –
Spornammer				+ + +
Haussperling	+ + +	+ + +		

Zeichenerklärung: + + + = regelmäßiges Vorkommen, – – – = unregelmäßiges Vorkommen.

Die Zahl der Rentiere *(Rangifer tarandus)* in Lappland wird auf 750 000 bis 1 Mio. geschätzt, und bei solcher Population nimmt es nicht Wunder, daß das Tier – übrigens das gleiche, das in Nordamerika Karibu genannt wird – überall präsent ist: es schmückt Wappen und Wahrzeichen, Signets und Verkehrsschilder, und jeder Souvenirladen verkauft Felle, Schädel oder Geweihe. Man begegnet dem Rentier in der Taiga ebenso wie im Birkenwaldgürtel, im Tundral sowie Oreal, und selbst auf den höchsten Gipfeln ist es im Sommer auf der steten Suche nach Flechten und Moosen unterwegs, wovon ein ausgewachsenes Exemplar täglich immerhin zwischen 5 und 8 kg (Trockengewicht!) benötigt. Natürlich tummelt es sich auch auf den Straßen, und nur ›Greenhorns‹ verfallen dem Fotofieber, wenn ihnen auf dem Asphalt ein paar Exemplare dieses 60 bis 320 kg schweren Herdentieres begegnen. Aber nicht nur für den Touristen ist das Ren von Bedeutung. Von allen Hirscharten ist es die einzige, die zu zähmen gelungen ist. So hat die Domestikation des Rentiers die Lebens- und Wirtschaftsweise des ›Lappland-Menschen‹, des Samen, in besonderem Maße geprägt. Etwa zwei Drittel aller Rentiere sind – grob geschätzt – Eigentum der Samen, die sie, wenn auch nicht als Haustiere, so doch als frei umherstreifende Fleischlieferanten züchten.

Der ›Fluch‹ Lapplands

Wenn die milde Sonne ihre belebenden Strahlen Stunde um Stunde zur Erde sendet und der Wind immer mehr Wärme zwischen die Bäume und Felsen bläst, beginnen die Eiskristalle der Schneedecke zu schmelzen. Die unter dem Frost erstarrte Taiga und Tundra verwandelt sich binnen weniger Tage in Seen und Teiche, Tümpel und Schlammfelder. Wasser sickert überall, und manchmal scheint es, als wolle sich die ganze Welt verflüssigen. Das lange Schweigen des Winters wird vom Leitmotiv des Frühlings gebrochen, dem unaufhörlichen Fließen und Rauschen des Wassers, und für ein paar Wochen ist dieses Geräusch neben dem Gesang der zurückgekehrten Zugvögel das einzige, das vom Ohr wahrgenommen wird. Doch plötzlich, um die Tage der Sommersonnenwende herum, wird es von einem hohen, von Millionen Stimmen getragenen Sirren abgelöst. Überall in Taiga und Tundra – und nur ganz oben, im höchsten Bereich des Oreals nicht – steigen tanzende Wolken auf, die gleich siegreichen Bataillonen vorrücken, um den Ausverkauf Lapplands durch die Tourismusbranche zu verhindern.

»Die Mücken kommen und gehen mit den Touristen« – sagen die Samen und haben recht, denn vor Mittsommer streifen nur wenige Wildnisfreunde durch das Land, wie auch ihr Gros schon wieder abgefahren ist, wenn gegen Anfang/Mitte August die Mückensaison beendet ist. Ganz genau läßt sich aber das Erscheinen und Verschwinden der Plagegeister nicht prognostizieren, denn es hängt von der Länge und Schneemenge des Winters ab, von der Feuchtigkeit des Frühjahrs, der Hitze des Sommers, und variiert entsprechend von Jahr zu Jahr wie auch von Landstrich zu Landstrich. Zur Beruhigung sei gesagt, daß die im skandinavischen Raum beheimatete Stechmücke der Gattung *Aedes* keine Malaria überträgt, wie etwa die tropische *Anopheles*. Aber das ist ein schwacher Trost, ballen sich doch die (weiblichen) Kleinlebewesen zu schwarzen Flecken auf allen unbedeckten Körperteilen, um die Blutquelle anzuzapfen, die sie vor und nach der Besamung brauchen, um die Aufzucht der Brut zu sichern.

Aber Fluch ist nicht gleich Fluch! Die Stechmücke kennen wir auch von zu Hause. Doch wer kennt die ›schwarze Fliege‹ mit Namen Kriebelmücke? Sie ist so klein, daß man sie meist nicht sieht, oder wenn, dann oft erst zu spät, also nachdem sie das Juckreiz auslösende Blutgerinnungs-Sekret injiziert hat. Übel auch die Bremsen, die dem Wanderer in manchen Regionen gleich dutzendweise auflauern und deren Stiche unangenehm schmerzhaft sind, weil sie vor allem bei Tieren mit widerstandsfähiger Haut Blut saugen und deshalb mit kräftigen Mundteilen ausgerüstet sind. Nicht zu vergessen die gewöhnliche Fliege, die mitunter ungewöhnlich zahlreich auftritt, und dabei weniger durch Beißen malträtiert als vielmehr durch ihren Drang, auch in Nase, Mund und Ohren einzudringen. Aber bei alldem können wir von Glück sagen, Menschen und nicht etwa Rentiere zu sein. Diese nämlich werden zusätzlich auch noch von der Rachenbremse geplagt, die in den Nüstern lebende Larven ablegt, die in die Nasen- und Rachenhöhlen wandern. Nicht weniger unangenehm auch die Dasselfliege, die ihre Eier ins Fleisch des Opfers legt, was äußerst schmerzhafte Beulen zur Folge hat ...

Zum Glück ist es uns im Gegensatz zur Kreatur gegeben, einen gewissen Schutz ergreifen zu können, über den an anderer Stelle Ausführliches gesagt wird (s. S. 243). Und bedenken wir auch, daß an den Küsten Lapplands die Plage selbst zu den schlimmsten Zeiten erträglich ist, und man auch im felsigen Hochgebirge fröhlich wandern kann, wenn in den niederen Lagen die Wanderer im Laufschritt oder mittels Veitstanz zu entkommen suchen. – Entsprechend viele Höhenwanderungen haben wir in dieses Buch aufgenommen.

»Das Rennthier«, Farblithographie (1876) nach einem Aquarell von Heinrich Leutemann

Das Rennthier.   Cervus tarandus.

Die Samen – Fremde im eigenen Land?

»Wir sind Samen und wollen Samen sein, ohne dafür mehr oder weniger als andere Völker auf der Welt zu gelten. Wir sind ein Volk mit eigenem Wohngebiet, mit einer eigenen Sprache, eigener Kultur und Gesellschaftsstruktur. Wir haben im Laufe der Geschichte unsere Heimat gefunden und in Same-ätnam gelebt, und wir besitzen eine Kultur, die wir entfalten und weiterleben wollen.«
(7. nordische Samenkonferenz in Gällivare/Schweden, 1971)

Die Frage nach dem Ursprung

So wie die Geographen die Grenzen Lapplands nur ungefähr bestimmen können, bekommen auch die Anthropologen die Frage nach der Herkunft der samischen Urbevölkerung nicht in den Griff, weil linguistische und physisch-anthropologische sowie serologische Untersuchungen zu unterschiedlichen Erkenntnissen führen. Sprachwissenschaftliche Forschungen haben gezeigt, daß das Samische zur finnougrischen Sprachfamilie gehört und mit dem Finnischen verwandt ist. Da aber die Physiognomie der Samen deutlich von der der Finnen abweicht, wird heute davon ausgegangen, daß die Samen einst eine nicht finnisch-ugrische Sprache gesprochen haben, das sogenannte Protosamische, also ein Sprachwandel stattgefunden hat. Da es obendrein keine ›reinrassigen‹ Samen mehr gibt, und auch die Archäologen keinerlei Kulturgut finden konnten, das als ursamisch anzusehen ist, kann es nicht verwundern, daß alle bisherigen wissenschaftlichen Erklärungsversuche die Ethnogenese betreffend rein hypothetischer Natur sind.

Zahlreiche Forscher, insbesondere die skandinavischen, präferieren zur Zeit die auf den schwedischen Ethnologen Wicklund zurückgehende sogenannte Überwinterungstheorie. Am Alta-Fjord in Nordnorwegen konnte eine voreiszeitliche Besiedlung durch halbnomadische Jäger und Fischer nachgewiesen werden, die sogenannte Komsa-Kultur. Wicklund geht davon aus, daß das Gebiet um den Alta-Fjord eisfrei blieb, und daß es sich bei dem Komsa-Volk um die Ursamen handelte, die nach Ende der Eiszeit von Norden her Lappland und auch weiter südlich liegende Teile Skandinaviens besiedelten.

Andere Wissenschaftler versuchen zu beweisen, daß die Samen im Gefolge des als Nahrungsquelle dienenden Rens nach der Eiszeit über Südschweden und die karelische Landzunge einwanderten. Tatsache ist, daß um 2500 v. Chr. die Bottnische Küste besiedelt wurde, und als gesichert gilt, daß während des 2. Jt. v. Chr. die ersten ursamischen Gruppen in das innere Lappland einwanderten: Die ältere Eisenzeit in Lappland muß somit eine samische Eisenzeit gewesen sein – egal, ob die Samen nun von der Eismeerküste im Norden oder von der Bottnischen Küste her einwanderten.

Zu Hause in zwei Welten

Für die meisten der rund 17 Mio. Finnen, Schweden und Norweger sind die Samen eine exotische Minorität am Rande der Ökumene, die man allenfalls noch aus den Medien kennt. Verübeln kann man es ihnen nicht, denn im ganzen nordeuropäischen Raum leben insgesamt kaum mehr als etwa 50 000 Samen, rund 25 000 im norwegischen Lappland, ca. 15 000 im schwedischen und 8000 in Nordfinnland; die verbleibenden 2000 sind auf der sowjetischen Halbinsel Kola beheimatet.

Wie groß die Zahl der Samen in früheren Zeiten gewesen ist, läßt sich nicht mehr rekonstruieren. Sehr wohl aber ihr ehemaliges Verbreitungsgebiet, das bis etwa 1000 n. Chr. immerhin das ganze Territorium des heutigen Finnland sowie der Karelischen ASSR umfaßte und in Schweden bzw. Norwegen bis auf die Höhe von Östersund und Trondheim hinunterreichte. Zu dieser Zeit begann die Verdrängung der Ureinwohner durch die Finnen sowie kolonisierende norwegische und schwedische Bauern. Zu betonen ist dabei, daß sich die Samen nie mit Waffengewalt gegen die nachrückenden Volksgruppen zur Wehr gesetzt haben, sondern stets versuchten, durch Abwandern Distanz zu halten. Im 19. Jh. erreichten sie ihr heutiges Verbreitungsgebiet.

Global betrachtet ist es ein häufiges Phänomen, daß Volksgruppen von größeren oder wirtschaftlich/kulturell weiter entwickelten überflügelt werden, und in aller Regel setzt dann der Prozeß der Assimilierung ein, bei dem die Hauptmerkmale der schwächeren Gruppe verloren gehen. Bei den Samen war das nicht so, zumindest für lange Zeit nicht,

Lappländerin aus der schwedischen Lappmark
Lithographie um 1880

Ein Lappe aus Karasjok in Finnmarken
Holzstich um 1873

4. LAPPLÄNDERIN AUS DER LAPPMARK ASELE
(SCHWEDEN).

eben weil sie die Möglichkeit des Ausweichens hatten. So behielten sie im großen und ganzen ihre Eigenständigkeit, und auch von den christlichen Missionaren wurden sie lange Zeit in Ruhe gelassen. Erst im 17. Jh. nahm die erste Missionsschule ihren Betrieb auf, und es dauerte weitere 100 Jahre, bis die kirchliche Tätigkeit im Samenland organisiert wurde. Der eigentliche Durchbruch aber erfolgte erst zu Beginn des 19. Jh. durch den ›Laestadianismus‹, eine auf den schwedischen Pfarrer Lars Levi Laestadius (1800–61) zurückgehende Erweckungsbewegung, die anfänglich noch starke Züge des samischen Schamanismus enthielt. Nach dem alten Glauben war die gesamte Natur von Mächten oder Geistern belebt, mit denen nur der Schamane in Verbindung treten konnte, indem er sich mit Hilfe einer Zaubertrommel in Ekstase versetzte.

Auch der Laestadianismus kannte die Ekstase und nahm ansonsten als pietistische Lehre eine abweisende Haltung gegenüber vielen Bereichen des modernen Lebens ein. Das hat sich bis heute nicht geändert und mag dazu beigetragen haben, daß sich die alte samische Lebensweise bis in unsere Tage hinein zumindest teilweise erhalten hat. – Und zwar trotz zahlreicher und massiver Assimilierungsversuche seitens der Nationalstaaten im Verlaufe des letzten Jahrhunderts. Zwischen den 20er und den 40er Jahren wurde in Schweden die samische Sprache aus den Samenschulen verbannt, ebenso in den norwegischen; samische Literatur wurde konfisziert, und Land konnte nur erwerben, wer das Norwegische in Wort und Schrift beherrschte.

Zwar hat sich die offizielle Kulturpolitik gegenüber der Randgruppe innerhalb der letzten zwei Jahrzehnte drastisch verändert, aber nicht wenige Samen zweifeln jetzt

Finnenjunge aus Vadsöe
Foto um 1910

Finne aus Senjen in Finnmarken/Norwegen
Foto um 1910

33

Historische Darstellung
des Fischfangs

selbst an den Werten ihrer Kultur, sehen das Samische als ein Hindernis, das Erlernen der Nationalsprache hingegen als Voraussetzung für eine berufliche Karriere. Und damit haben sie gar nicht einmal unrecht, denn kaum mehr 10% aller Samen leben heute noch von der Rentierzucht, die in zunehmendem Maße mit den Interessen der Wirtschaft kollidiert, weil sie von der Erhaltung einer intakten und großräumigen Landschaft abhängig ist. Als ›Erstgeborene‹ haben die Samen heute zwar das Nutzungsrecht für ihr Land, aber dessen Eigentümer sind sie nicht, wie ein über fast zwei Jahrzehnte geführter Musterprozeß auf schwedischer Seite festschrieb.

Und dennoch – trotz der Skepsis in den eigenen Reihen – haben sich länderübergreifende samische Organisationen gebildet, die den Wert des eigenen Kulturerbes besonders betonen – ja: Die Samen haben sich zu einer organisierten Minderheit konsolidiert. Neben der Einrichtung eines mit Machtbefugnissen ausgestatteten Samen-Parlamentes fordern sie insbesondere die Anerkennung als nationale Minorität durch konstitutionelle Änderungen, ein Vetorecht gegen alle Projekte, die ihre Interessen verletzen sowie eine Regelung der Eigentumsfrage dahingehend, daß das Land dem gehört, der von ihm lebt. Ob all diese Forderungen schließlich durchgesetzt werden können, sei dahingestellt. Aber Tatsache ist, daß man heute in Oslo, Stockholm und Helsinki durchaus bereit ist, die Selbstbesinnung der Samen zu fördern. In Finnland wurde schon vor Jahren ein Samen-Parlament eingesetzt, das allerdings nur beratende Funktion hat und keinerlei Machtmittel besitzt. Aber immerhin: Ein erster Schritt ist getan, und das Selbstbewußtsein der Samen steigt.

Um kein Mißverständnis aufkommen zu lassen: Die Samen sind keine erklärten Gegner von Straßen, Kraftwerken oder Industrien. Sie wollen nur an der Planung und Kontrolle beteiligt werden. Auch streben sie keineswegs die Rückkehr zu den Lebensweisen ihrer Ahnen an. Für ›Lappenromantik‹ mit Schlitten und Zelt ist nur noch in den Prospekten Platz. Längst schon bedienen sich die genossenschaftlich organisierten Fleischproduzenten, die Rentierzüchter, technischer Hilfsmittel wie Geländemaschinen, Motorschlitten, Hubschrauber und Funktelefone. Moderne Outdoor-Bekleidung ersetzt den winterlichen Anzug aus Rentierfell, ›zivilisiertes‹ Schuhwerk ist an die Stelle der mit aufgebogener Spitze versehenen Renlederstiefel getreten. Und all die kunstvollen, ursprünglich als Gebrauchsartikel gedachten Web-, Silber- und Schnitzarbeiten werden als Souvenirs für Touristen produziert, wie auch die ›richtigen‹ Samen – also die, die ihre volle und farbenfrohe Tracht mitsamt der dazugehörigen Kopfbedeckung und dem am Gürtel baumelnden Messer tragen – heute in der Hauptsache vor den Andenkenläden an den Hauptrouten des Tourismus zu finden sind.

Lapplands Zukunft – Eine Gratwanderung

»Hört die Stimmen der Urmütter
hört
sie fragen euch, warum ihr es zulaßt, daß die Erde beschmutzt wird
vergiftet
geplündert
sie erinnern euch an euren Ursprung
hört ihr
erneut wollen sie euch erinnern
daß die Erde unsere Mutter ist
wenn wir ihr Leben nehmen
werden wir mit ihr sterben«

Übersetzung des Liedes *Gula Gula* von Mari Boine Persen, der populärsten samischen Rocksängerin.

Je mehr die kümmerlichen Reste unserer ehemals intakten mitteleuropäischen Natur der Zivilisation zum Opfer fallen, desto lauter wird der Erhalt von Europas ›letzter Wildnis‹ gefordert. Doch auch dieses Refugium gerät von Jahr zu Jahr mehr in Bedrängnis, denn die Ökosysteme des hohen Nordens pendeln in einem außerordentlich empfindlichen Gleichgewicht – viel empfindlicher noch, als dies in unseren heimischen Breiten der Fall ist.

Sicher: Nirgendwo in Europa und Skandinavien gibt es noch derart große, zusammenhängende Urwälder wie in Lappland, mit Beständen, die vereinzelt über 600 Jahre alt sind. Aber sie sind schon rar außerhalb der Nationalparks, und wer den Hauptstraßen durch Schwedisch- oder Finnisch-Lappland folgt, der sucht sie bereits vergebens, die wunderbaren Wälder aus Fichten, Kiefern und Birken, die nirgends mehr aufhören, und deren Böden mit dicken und blumenbesetzten Moos- und Heidelbeerteppichen bedeckt sind. Bis zum Horizont ziehen sich statt dessen die immer zahlreicher werdenden Kahlschlaggebiete – trostlose Öden mit ›Baumleichen‹ und Felsen, die die Erosion zutage treten läßt. Oder nehmen wir die Tausende von Quadratkilometern großen Holzplantagen: Baum an Baum in Reih und Glied und bestehend ausschließlich aus *Pinus contorta*, der aus Nordamerika importierten Drehkiefer. Sie wächst schneller als die heimischen Arten, ist mithin produktiver und gedeiht eben auch da, wo die Lebensbedingungen zu extrem sind, als daß nach Kahlschlag eine Regeneration wieder möglich wäre – in den höher gelegenen Regionen nahe der Baumgrenze. – Die skandinavische Forstwirtschaft, eine der ›Mütter der Wohlfahrtsstaaten‹, hat bedrohliche Ausmaße angenommen, und in Helsinki, Stockholm und Oslo diskutieren die Politiker lieber den Schutz der tropischen Regenwälder, als sich um den gleichzeitigen Raubbau vor der eigenen Haustür zu kümmern.

Ein weiteres Problem stellt sich im Zusammenhang mit dem Eismeer. Noch vor rund einem Jahrzehnt galt es als eines der fischreichsten Gewässer der Erde. Jetzt sind die meisten Fischer arbeitslos, Seevögel und Robben ihrer Nahrungsgrundlage beraubt, weil die Fischbestände nach hoffnungsloser und offiziell abgesegneter Überfischung drastisch zurückgingen.

Ökologische Schäden verursacht auch die Energiewirtschaft. Norwegen ist das einzige Land Europas, das seinen Energiebedarf nahezu vollständig (zu 99,5%) durch Wasserkraft deckt, und Schweden setzt alle Hebel in Bewegung, um ebenfalls in solch günstige Position zu gelangen. Obwohl Wasserkraft als sanfte Energie keinerlei direkte Umweltbelastung zur Folge hat, bedeuten Staudämme und Flußregulierungen doch eklatante Eingriffe in die Natur. Daß dadurch auch die dramatischsten Wasserfälle des Landes verschwunden sind, ist nur eine, meist von Touristen bedauerte Konsequenz. So wurden etwa 215 km² des Stora-Sjöfallet-Nationalparks in Schwedisch-Lappland überflutet, als man 1972 den Luleälv staute; mit dem Renweidegebiet gingen aber auch rund 150 Seen und Vogelbrutstätten verloren. Sehr kühne Träume hegten norwegische Ingenieure, als sie 1968 den Plan vorlegten, einen der lachsreichsten Flüsse der Welt, den Altaelva, genau an der Stelle zu stauen, wo er den längsten und tiefsten Cañon Nordeuropas durchströmt (s. S. 106 f.). Dieser Plan ist gescheitert – dank einer Protestwelle, die von den Naturschützern ganz Europas getragen wurde. Aber der Folgeplan, den Fluß nun oberhalb zu stauen, wird Realität, obwohl nachgewiesen werden konnte, daß dem zusätzlichen Stromangebot gar kein Bedarf gegenübersteht.

Die hochtechnisierte Forstwirtschaft benutzt noch die traditionellen Transportwege

Auch die Rentierzüchter verzichten nicht auf den Einsatz modernster Technik

Daß die Wälder Lapplands längst nicht mehr überall schön sind, wurde schon gesagt. Das Gefährliche ist nur, daß es ganz danach aussieht, als wäre die Übersäuerung unserer Waldböden nur ein Vorbote derjenigen in Lappland. Unaufhaltsam schreitet die durch Abgase aus Schwefel- und Stickstoffverbindungen resultierende Übersäuerung des Wassers und Bodens Richtung Norden vor, und von den rund 100 000 Seen Schwedens gelten bereits ca. 18 000 als sauer und weitere 4000 sind derart vergiftet, daß Tier- und Pflanzenwelt schwerste Schäden aufweisen. Aber diese Entwicklung kann man nicht den skandinavischen Staaten anlasten, die in Sachen Umweltschutz wirklich führend sind auf der Welt und alles versuchen, der bedrohlichen Luftverschmutzung beizukommen. Der saure Regen wird dank der vorherrschenden Winde ›importiert‹, und zwar sowohl aus Westeuropa einschließlich Großbritannien als auch aus der Sowjetunion, die mit einem jährlichen Schwefeldioxydausstoß von über 13 Mio. Tonnen allein in ihrem europäischen Teil absoluter Spitzenreiter in Sachen ›Umwelttod‹ ist.

Die Erde ist klein geworden, und die Verfehlungen der einen schlagen auf die anderen, wenn nicht auf alle, zurück, wie uns auch die radioaktive Wolke aus der Ukraine gelehrt hat (s. S. 245). Die Menschheit steckt in einer Krise, weil sie die biblische Empfehlung, sich die Erde untertan zu machen, zu wörtlich nahm. Wir verfügen über die Natur, wie es uns gefällt. Die Pelzhändler, Walschlächter und Holzfäller waren nur die Vorläufer derjenigen, die heute in das letzte Tal einen Staudamm setzen, dem Wald mit gefräßigen Maschinen zu Leibe rücken, die Flüsse begradigen und bändigen – kurz: wertvolle Lebensräume der Vernichtung preisgeben, nur weil sie glauben, daß das Machbare auch realisiert werden muß.

Wandern in Lappland

Rechte und Pflichten in der Natur

›Freiheit in der Verantwortung‹ – so könnte man das Motto des über Jahrhunderte gewachsenen Jedermannsrechtes umschreiben, das in Lappland, egal in welchem der drei Staaten, den Aufenthalt und die Fortbewegung in der freien Natur regelt. Dieses Recht konnte wohl nur in den äußerst dünn besiedelten Ländern des Nordens entstehen, ist aber auch mit Pflichten verbunden, denn natürlich bedeutet der ungehinderte Zugang zur Natur im Zeitalter des Tourismus auch eine gewisse Belastung. Für einen Teil dieser Belastung sind freilich die Skandinavier selbst verantwortlich, denn sie bilden die Majorität unter den Lappland-Touristen. Andererseits aber sind es die ausländischen Besucher einfach nicht gewohnt, sich so frei in der Natur bewegen zu können, und in der Folge benehmen sie sich mitunter im Sinne des Wortes wie die ›Axt im Walde‹ – was nicht nur Probleme und Konflikte entstehen läßt, sondern auch dazu führen kann, daß Restriktionen unvermeidlich werden. Was ist nun erlaubt, was ist verboten? Die folgenden Regeln sollen Anhaltspunkte geben:

Betreten und Befahren von fremdem Grund und Boden

– Grund und Boden anderer darf – auch wenn er umzäunt ist – zu Fuß, auf Skiern oder mit dem Fahrrad durchquert werden, wenn dabei kein Schaden entsteht. Zauntore und Gatter sind zu schließen bzw. offenzulassen – je nachdem, wie man sie vorgefunden hat; natürlich darf man Einzäunungen von Privatgrundstücken nicht übersteigen.
– Man darf sich nicht ohne Erlaubnis auf einem Hausgrundstück aufhalten oder es durchqueren, wobei unter Hausgrundstück – das nicht eingezäunt sein muß – der engere Bereich um ein Wohnhaus zu versehen ist: die sogenannte Hausfriedenszone.
– Motorfahrzeuge dürfen weder im Gelände noch auf Privatwegen oder Straßen, auf welchen allgemeines Fahrverbot herrscht, benutzt werden.

Aufenthalt auf fremdem Grund und Boden

– Es ist erlaubt, überall einige Nächte zu zelten, sofern sich der Standort nicht auf landwirtschaftlicher Nutzfläche oder in der Nähe eines Wohnhauses befindet. Dennoch sollte man – insbesondere dann, wenn man mehr als eine Nacht zu bleiben gedenkt – das Einverständnis des Besitzers einholen. Gruppen müssen immer um Erlaubnis fragen.
– Wo an einer Wanderroute spezielle Übernachtungsstellen kenntlich gemacht sind, darf auch nur dort gezeltet werden.

Dank Jedermannsrecht darf man sein Zelt fast überall aufstellen, hier am finnischen Lemmenjoki

– Noch größere Sorgfalt muß man beim Plazieren von Wohnwagen und Wohnmobilen walten lassen. Da im Gelände sowie auf Privatwegen Fahrverbot herrscht, dürfen sie nur direkt an Fahrstraßen aufgestellt werden.

Baden und Bootfahren

Man darf alle Gewässer mit einem Boot befahren und überall baden, einige Nächte mit einem Boot anlegen und an Land gehen, sofern das Ufer nicht zu einem Hausgrundstück gehört oder behördliches Zutrittsverbot besteht.

Pflanzen in Wald und Fjell

– Wildwachsende Beeren, Pilze und Kräuter sowie Trockenreisig und totes Holz dürfen gesammelt, Blumen, die nicht unter Naturschutz stehen, gepflückt werden.
– In Nordnorwegen dürfen Touristen grundsätzlich keine Multebeeren sammeln, in Finnland bestehen z. T. regionale Beschränkungen; und in Schweden gehören Nüsse stets dem Grundbesitzer.
– Es ist verboten, lebende Bäume und Sträucher zu fällen bzw. abzureißen und Reisig, Zweige, Äste, Baumrinde, Laub, Eicheln oder Harz von lebenden Bäumen mitzunehmen.

Lagerfeuer

– In Schweden ist das Entzünden von Feuern grundsätzlich gestattet, wenn nicht gerade Waldbrandgefahr besteht. Ebenso in Finnland, wobei dort ein eventueller Landeigner zuvor um Erlaubnis gebeten werden muß. Sind an einer Wanderroute spezielle Feuerstellen angelegt, so darf man nur dort Feuer machen. In norwegischen Wäldern hingegen ist das Feuermachen zwischen dem 15. April und dem 15. September generell verboten.
– Feuerstellen sind so anzulegen, daß hinterher keine Spuren davon zurückbleiben, was man z. B. durch das Ausstechen von Grassoden erreicht, die man später wieder einsetzt.
– Auf Felsen darf niemals Feuer entfacht werden, weil die Hitze den Stein platzen läßt.
– Jegliches Feuer ist sorgfältig zu löschen. Wenn sich ein Feuer ausbreitet, wird derjenige dafür haftbar gemacht, der es entzündet hat.

Angeln und Fischen

– Das Recht zum Gemeingebrauch berechtigt nicht zur Jagd und zum Angeln an Binnengewässern, wohl aber an den Meeresküsten.
– Das Plündern von Vogelnestern und das Mitnehmen von Vogeleiern ist ebenso verboten wie das Zerstören von Bauen, Nisthöhlen und Nestern.

Tiere/Rentierzucht

Kein Tier, auch kein Rentier, darf beunruhigt oder erschreckt werden. Vor und während der Kälbermarkierung (etwa Juli/August) wird von Lappland-Wanderern eine hohe Sensibilität erwartet. Aber auch zur Zeit des Kalbens (Frühling) sowie der Herdenscheidung (Herbst) ist größtmögliche Rücksichtnahme angebracht.

Abfallbeseitigung

– In Wald und Flur dürfen keinerlei Abfälle (auch keine Essensreste) zurückgelassen oder vergraben werden. Auch das Abstellen von Abfalltüten neben (vollen) Abfallbehältern ist verboten.
– Exkremente sind zu vergraben; Chemie-WCs dürfen nur in die dafür vorgesehenen Tanks entleert werden – Zuwiderhandlungen sind strafbar.

Die Nationalparks

Man schrieb das Jahr 1870, als in den USA das erste besonders schöne Naturgebiet vor und für den Menschen geschützt wurde: der Yellowstone Nationalpark. Die Vereinigten Staaten waren Vorreiter für Kanada, Australien und Neuseeland, die bald schon ebensolche Parks einrichteten. Im Jahre 1910 wurden in Schweden nicht nur die ersten Nationalparks Lapplands gegründet – Abisko, Stora Sjöfallet, Sarek –, sondern die ersten in Europa überhaupt. 28 Jahre später folgte Finnland dem Beispiel. In Norwegen konnte man sich hingegen erst Anfang der 60er Jahre dazu aufraffen, besondere Landschaftstypen des Nordens unter Schutz zu stellen. Heute gibt es in Lappland – verstanden als Gebiet nördlich des Polarkreises – 16 Nationalparks mit einer Gesamtfläche von zusammen rund 15 000 km², wozu sich noch mehrere tausend km² Naturreservate addieren, für die ein eingeschränkter Schutz besteht.

Um die Nationalparks und Naturreservate in unberührtem Zustand zu erhalten, wurden für die entsprechenden Gebiete besondere Bestimmungen erlassen, die den Rang von Gesetzen haben und manche Regelungen des Jedermannsrechtes außer Kraft setzen. Die einzelnen Verordnungen können zwar von Land zu Land leicht variieren, aber insgesamt sind für den Wanderer die folgenden Sondervorschriften von Bedeutung, die in Paragraph 2 und 3 der schwedischen Schutzbestimmungen festgeschrieben sind (Sonderregelungen für einzelne Parks werden getrennt erlassen und durch besondere Beschilderung mitgeteilt):

Im Bereich der Nationalparks ist es untersagt,
– die natürliche Beschaffenheit der Erdoberfläche oder fester, natürlich entstandener Gegebenheiten zu zerstören oder zu beschädigen und Mineralien zu entnehmen;
– lebende oder abgestorbene Bäume und Büsche zu fällen oder zu beschädigen und andere Pflanzen oder Teile von Pflanzen zu entnehmen;
– ohne besondere Genehmigung Fischfang zu betreiben;
– wildlebende Tiere zu jagen, zu fangen und vorsätzlich zu töten oder getötete oder gefangene Tiere von einem Ort zu einem anderen zu bringen und Eier, Nester und Fischbrut zu beschädigen oder zu entnehmen;
– Hunde mitzuführen;
– mit Luftfahrzeugen zu landen.

Ungeachtet dieser Beschränkungen ist es gestattet,
– bei vorübergehendem Bedarf trockene Zweige zum Feuermachen und zur Errichtung von Schutzvorrichtungen zu verwenden;
– für den unmittelbaren Verzehr Beeren zu pflücken;
– in der Zeit vom 1. Januar bis 30. April Zughunde mitzuführen.

Allgemeine Hinweise und Tips fürs Wandern

Jahres-/Wanderzeiten

Der Frühling, die oft gepriesene Jahreszeit, die in Lappland nichts anderes als das Ende des Winters bedeutet, wird hier nicht von allen Lebewesen geliebt. Für den Menschen – zumindest den wandernden, auch kanuwandernden – bedeutet sie Stillstand. Das Eis, im Winter eine Straße, zerbricht, das Wasser läßt sich weder mit Boot noch Kanu befahren, und das Land ist mit Schneematsch bedeckt, der sich an Skiern, Schneeschuhen und Schuhen festsetzt, bis man die Füße nicht mehr heben kann.

Während der Schneeschmelze im Frühsommer, wenn es schon Tag und Nacht hell ist, scheint es, als wolle sich die ganze Welt verflüssigen: Die Gewässer schwellen an, selbst kleine Bäche können schnell zum unüberwindlichen Hindernis werden, und die Pfade füllen sich mit Schlamm und Lehm. Dafür erwacht die arktische Flora aus ihrem langen Winterschlaf, während sich Stech- und Kriebelmücken sowie Fliegen und Bremsen noch weitestgehend zurückhalten.

Der Sommer schenkt (meist) angenehme Temperaturen und trockene Pfade, die Flora ist jetzt voll erblüht, Beeren und Pilze gibt es in Hülle und Fülle, und das 24 Stunden während ›Tageslicht‹ gewährt noch immer die Freiheiten, die der Nordland-Reisende so sehr liebt. – Entsprechend viele in- und ausländische Wanderer sind unterwegs, und in den Einödhütten an den populären Routen herrscht z. T. drangvolle Enge. Aber: Der ›Lappland-Fluch‹ in Gestalt der Mücken fliegt millionenfach über Wald und Flur.

Mit dem endgültigen Sonnenuntergang zur Nachtzeit ändert sich die Temperatur rasch, und schon ist die Luft von schneidender Kälte. Plötzlich kann man früh morgens beobachten, wie sich an den Moosrändern der Tundramoore schmale Eisschichten

Die anschauliche Beschilderung erleichtert die Orientierung

*Verspielte Touristen dekorieren
die Steinmännchen am Weg*

bilden, und auf den Hauptstraßen sehen wir Wohnmobil-Konvois Richtung Süden fahren. – Der Herbst hat sein Debüt gegeben, mit den Touristen verschwinden auch die Mücken, und die Blätter der Bäume und Sträucher stellen ihre Chlorophyllproduktion ein: Das Hochfjell verwandelt sich in ein flammendes Feuermeer, und ein, zwei Wochen später färben sich überall in Lappland die Birken, Eschen und Espen zunächst gelb und gold, schließlich rot. Es ist, als wären die Blätter selbstleuchtende Substanzen, und auch, wenn die Sonne einmal nicht scheint – die Schönwetterlage ist oft sehr stabil –, präsentiert sich das Land als eine einzige ›Farborgie‹; unwirklich schön, atemberaubend, nicht in Worte zu fassen.

Vielstimmiges Schreien liegt nun in der glasklaren Luft, wenn Millionen von Zugvögeln in zerrissenen Reihen am Himmel auftauchen, und überall sieht man die kleinen Tiere Nahrungsvorräte für den langen Winter sammeln. Über dem Hochland und dem Gebirge breitet sich eine geschlossene Schneedecke wie ein gewaltiges Tischtuch aus, während in den unteren Lagen noch immer die Farben leuchten. Eine ungeheure Melancholie liegt über dem still werdenden Land. Der Himmel hängt tief, und plötzlich peitscht ein Sturm über die Tundra und treibt Blätter wie Schneeflocken vor sich her. Die Natur ist ausgepumpt, es regnet, es hagelt, dann beginnt es zu schneien. – Dem Spätherbst verbleiben oft nur wenige Tage, und wer jetzt noch wandernd unterwegs ist, der braucht eine gute Ausrüstung und viel Erfahrung im Umgang mit Karte und Kompaß.

Dies ein paar allgemeine Hinweise zu den Jahreszeiten (s. auch S. 14 ff.), aus denen sich aber in einem Land dieser Größe, Topographie und geographischen Lage die optimalen Wanderzeiten nur vage ableiten lassen, so die Frage nach der Region noch nicht gestellt ist. Ergrünt z. B. direkt an der Eismeerküste bei Alta dank Golfstrom das Gras schon Anfang Mai, so ist dann der südlicher gelegene Inari-See in Finnland noch zugefroren.

Und selbst in den Höhenlagen über Alta kann die Schneedecke noch meterdick sein, während bei Abisko das Schmelzwasser rauscht, in der schwedischen Taiga bei Muddus aber die Schmelze schon beendet ist ...

Es hat also wenig Sinn, an dieser Stelle weiter ins Detail zu gehen. Das sparen wir uns für die einzelnen Wanderungen auf, wo jeweils unter der Rubrik ›Wanderzeit‹ ausführliche Angaben gemacht werden. Nur eine Faustregel sei hier erlaubt: Die Wochen zwischen Anfang Juli und Ende September gelten generell als beste Wanderzeit.

Schwierigkeit der Wanderung

Bei der Auswahl der Touren für dieses Buch waren wir bemüht, ein Gleichgewicht zwischen leichten, mittelschweren und schweren Wanderungen herzustellen, wobei nach alpinen Maßstäben sämtliche Wanderungen als ›leicht‹ zu beurteilen sind, weil sie grundsätzlich von jedem gehtüchtigen Wanderer ohne spezielle Bergsteigerausrüstung und -erfahrung begangen werden können; z. T. auch mit Kindern.

Als Meßlatte für die Schwierigkeit einer Wanderung wird in der Skandinavien-Literatur üblicherweise die zurückzulegende Distanz angelegt. Unseres Erachtens ist das aber kein ausreichendes Beurteilungskriterium, ignoriert es doch die auf dieser Distanz zu überwindenden Höhenunterschiede und auch die Beschaffenheit des Weges etc. Ob eine Tour schwierig ist oder nicht, hängt von vielen Faktoren ab, nicht zuletzt auch vom Trainingsstand des Wanderers, und deshalb wollen wir die jeder Wanderung vorangestellten Erläuterungen zu ›Dauer/Länge‹, ›Wegverlauf/Entfernungs-/Höhenangaben‹, ›Wegbeschaffenheit‹, ›Orientierung‹ und ›Kurzbeschreibung‹ für sich sprechen lassen. So kann sich jeder selber ausrechnen, was auf ihn zukommt.

Länge der Wanderung, Höhenangaben und Dauer

Bei der zu jeder Wanderung unter ›Länge‹ aufgeführten Distanz handelt es sich in aller Regel nur um ungefähre Angaben, gut für einen groben Überblick, denn es gibt in Lappland keinen einzigen Wanderweg, der genau vermessen wurde. Auch die ›Dauer‹ darf nicht als Fixum betrachtet werden, denn es ist die Zeit, die wir beim Recherchieren für die jeweilige Strecke in mittlerem Tempo ohne Unterbrechungen benötigten. Anders die Höhenangaben, die entweder topographischen Karten entnommen sind oder von uns mit Hilfe eines Höhenmessers ermittelt wurden. Sie sind fix und verraten, in welchem Maß es bergauf oder bergab geht.

Orientierung

Die meisten beschriebenen Wanderwege sind markiert, aber es gibt diesbezüglich keine einheitliche Regelung in Lappland. Wo Markierungen ganz oder teilweise fehlen oder schlecht sichtbar sind, beschreiben wir den Weg so detailliert, daß es nach unserem Ermessen stets möglich sein müßte zu wissen, wo es langgeht.

Trotz aller Markierungen und Umsicht kann es natürlich immer mal passieren, daß man die Orientierung verliert. Aus diesem Grunde empfehlen wir dringend, niemals ohne Wanderkarte (s. u.) und ohne Kompaß aufzubrechen – es sei denn, wir erwähnen unter dem Stichwort ›Kartenmaterial‹ ausdrücklich, daß diese Hilfsmittel entbehrlich sind. Ein Höhenmesser ist nicht unbedingt erforderlich, aber im Gebirge kann er zur Standortbestimmung äußerst hilfreich sein. Doch es reicht nicht, Karte und Kompaß nur dabeizuhaben: man muß auch damit umgehen können. Und die Route ständig auf der Karte verfolgen, denn greift man erst zur Karte, wenn man sich verlaufen hat, ist man auf markante Orientierungspunkte angewiesen, die nicht überall anzutreffen sind und die sich – etwa im Nebel – auch nicht immer ausmachen lassen.

Sicherheit

Lappland wird oft als die ›letzte Wildnis Europas‹ bezeichnet, und viele unserer Wanderungen führen tatsächlich in eine Wildnis, die von Weite und Menschenleere geprägt ist. Da kann es lange dauern, bis der Rettungsdienst kommt, der zuallererst einmal alarmiert werden muß. Gefahrenherde gibt es viele. Etwa falsches Schuhwerk (s. u.) oder unzureichende Kleidung (s. u.), Verlust der Orientierung (s. o), aber auch Panik oder Überschätzung der eigenen Kondition. Auch in Lappland muß man, wie in jedem Gebirge, mit Steinschlag, steilen Grasbändern, Schneebrücken etc. rechnen ...

Die Überquerung von Schneebrücken erfordert absolute Vorsicht

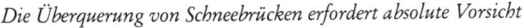

Wir wollen hier nicht alle möglichen Gefahren nennen, sondern uns lieber auf den Hinweis beschränken, daß man ein hohes Maß an Sicherheit allein schon dadurch erlangt, daß man nicht von der Wanderroute abweicht und ernstnimmt, was in den jeweiligen Einleitungen zu den Touren geschrieben steht. Und natürlich, daß man das ›eherne‹ Gesetz der wandernden Zunft befolgt: niemals alleine wandern! Wer sich daran nicht halten kann oder will, der sollte zumindest – um im Ernstfall auf sich aufmerksam machen zu können – eine Leuchtpistole o. ä. mitnehmen.

Karten

Die finnischen Wanderkarten (*Ulkoilukartta;* 1:50 000 oder 1:100 000) sind in der Regel auf dem neuesten Stand und von hervorragender Qualität, wie auch die schwedische *Fjällkartan* trotz ihres Maßstabes von 1:100 000 an Genauigkeit keinerlei Wünsche offen läßt. Norwegisches Kartenmaterial (Maßstab in der Regel 1:50 000) hingegen ist oft hoffnungslos veraltet, die meisten Routen sind nicht einmal verzeichnet, und auch die Art der Darstellung kann nicht immer als vorbildlich bezeichnet werden.

Welche Karte für eine Wanderung erforderlich ist, und wo man sie vor Ort beziehen kann, wird in den jeweiligen Einleitungen unter dem Stichwort ›Kartenmaterial‹ gesagt. Zumindest für Schweden und Finnland kann man darauf verzichten, sich die Karten schon zu Hause in einer Buchhandlung zu besorgen, denn in den Ländern selber sind oft aktuellere Auflagen im Umlauf, außerdem sind sie günstiger. Wer hingegen viel in Norwegen wandern möchte, insbesondere auch abseits der in diesem Buch beschriebenen Routen, der tut gut daran, sich an den norwegischen Wanderverein DNT (s. u.) zu wenden. Dort erhält man Kartenübersichten, nach Regionen getrennt, und dort kann man auch die Karten bestellen (gegen Vorkasse, Eurocheque), die den Vorteil haben, daß sie meist (aber auch nicht immer) auf dem neuesten Stand sind.

Wandervereine

In allen drei Ländern werden die Mitgliedschaften in einem skandinavischen Wanderverein (nicht jedoch im DAV) untereinander anerkannt, und so braucht, wer die damit verbundenen Vorteile nutzen will, nur einem beizutreten. Der jeweilige Jahresbeitrag beläuft sich auf rund 40 DM pro Person. Der Hauptvorteil einer Mitgliedschaft ist die damit verbundene Preisermäßigung von 25% auf Hüttenübernachtungen in Schweden und Norwegen; außerdem wird man ständig über den neuesten Stand der ›Wanderdinge‹ im jeweiligen Land unterrichtet.

Nähere Informationen und Anmeldung über
– DNT (Den Norske Turistforening), Postboks 163-Vika, N-0125 Oslo 1,
– STF (Svenska Turistföreningen), Box 25, S-10 120 Stockholm,
– Suomen Matkailulitto R. Y., Mikonkatu 25, SF-00 100 Helsinki 10.

In einer Kåta wohnen die Samen heute nur noch gelegentlich

Hütten

Wer in Lappland zu wandern beabsichtigt, der sollte sich schon vor Beginn der eigentlichen Planung überlegen, ob er lediglich Halbtages- und Tageswanderungen unternehmen will oder auch Mehrtagestouren. Kommt letzteres in Betracht, muß man sich entscheiden, ob es Zelt- oder Hüttenwanderungen werden sollen, oder ob eine Kombination von beidem angestrebt wird. Die Entscheidung ist letztlich eine des persönlichen Geschmacks, des Komfortbedarfs, des Ausrüstungs- und Trainingsstandes sowie auch das Portemonnaies.

Schweden: Im schwedischen Teil von Lappland finden sich entlang der populärsten markierten Wanderrouten zahlreiche Hütten (*stuga,* Pl. *stugor*), die man in Tagesmärschen bequem erreichen kann, so daß genügend Spielraum für Pausen bleibt. Sie unterstehen dem STF (s.o.), sind rund ums Jahr geöffnet, stehen jedem offen und werden in der Saison (etwa Anfang Juni bis Anfang September) von einem Hüttenwart *(stugvärd)* beaufsichtigt. Bei ihm zahlt man auch den Übernachtungspreis, der sich pro Person und Nacht auf umgerechnet etwa 30 DM beläuft. Das ist nicht billig, aber dafür wird auch einiges geboten. Die Betten sind mit Matratzen und Decken ausgestattet, in den Küchen stehen gefüllte Gasflaschen bereit, Brennholz für den Herd ist vorhanden, und selbst an Geschirr, Töpfe, Tassen, Besteck etc. herrscht kein Mangel; meist ist den Hütten auch ein spezieller Raum zum Trocknen der Kleidung angeschlossen. Wer hier von Hütte zu Hütte wandert, der braucht nur seine persönliche Ausrüstung mitzunehmen und natürlich Lebensmittel. In der Saison kommt es zwar immer wieder vor, daß alle Betten belegt sind, aber auch darauf ist der Hüttenwart vorbereitet: dann erhält man eine Decke und kann auf Matratzen auf dem Boden schlafen.

Noch ein Hinweis: Ist die Hütte nicht beaufsichtigt, zahlt man für die Übernachtung in der nächsten Hütte oder überweist das Geld später per Post; Formulare finden sich in jeder Hütte, und das Zahlen – vor dem sich insbesondere Nicht-Schweden gerne drücken – ist Ehrensache!

Neben den Hütten gibt es noch die großen, hotelähnlich ausgebauten Gebirgsstationen *(fjällstation)*, die sich meist an den Start- und Endpunkten der populärsten Fernwanderwege befinden (z. B. Kungsleden und Padjelantaleden). Sie bieten ein hohes Maß an Komfort (heiße Duschen, auch Doppelzimmer, Mahlzeiten, Postverbindung, Telefon, Lebensmittelladen etc.) und kosten zwischen 30 und 80 DM pro Nacht und Person – je nachdem, ob man im Mehrbett- oder im Doppelzimmer schläft.

Wären noch die Windschutzhütten zu erwähnen *(rastskydd* oder *vindskydd)*, die sich ebenfalls an vielen Wanderwegen finden, in denen man aber – außer im Notfall – nicht übernachten sollte. Sie sind meist mit Ofen und Holzpritschen ausgestattet, nicht immer mit Brennholz.

Finnland: Die finnischen Hütten *(autiotupa)* gehören dem Staat, stehen jedem offen und entsprechen am ehesten dem, was man sich unter Einöd- oder Wildmarkhütten vorstellt. Meist handelt es sich um urige kleine Blockhütten mit Ofen (Brennholz vorhanden) und Holzpritschen und sonst nichts – die Benutzung ist kostenlos. Die ganze Sache hat nur einen Haken: Zwischen Juni und September, wenn halb Finnland – oft in großen Gruppen – wandernd unterwegs ist, herrscht fast immer drangvolle Enge. Ein reges Kommen und Gehen läßt kaum an Schlaf denken. Wer nach des Tages ›Wandermühe‹ seine Ruhe will, dem empfehlen wir dringend die Mitnahme des eigenen Zeltes!

Die *varaustupa* genannten Hütten bieten mehr Komfort (vergleichbar den schwedischen *stugor)*, sind auch für mehrtägige Aufenthalte geeignet und stets verschlossen. Den Schlüssel erhält man gegen ein geringes Entgelt am Ausgangspunkt der Wanderung (Ferienzentrum, Campingplatz etc.), aber große Hoffnung sollte man sich nicht machen, denn Wildnis-Urlaub erfreut sich in Finnland zu allen Jahreszeiten größter Beliebtheit – sprich: die Schlüssel sind fast immer in Umlauf.

Vereinzelt findet man am Rande von Wanderrouten noch die *kämppä* – einfache Waldarbeiterhütten, von denen ein Teil auch dem Wanderer offensteht. *Laavu* ist das finnische Wort für Windschutz, und *laavus* finden sich an den populären Strecken ebenfalls in großer Anzahl.

Norwegen: Windschutzhütten gibt es in Nordnorwegen nahezu gar keine, und auch die Übernachtungshütten (im Gegensatz zu Südnorwegen) sind äußerst rar. Die wenigen, die es gibt, entsprechen von der Ausstattung her den schwedischen, stehen ebenfalls jedem offen, sind aber häufig (wenn auch nicht immer) verschlossen. Ein System gibt es nicht, und in jedem Fall tut man gut daran, sich vor Antritt der Wanderung zu informieren, ob ein Schlüssel benötigt wird oder nicht. Kontaktadressen sind in den Einleitungen zu den jeweiligen Touren aufgeführt, aber oft wohnt der Schlüsselverteiler mehr als eine Tagesreise (mit dem Auto!) vom Startpunkt der Wanderung entfernt.

In Lappland, hier im finnischen Teil, scheut man keine Mühe, dem Wanderer den Weg zu ebnen

Ausrüstung

Natürlich trägt zum Gelingen einer Wanderung u. a. auch eine geeignete Ausrüstung bei. Aber früher, als Outdoor-Bekleidung noch nicht Selbstzweck und Statussymbol war, gelangen die Wanderungen genausogut wie heute. – Dies vorweg und nicht nur für die, die ihre Barschaft betrachten und vor der Frage stehen: »Soll ich mir eine Ausrüstung kaufen oder wandern gehen . . .?«

Eine gewisse Grundausstattung ist natürlich unabdingbar. Dazu ein paar knappe Hinweise.

Tageswanderungen: Stellt man den modischen Aspekt zurück, so bleibt die Forderung, daß alles, was man an Kleidung trägt, möglichst weit und bequem sein soll. Auch bei herrlichstem Wetter sollte man stets etwas Warmes dabeihaben, unbedingt auch einen Regenschutz.

Die Frage nach dem Schuhwerk ist vielleicht die schwierigste. Die Skandinavier schwören auf Gummistiefel, Mitteleuropäer präferieren oft Trekkingschuhe. Ideal wäre, beides zu haben, denn letztlich ist die Beantwortung der ›Schuhfrage‹ abhängig von der Wanderregion, weshalb in den jeweiligen Einleitungen auch gesonderte Hinweise gegeben werden. Wer sparen will (oder muß), sollte Trekkingschuhe auswählen: ihr Einsatzbereich ist umfassend, und lieber nassen Fußes durchs Moors stapfen als in Gummistiefeln durchs Hochgebirge, was schlicht lebensgefährlich ist. Die zusätzliche Mitnahme von Turn- oder Joggingschuhen ist zu erwägen, denn einerseits können sie den noch nicht wandergewohnten Füßen zwischendurch ein wenig Erholung bieten und andererseits haben sie sich bei Flußdurchquerungen (die man niemals barfuß vornehmen sollte: Verletzungsgefahr!) bestens bewährt.

An Kleinutensilien seien Karte und Kompaß genannt, eventuell ein Signalgerät (Leuchtpistole), Höhenmesser und Feldstecher. Natürlich Ersatzschnürsenkel, Toilettenpapier, Taschenmesser, Sonnenbrille, Plastiktüten für den Picknickmüll, nicht zu vergessen eine Erste-Hilfe-Ausrüstung sowie Anti-Mückenmittel, von dem manches Mal das Gelingen der Wanderung abhängen kann. Wasser-Entkeimungsmittel sind in Lappland völlig überflüssig, und damit das Wasser in Seen und Flüssen möglichst wenig belastet wird, sollte – wer Seife etc. mitnimmt – alkalifreie Produkte bevorzugen.

Das Sommerwandern mit Skistöcken ist in Lappland zwar nicht in Mode, aber die (in ihrer Länge möglichst variablen) Skistöcke entlasten die Knie beim Abstieg ganz ungemein, helfen beim Aufstieg Kraft sparen und bieten auch bei Flußquerungen eine wichtige Hilfe.

Um all dies sowie den Proviant zu tragen, benötigt man einen Rucksack, der natürlich möglichst bequem sein und eine ausreichende Größe haben sollte. Ein sogenannter *Day-Pack,* ein Tagesrucksack, reicht hier völlig aus.

Mehrtageswanderungen: Zu den Punkten Kleidung, Schuhe, Kleinutensilien und Skistöcke gilt im großen und ganzen das gleiche wie oben beschrieben. Kleidung zum Wechseln ist sinnvoll, aber will man das Gewicht niedrig halten, reicht es aus, nur Hose oder Short und ein T-Shirt plus Pullover zusätzlich mitzunehmen.

Die Frage nach der Qualität des Schlafsacks ist in erster Linie davon abhängig, ob die Tour als Zelt- oder Hüttenwanderung gedacht ist. Die Mitnahme eines Kochers ist in

So wanderte man 1951 im Stora-Sjöfallet-Nationalpark

Finnland auch bei Hüttenwanderungen zu erwägen, sonst nur bei Zeltwanderungen. Führen sie durch waldreiches Gebiet, kann man aufs Lagerfeuer ausweichen. Gaskartuschen- und Esbit-Kocher sind weniger geeignet als Spiritus-, Petroleum- oder Benzin-getriebene Sturmkocher. Wir würden stets den Spiritus-Kocher bevorzugen und zwar nicht, weil er effektiver arbeitet, sondern weil der (nicht explosive) Brennstoff nahezu überall (auch in Fjällstationen) zu beziehen ist.

Bleibt der Rucksack, der mindestens 60 l fassen sollte, will man alles Erforderliche für eine Mehrtagestour hineinpacken. Er muß so bequem wie irgend möglich sein, über breite und gut gepolsterte Schulterriemen ebenso verfügen wie über einen solchen Hüftgurt, sollte möglichst viele Außentaschen für Kleinutensilien haben, eventuell unterteilbar sein, um langes ›Fummeln‹ zu vermeiden. Wasserdichte Außenmaterialien sind teuer, eine Regenschutzplane aus Plastik leistet ebenfalls gute Dienste, wie auch jeder selbst entscheiden muß, ob es ein Rucksack mit außen- oder innenliegendem Tragegestell sein soll. Nur gut verarbeitet und vernäht muß er unbedingt sein.

Ernährung

Lebensmittel zu bekommen, ist in aller Regel kein Problem, denn auch in den abgelegeneren Ortschaften finden sich Supermärkte, die auf die Grundbedürfnisse des Wanderers bestens eingestellt sind, z. B. auch Trockennahrung vertreiben. Eine Faustregel besagt, daß man pro Tag und Person mindestens 3000 kcal, gleich ca. 1 kg an Lebensmitteln, benötigt, besser aber 1,5 kg. Auf Tageswanderungen ist das egal, man nimmt ein bißchen

Wegzehrung mit und deckt den Hauptbedarf an Kalorien nach der Rückkehr. Bei Mehrtageswanderungen aber heißt es Schleppen, denn Gasthäuser oder Jausenstationen sucht man in ganz Lappland vergebens am Weg.

Familien

»Wir haben Kinder, da können wir nicht mehr so, wie wir wollen!« – lautet ein Klischee, das nicht stimmt, wie allein schon durch die Existenz dieses Buches – das mit einem zwei Jahre alten Kind recherchiert wurde – bewiesen sein sollte. Für Säuglinge gibt es Tragetücher, für Kleinkinder spezielle Tragen, die oft so konzipiert sind, daß sie neben dem Kind auch noch dessen Kleidung fassen, eventuell auch ein Zelt.

Sicher: Hat man zwei Kinder zu tragen, bleiben wirklich nur noch Tagestouren. Aber wenn die Kleinen größer und zum Tragen zu schwer werden, dann können sie oft auch selber wandern, so das Terrain nicht zu schwierig ist. Als Beispiel mag dienen, daß wir auf dem Padjelantaleden in Schweden, für dessen Bewältigung man 10 Tage braucht, eine Familie mit einem Fünf- und einer Siebenjährigen trafen, die täglich – und wie man sah, auch sehr zu ihrer eigenen Freude – 10 bis 15 km zurücklegten.

Welche Wanderungen auch für Kinder geeignet sind, ist den jeweiligen Einleitungen unter dem Stichwort ›Für Kinder‹ zu entnehmen.

Bäche kann man manchmal mit Hilfe solcher Graspolster überqueren

Für Mountain Biker

Als passionierte Mountain Biker konnten wir der Versuchung nicht widerstehen, die Wanderungen auch im Hinblick auf ihre Bike-Tauglichkeit zu recherchieren und darüber in den jeweiligen Einleitungen unter ›Mountain Bike‹ kurz zu berichten.

Da aber MTB-Touren gerade in der empfindlichen lappländischen Natur ökologisch nicht unproblematisch sind, haben wir uns darauf beschränkt, lediglich solche aufzunehmen, wo der Streckenverlauf durch breite, teils auch von geländegängigen Motorfahrzeugen frequentierte Pisten klar vorgegeben ist. Wer sie verläßt, fügt der Flora und auch Fauna schnell irreparable Schäden zu und hilft mit, die (leider zu Recht bestehenden) Ressentiments der Naturschützer zu verstärken und Restriktionen den Weg zu bereiten.

Insbesondere im norwegischen Teil von Lappland läßt sich so manche Wanderung wirklich gut mit dem MTB bewältigen. Immer vorausgesetzt, daß man über wahrhaft ›bärige‹ Kondition verfügt und sein Rad perfekt beherrscht. Wer diese Bedingungen erfüllt, außerdem das richtige (für überwiegend steinige Pisten geeignete) Reifenmaterial aufgezogen hat, der kann stellenweise zu Höhenfahrten starten, die durchaus alpinen Charakter haben. Als beste Zeit für MTB-Touren in Lappland gelten die Wochen zwischen Mitte/Ende Juli und Mitte/Ende September, wenn die Wege meist schnee- und auch morastfrei, die Moore ziemlich ausgetrocknet sind.

Kinder übrigens – dies als Hinweis für MTB-Familien – können manche Fahrt mitmachen. Und zwar auf dem ›Sozius‹, in diesem Fall auf einem Kindersitz, der über der Querstange vor dem Lenker befestigt ist. Dank dieses Gewichtes hat man sogar noch Bodenhaftung mit dem Vorderrad, wenn andere am Steilhang schon einen ›Kavalierstart‹ machen.

In den Wanderkarten verwendete Symbole

▪	Gebäude	⌇	Hochspannungsleitung
♠	Wanderhütte	↓	Funkmast
⚠	Camping	) (	Paß
△	Zeltplatz	ⅠⅠ	Brücke
P	Parkplatz	~	Wasserfall
ⅰ	Information	▸	Richtung
⛰	Aussichtspunkt	T	Bootsanleger
☎	Telefon		Sumpf/Moor
♦	Kirche		Gletscher
✗	Flugplatz	∽	Höhenlinien (600/1000 m)
▲	Berggipfel	········	Mountain Bike-Route
∩	Höhle	----	Route
⊢⟶	Seilbahn	········	Abstecher/Variante

Die Wanderziele auf einen Blick

Europäisches Nordmeer

Kvaløy

Tromsdalen • Tromsø
Tromsdalstind
7 + 8

9
• Nordkjosbo

Vesterålen

Øverbygd
• Setermoen

Øvre Dividal
6

Lofoten

5
Narvik
Riksgränsen
Abisko

Abisko
21 + 22

Kebnekaise
Ritsem •
Stora Sjöfället
Kir

• Bodø
Padjelanta
• Fauske
29
Staloluokta
Sarek
23 + 24
Saltoluokta

Rognan •

Saltfjellet
4
• Junkerdalen
Kvikkjokk •
27
26
• Tjåmotis

Schweden

Mudd.

Svartisen
1
Bjøllånes
2
3
28
Pörjus
25

Nasafjellet
• Jokkmokk

• Mo i Rana

• Arjeplog
• Kåbdalis

30
• Moskosel

• Arvidsjaur

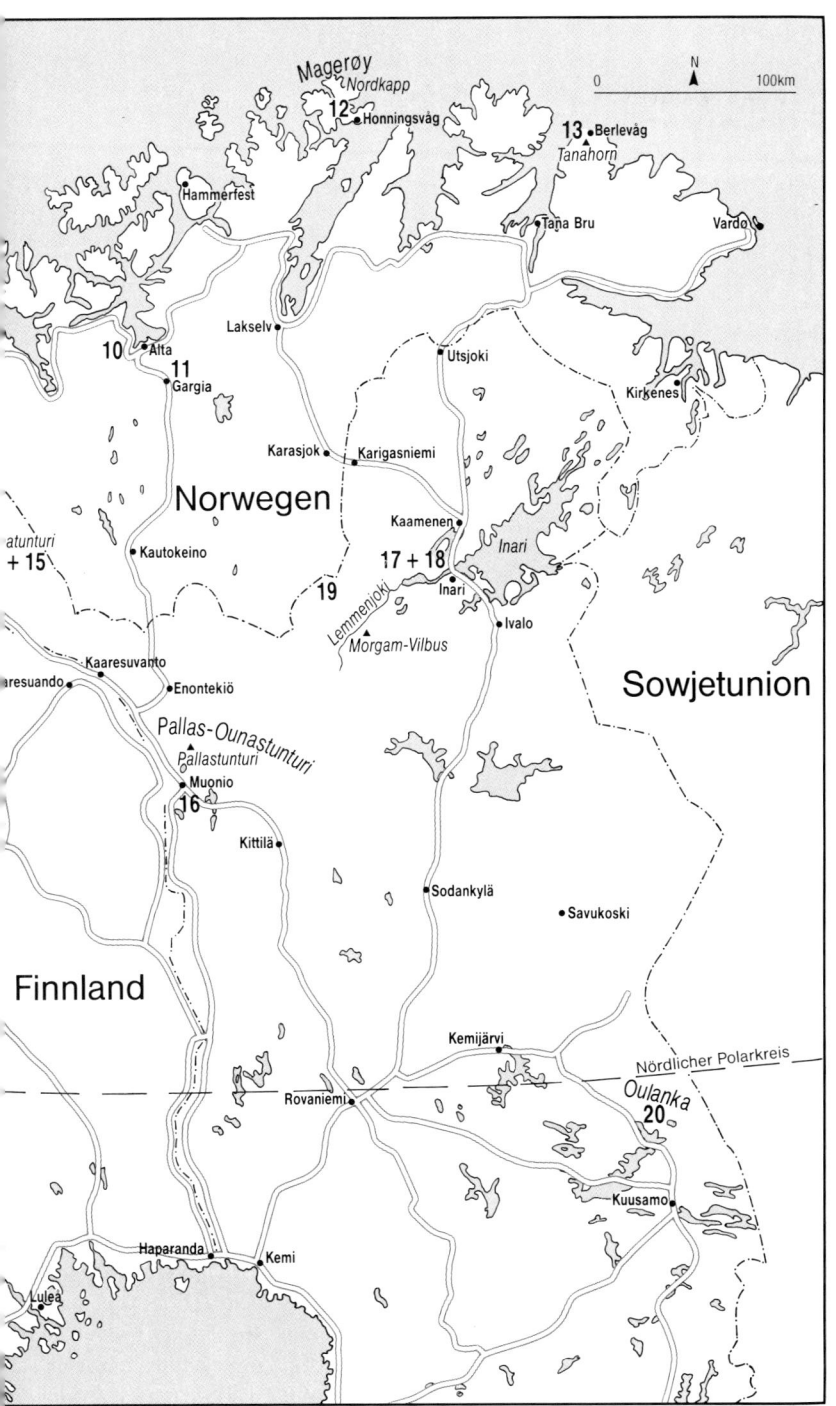

Magerøy
Nordkapp
12 • Honningsvåg
13 • Berlevåg
Tanahorn
• Hammerfest
Taṇa Bru
Vardø
Lakselv •
10 • Alta
11 • Gargia
Utsjoki
Kirkenes
Karasjok • • Karigasniemi

Norwegen

Kaamenen •
Inari
atunturi
+ 15
• Kautokeino
17 + 18
19
• Inari
Lemmenjoki
Morgam-Vilbus
• Ivalo

Sowjetunion

• Kaaresuvanto
aresuando •
• Enontekiö
Pallas-Ounastunturi
Pallastunturi
• Muonio
16
• Kittilä
• Sodankylä
• Savukoski

Finnland

• Kemijärvi
Nördlicher Polarkreis
Oulanka
• Rovaniemi
20
• Haparanda
• Kemi
Luleå
• Kuusamo

0   N   100km

55

Norwegen

1 Dramatische Formen aus grauer Vorzeit – der Svartisen-Gletscher

Leichte, im zweiten Abschnitt anspruchsvollere Wanderung zu Norwegens zweitgrößtem Gletscher.

Dauer/Länge: Mit Rückweg ca. 1 Std. 40 Min. bzw. 3 Std.

Wegverlauf/Entfernungs-/Höhenangaben: Anleger – Bootsfahrt (20 Min.) – Felshöhle (15 Min., 100 m) – Austerdalsvatnet (10 Min., 208 m) – Austerdalsisen (20 Min., 208 m); weiter zum Panoramabalkon (1 Std., 700 m).

Wegbeschaffenheit: Steinige Wege, z. T. mit Felsplatten bedeckt, aber einfach zu begehen bis Austerdalsisen. Aufstieg zum Panoramabalkon über wegloses Fels- und Geröllterrain.

Orientierung: Bis Austerdalsisen völlig unproblematisch (Karte etc. nicht erforderlich), zum Panoramabalkon leicht.

Kartenmaterial: Topographische Karte Svartisen, Nr. 1928 II, 1:50 000; erhältlich in Mo i Rana sowie in Fauske (Buchläden).

Wanderzeit: Mitte Juni bis Ende August, wenn das Boot verkehrt; vor Mitte Juli kann man nur bis zum Austerdalsisen wandern, der Weg zum Panoramabalkon wird durch Schneefelder versperrt.

Information/Angeln: *Polarsirkelen Reiselivslag,* Mo i Rana, ✆ 0 87/5 04 21; hier werden im Juli/August auch Gletscherwanderungen und -kurse organisiert, Angelscheine verkauft. Weitere Informationen (auch über das Angeln) im Kiosk am Ausgangspunkt der Wanderung, wo man sich auch das sogenannte Svartisvatnet-Zertifikat ausstellen lassen kann. Direkt hinter der Straßengabelung an der E 6 liegt linker Hand ein großer Parkplatz mit Infotafel.

Ausrüstung: Grundausstattung; Bergstiefel sind angebracht (auch wenn die meisten Besucher in Turnschuhen laufen), für den Aufstieg zum Panoramabalkon ein Muß. Sandwiches, Süßes und Getränke am Kiosk am Ausgangspunkt, Lebensmittelladen in Skonseng an der E 6.

Hütten-/Zelttour: Im Bereich des Austerdalsisen finden sich keine Stellplätze, sehr wohl aber rings um den Panoramabalkon; keine Hütten.

Anfahrt: Von der E 6 nördlich von Mo i Rana bei Skonseng nach Westen abbiegen (ausgeschildert: ›Svartisvatnet‹), den Schildern für 26 km bis zum Ausgangspunkt der Wanderung folgen. Keine öffentlichen

Der Svartisen-Gletscher

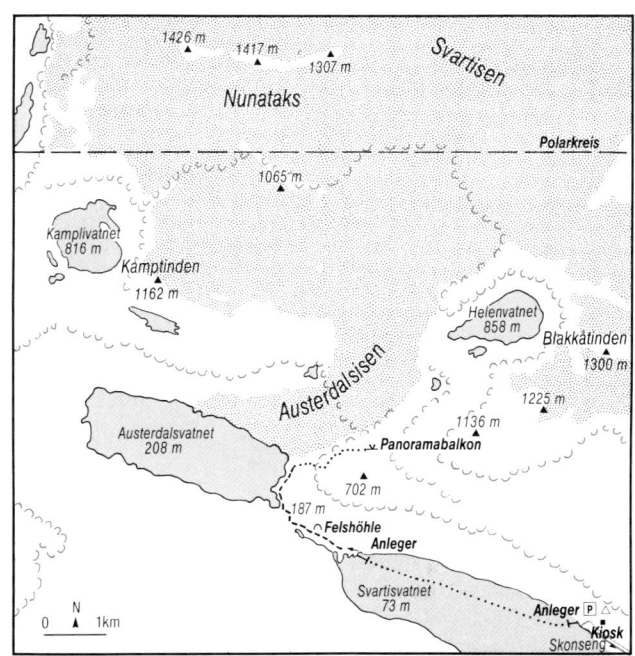

Route 1

Verkehrsmittel; Bushaltestelle in Skonseng, Bahnhof und Flughafen in Mo i Rana.

Unterkunft: Der Parkplatz am Ausgangspunkt wird abends zum Campingplatz für Wohnwagen und Wohnmobile erklärt, aber auch an der Strecke nach Skonseng finden sich herrliche Stellplätze. Für Zelte steht unterhalb des Parkplatzes eine große Wiese am Seeufer zur Verfügung, und ca. 2 km in Richtung Skonseng vermietet ein Bauer mehrere Holzhütten; ca. 300 m davon entfernt liegt die Svartisdalhytta (Wanderhütte), die aber fast stets komplett belegt ist.

Für Kinder: Bis Austerdalsisen – aber auch nur bis dorthin – eine Tour für die ganze Familie.

Mountain Bike: Ungeeignet.

Anmerkungen: Wer keinen UV- oder Pol-Filter verwendet, wird blaustichige Gletscherfotos machen.

Die Gesamtheit der Eisoberfläche Skandinaviens ist größer als die der Alpen. Der Svartisen, der zweitgrößte Gletscherkomplex Lapplands, ist allerdings der am schnellsten abschmelzende. 1905 umfaßte der in Øst- und Vestisen gegliederte Plateaugletscher noch rund 500 km², während es in den 70er Jahren nur noch etwa 370 km² waren. Aber auch dieser Schätzwert ist heute überholt, wie man u. a. auch der topographischen Karte Svartisen entnehmen kann: Sie stammt aus dem Jahre 1974 und zeichnet die Zunge des Austerdalsisen noch rund 2 km zu lang ein. Warum die Gletscher ständig kleiner werden, ist ungewiß, aber fest steht, daß diese Rückzugsphase, von der alle skandinavischen Gletscher geprägt sind, bereits 1750 begann – also fast 200 Jahre bevor die Grundlagen für die heute heraufbeschworenen Klimaveränderungen durch den Menschen geschaffen wurden.

Machen wir uns auf den Weg zum Ausgangspunkt der Wanderung, dem **Anleger** am **Svartisvatnet** unterhalb des Parkplatzes. In der Saison herrscht hier großer Andrang, und wer als 51. Passagier kommt, hat Pech, muß aufs nächste Boot warten. Wir machen es uns in dem halboffenen Holzschiffchen bequem (möglichst aber nicht im hinteren Drittel: Dieselqualm), das den Svartisvatnet während der folgenden 20 Min. in seiner ganzen Länge überquert. Die milchige Wassertrübung – verursacht durch zermahlenen Gesteinsschutt – läßt darauf schließen, daß es sich hier bereits um Gletscherwasser handelt. Und betrachten wir das Querprofil des uns umgebenden Tales, so fällt deutlich die U-Form auf, die so charakteristisch ist für alle Täler, die einst mit Eis ausgefüllt waren. Den Gletscher selbst kann man noch nicht einsehen, sehr wohl aber eine Klamm an der westlichen Stirnseite des Sees, durch die sich das Schmelzwasser tobend ergießt.

Ein paar hundert Meter rechts von der Schlucht legt das Boot an, und nachdem wir uns noch einmal über die Rückfahrzeiten informiert haben, machen wir uns auf den Weg, der beim besten Willen nicht zu verfehlen ist. Das Donnern und Rauschen nimmt eine ohrenbetäubende Lautstärke an, und schon nach ein paar Minuten ist die Klamm erreicht, bei der es sich – wie wir jetzt sehen – eher um eine V-förmige Felskluft handelt. Wolken von Silberstaub hängen über dem Katarakt und bringen beim sanften, aber konstanten Aufstieg zu einem vor uns liegenden Sattel ein bißchen Kühlung. Nach etwa 15 Min. über den mit abgesprengten Felsplatten bedeckten Weg erreichen wir die rund 170 m hoch gelegene Stelle, wo sich der Strom aus einer etwa 2 × 3 m messenden **Felshöhle** ergießt. Gebannt verfolgen wir den Lauf der gigantischen Wassermassen, die beim Aufprall

Hier trifft die Gletscherzunge auf den Austerdalsvatnet

in ein Felsbassin zuerst ein Wurzelwerk aus Gischt bilden und dann blaugrün kreisende Wirbel, die sich rotierend auf den Wasserfall zubewegen.

An dieser Stelle teilt sich die Besucherschar, denn während die einen hier ihre Erinnerungsfotos schießen, eilen die anderen weiter, um den Gletscher ›ganz für sich allein‹ zu haben. Der Weg ist mit orangenen Fähnchen markiert und steigt steil bis oberhalb der Höhle an. Von dort laufen wir etwa 5 Min. bis zum Felssattel (ca. 200 m Höhe), der sich noch vor wenigen Jahrzehnten fest im Griff einer kleinen Zwischeneiszeit befunden haben soll: Alles was hier Fels ist, trägt den Prägestempel des Eises und der darin eingefrorenen Fremdmaterialien, ist von unzähligen, parallel verlaufenden Riefen durchfurcht,

zwischen denen das blank gescheuerte Gestein glänzt, als sei es poliert worden.

Ein blaugrüner Arm des **Austerdalsvatnet** tritt ins Bild, 5 Min. später ist der Arm erreicht, und nach weiteren 5 Min. kann man einen ersten Ausblick auf die Gletscherzunge genießen. Drohend und majestätisch hängt sie wie ein fossiles Denkmal der Eiszeit über dem See und beleckt ihn. Ein treffliches Motiv, aber der Fotograf wird, wenn er den ganzen Gletscher überblickt oder direkt an der Zunge steht, noch viel dramatischere Einstellungen finden. Bis dahin sind es noch insgesamt etwa 15 Min.

›Dangerzone‹ – so schreien uns auf den letzten 100 m zahlreiche Schilder in knalligen Farben entgegen, und angeblich können sich Eissplitter bis hierher verirren, kann die Flutwelle bis hierher reichen, wenn der **Austerdalsisen** hausgroße Eisbrocken absprengt und in den See schleudert. Aber gar so häufig kommt das wohl nicht vor, denn es ist keineswegs verboten, sondern vielmehr Usus, sich direkt bis zum Gletschersturz vorzupirschen, der an einen surrealistischen Kristallpalast erinnert: Eingefallene Türme und Festungsmauern überschatten gefrorene Gassen; geborstene Kuppeln überwölben lavendelfarbene Grotten, klaffende Spalten führen in imaginäre Welten. Märchenhafte Farben, dramatische nackte Formen aus der Vorzeit.

Wir stehen dem östlichen Ausläufer des vom 1572 m hohen Istinden herabfließenden Svartisen gegenüber. Wie der Karte zu entnehmen ist, ragen aus dem mehr als 100 m mächtigen Eispanzer mehrere einsame Felsen hervor – sogenannte *Nunataks*. Wer sie sehen will, muß sich zu einer Anschlußwanderung aufraffen, die einen Aussichtsbalkon über dem Plateaugletscher zum Ziel hat. Rund 400 m beträgt der Höhenunterschied von der Zunge bis dort hinauf, aber selbst wer uns von der anstehenden Stunde nur etwa 30 Min. lang folgt, wird mit einem Panorama belohnt, wie man es eindrucksvoller auch in den Alpen nirgends genießen kann.

Die Topographie duldet nur eine Richtung, und so steigen wir rechts vor der Gletscherzunge den steilen und wie ein Baumkuchen geschichteten Felshang hinauf. Das sieht von unten schwerer aus als es ist, denn die Flanke wird von Tausenden kleinen Stufen gegliedert, über die man recht problemlos und wie über eine Treppe Höhe macht. Vorausgesetzt, man kümmert sich nicht um die Steinmännchen, die hier keinen Weg markieren, sondern von verspielten Touristen dorthin gesetzt wurden. Der Aufstieg verläuft parallel zum Austerdalsisen, nur zwingt uns die Geländeform unterschiedlich große Abstände zum Gletscher auf, der schon nach etwa 45 Min. und auf einer Höhe von ca. 570 m wie ein gigantischer Wulst unter uns liegt.

Von Meter zu Meter ändert sich jetzt das Landschaftsbild. War man gerade noch von nacktem Fels umgeben, so jetzt von zunehmend grüner werdenden Matten und vereinzelt stehenden Birken. – Anzeichen dafür, daß diese Region schon weit länger eisfrei ist als die unteren Hanglagen. Nochmal 130 m höher springen kleine Bäche von den Felsen, plätschern durch blumenbestandene Wiesen und speisen eine Vielzahl von Tümpeln und Teichen, an deren Rändern sich zahlreiche idyllische Stellplätze fürs Zelt finden lassen.

Man könnte noch ›ewig‹ weitersteigen, aber die Aussicht, Anlaß unseres Kommens, würde dadurch auch nicht spektakulärer, als sie es von diesem **Panoramabalkon** aus ist. So lassen wir es genug sein, suchen eine windgeschützte Mulde und lassen den Blick über das bleiche Gletscherband streifen, das nahezu unser ganzes Sichtfeld einnimmt. Über der grauen Felskuppel eines Nunataks flattert eine Schneefahne im Wind. Sie löst sich, trudelt schwerelos durch den Raum, glüht in einem Sonnenstrahl auf und geht als Funkenregen über dem Svartisen nieder, der als Vision eines überirdischen Königreiches zu uns hinaufschimmert.

Stundenlang könnten wir hier sitzen und im aufgeschlagenen Buch der geologischen Entwicklungsgeschichte lesen. Doch der Weg zurück zum Bootssteg ist noch weit, und so machen wir uns wieder auf. Aber unbedingt über den Weg, den wir auch gekommen sind. Also parallel zur Zunge bis an den Austerdalsvatnet, denn wer hier Richtung Svartisvatnet abzukürzen versucht, riskiert ›Kopf und Kragen‹ – so extrem steil geht es dort hinab. Etwa eine halbe Stunde muß man bis zum Gletschersee schon ansetzen, und von da bis zum Anleger sind es weitere 20 Min.

Hier noch ein Blick, da noch ein Foto: es gilt aufzupassen, daß man das letzte Fährboot nicht versäumt. Wenn doch, so ist es aber auch kein ›Beinbruch‹, denn am nördlichen Ufer des Svartisvatnet entlang führt ein am Anleger beginnender Pfad bis zum Ausgangspunkt zurück. Und wer sich sputet, kann die 4 km messende Distanz durchaus in einer Stunde bewältigen.

2 Norwegens nördlichster natürlicher Fichtenwald

Einfacher Spaziergang zu Norwegens nördlichstem natürlichen Nadelwald und einem der wildesten Wasserfälle von Lappland.

Dauer/Länge: ca. 1 Std. 45 Min. (davon 1 Std. für den Hinweg), ca. 6 km.

Wegverlauf/Entfernungs-/Höhenangaben: Parkstreifen an der Hängebrücke (150 m) – Grannesset (55 Min., 290 m) – Bredekfossen (5 Min., 290 m).

Wegbeschaffenheit: Waldwege.

Orientierung: Völlig problemlos.

Kartenmaterial: Unnötig; eingetragen ist der Weg auf der topographischen Karte Saltfjellkartet, 1:100 000, die auch für die zwei nachfolgend beschriebenen Wandertouren benötigt wird.

Wanderzeit: Im Frühsommer kann der Weg rutschig und morastig sein, auch stellenweise von einem Bach als Bett ›mißbraucht‹ werden, aber mit Gummistiefeln läßt sich die Strecke durchaus schon Mitte Juni bewältigen. Ideal ist es Mitte Juli bis Mitte September, wobei der Herbst wegen seiner Farbenvielfalt fraglos die schönste Wanderzeit markiert.

Information/Angeln: Auf dem Rastplatz nördlich von Storvollen (unter der Eisenbahnbrücke durch, direkt links von der E 6) findet sich – auf einen Picknicktisch geklebt – eine topographische Karte, die auch diese Wanderung verzeichnet. Angelinfos bei *Statens Skoger,* Salten forvaltning, Eivn. 5, Fauske, ✆ 0 81/4 59 66.

Ausrüstung: Grundausstattung. Proviant im kleinen Lebensmittelgeschäft von Storvollen.

Anfahrt: Über die E 6 bis Storvollen (ca. 41 km nördlich von Mo i Rana und 40 km südlich des Polarkreiscenters). Wer aus Norden anreist, passiert das Dorf Storvollen und folgt der E 6 noch etwa 400 m bis zu einem Parkstreifen am Ranaelva, über den sich eine Hängebrücke spannt. Von Süden kommend ist dieser Ausgangspunkt schnell übersehen, deshalb empfiehlt es sich, bis Storvollen zu fahren und

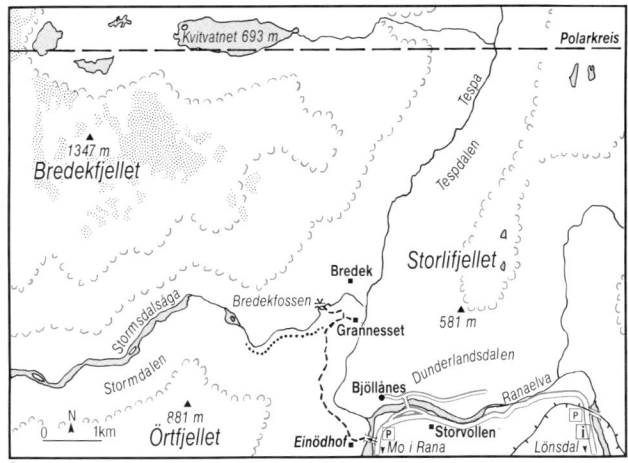

Route 2

dort zu wenden. Storvollen ist mit dem Bus zu erreichen; Bahnhof in Dunderland (15 km nördlich; E 6), Flughafen in Mo i Rana.

Unterkunft: Krokstrand-Campingplatz an der E 6 Richtung Norden, wenige km entfernt, Hüttenvermietung. Der Rastplatz von Storvollen (WC, Picknickeinrichtungen, Zeltwiese; direkt am Fluß) bietet sich für Camper an.

Für Kinder: Unbedingt geeignet. Aber Vorsicht am Wasserfall: Absturzgefahr!

Montain Bike: Ungeeignet.

Wir queren die bei jedem Schritt federnde Brücke und halten uns am jenseitigen Wiesenufer halb links. Kurz vor einem Einödhof biegt ein Pfad nach rechts ab und nimmt Kurs auf eine Anhöhe, deren Fuß nach rund 5 Min. erreicht ist. Die Spur ist ausgetreten, und abzweigende Seitenpfade sind nur Ausprägungen des Hauptweges, der sich durch den mit Fichten durchsetzten Birkenwald nach oben zieht. Schon nach 5 Min., auf etwa 190 m Höhe, genießt man einen ersten Ausblick auf Storvollen, und je höher wir kommen, desto lichter wird der Wald und desto großzügiger auch das Panorama ins bewaldete obere Dunderlandsdalen. Ein paar Feuchtstellen zwingen Umwege auf, hier und da muß ein Bach gequert werden, aber man kommt dennoch gut voran und erreicht nach insgesamt etwa 45 Min. die auf einem teils felsigen, teils moorigen Absatz gelegene Grenze des Naturschutzgebietes Saltfjellet-Svartisen.

Knapp 5 Min. sind es noch bis zu einer Weggabelung: nach links ist ›Stormdalen‹, nach rechts ›Grannesset‹ ausgeschildert. Wir biegen rechts ein und folgen dem Waldweg durch leicht geneigtes Birkenterrain für etwa 5 Min. bis zu einer monströsen Doppelfichte, hinter der ein weiterer Wegweiser Entscheidung verlangt. Nach **Grannesset** geht es rechts ab, und ein paar Meter weiter liegt Norwegens nördlichster natürlicher Nadelwald mit schlanken, schwarz schimmernden Fichten vor uns. Gelbes Sonnenlicht tropft von den Nadeln auf einen Boden aus Wiesen- und Moospolstern, Flechten und Beeren, aber die Koniferen-Enklave ist klein, und bald schon haben wir sie durchquert und stehen wir an ihrem anderen Ende vor einem alten Schuppen, der zu einem Einödhof gehört.

So gehen wir zurück zur Weggabelung, halten uns jetzt nach rechts, von wo lautes Donnern zu uns heraufdringt. Keine 100 m weiter endet der Pfad vor einem gewaltigen Felstrichter, in den sich die komprimierten Wasser des Stormdalsåga aus über 100 m Höhe hinunterstürzen. Der weiße Gischtmantel des **Bredekfossen** verhüllt die Steilwand, über der die Spektralfarben eines Regenbogens tanzen. Richtung Norden wandert der Blick einen seidiggrünen Prallhang empor und verharrt auf dem dramatisch an der Schräge klebenden Einödhof von Bredek, der von lila Blütenfeldern gesäumt ist und im Schatten über 1200 m hoher Felsschroffen liegt.

Insgesamt rund 1 Std. sind wir jetzt wandernd unterwegs, und der Rückweg wird kaum mehr als 45 Min. in Anspruch nehmen.

Der Einödhof von Bredek im Schatten hoher Felsen

3   Zu den alten Silbergruben des Nasafjellet

Grenzüberschreitende Hochfjell-Tour zu den verlassenen Stollen und Schächten der in Schweden gelegenen Silbergruben mit Ausblicken auf die umliegende Felswelt, alpin anmutende Bergmassive und Tundra.

Dauer/Länge: ca. 5 Std. 30 Min. (davon 3 Std. für den Hinweg), ca. 20 km.

Wegverlauf/Entfernungs-/Höhenangaben: Hinweisschild an der E 6 (450 m) – Wegweiser ›Nasa‹ (20 Min., 530 m) – Paßhöhe (55 Min., 840 m) – See (45 Min., 920 m) – Grenze (30 Min., 1030 m) – Silbergruben (30 Min., 1030 m).

Wegbeschaffenheit: Leicht zu begehende Wege während des ersten, hauptsächlich Steigung machenden Drittels, schmale und steinige Pfade im zweiten, relativ ebenen Abschnitt; das letzte Wegstück führt über Geröll und Geröllfelder sowie mehr oder weniger feuchte Wiesen.

Orientierung: Weggabelungen sind durch Hinweisschilder kenntlich gemacht; wo der Weg nicht klar und übersichtlich ist, helfen Steinmännchen und/oder rote Farbkleckse weiter. Nur bei schlechter Wetterlage mit tief hängenden Wolken oder Nebel kann die Orientierung zum Problem werden.

Kartenmaterial: Topographische Karte Virvatnet, 1:50 000, Nr. 2127 IV oder – weil auch für Wanderungen Nr. 2 und 4 zu verwenden – Saltfjellkartet, 1:100 000. Erhältlich im Buchhandel in Mo i Rana und Fauske, mitunter auch im Polarkreiscenter an der E 6.

Mitternachtssonne/Wanderzeit: 9. 6.–4. 7. (Höhenlage). Wanderzeit von Mitte Juli bis Mitte September, wenn das Hochfjell größtenteils schneefrei ist. Bis Mitte August kann der Weg stellenweise morastig sein und die Wanderlust durch Mücken geschmälert werden.

Information/Angeln: *Polarsirkelen Reiselivslag,* Mo i Rana, ✆ 0 87/5 04 21; Angeln nicht möglich.

Ausrüstung: Grundausstattung, Kälteschutz ist wichtig, ein Skistock sinnvoll; vor Mitte/Ende Juli sollte man Gummistiefel tragen, danach sind Trekkingschuhe wesentlich besser geeignet. Lebensmittelladen beim Campingplatz Krokstrand, Café/Restaurant im Polarkreiscenter an der E 6.

Hütten-/Zelttour: Keine Übernachtungshütten, aber reichlich Stellplätze fürs Zelt; kein Holz vorhanden.

Anfahrt: Über die E 6 bis zum Hinweisschild ›Nasafjellet Silvergruven 10 km‹ (5 km nördlich des Krokstrand-Touristencenters und 10 km südlich des Polarkreiscenters am östlichen Straßenrand); etwas südlich des Schildes ein Parkplatz. Alle Überlandbusse auf der Route Fauske – Mo i Rana passieren die Abzweigung zum Nasafjellet; Bahnhof in Stödi (15 km nördlich, E 6), Flughafen in Mo i Rana.

Unterkunft: Der Parkplatz am Ausgangspunkt ist für Caravans, Wohnmobile und Zelte gleichermaßen geeignet; WC vorhanden, Wasser am Wildbach. Campingplatz mit Hüttenvermietung: Krokstrand-Touristencenter, 5 km südlich.

Für Kinder: 20 km sind kein ›Pappenstiel‹ – ob man sie nun auf eigenen Füßen läuft oder in der Trage absitzt. Von der Länge abgesehen, ist der Weg – mit Einschränkungen im letzten Drittel – kinderfreundlich.

Mountain Bike: Nicht geeignet.

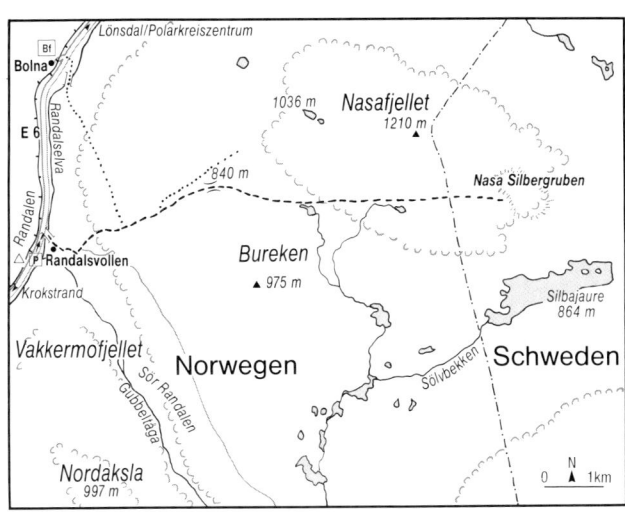

Route 3

Kurz hinter dem Krokstrand-Touristen-center, am Ende des Dunderlandsdalen, beschreibt die E 6 einen weiten Bogen nach Nordosten, bevor sie durchs Randalen zum Saltfjellet mit dem Polarkreiscenter ansteigt. An der Stelle, wo die Hauptverkehrsader des Nordens der schwedischen Grenze am nächsten rückt – nur etwa 6 km Luftlinie trennen uns dort vom Nachbarland –, macht ein unübersehbar großes, weiß lackiertes **Hinweisschild** am östlichen Straßenrand auf sich aufmerksam: ›Nasafjellet Silvergruven 10 km‹. Wir parken etwa 200 m südlich des Schildes an der E 6 auf einem mit WC ausgestatteten Rastplatz über den Schnellen des Randalselva, von wo aus man einen ersten Blick auf den langgezogenen Felsriegel des Bureken werfen kann. Rund 1½ Std. trennen uns von dieser Landmarke am Rande des Nasafjellet (schwed.: Nasafjället).

Das Schild verweist auf einen breiten Privatweg, der nach etwa 200 m den Randalselva auf einer Bohlenbrücke quert. Es folgt ein sanfter Anstieg bis auf 530 m. Die Schotterstraße beschreibt hier eine Linkskurve und spart rechts zwei Parknischen

aus, denen gegenüber ein hölzerner **Wegweiser** (›Nasa‹) steht. Wir folgen dem Weg durch einen lichten Birkenhain und erreichen etwa 5 Min. später eine offene, nach Osten ansteigende Wiesen- und Heidefläche, über die sich der deutlich sichtbare und einfach zu begehende Pfad für ca. 50 Min. und bis auf 840 m Höhe schlängeln wird.

Es geht zügig voran, zumal der Weg bald schon in eine von links einmündende Traktorspur übergeht. Die Baumgrenze wird bei ca. 600 m erreicht, ein kleiner See bei 650 m. Oberhalb zweigt ein mit roten Punkten markierter Pfad nach links ab. Er hat das obere Randalen und die E 6 zum Ziel, wir müssen uns weiter hangaufwärts halten. Der mit vereinzelt aufgestellten Holzpflöcken markierte Pfad verläßt nach insgesamt rund 50 Min. ab Ausgangspunkt auf einer Höhe von 750 m die Traktorspur und folgt einem nach halb rechts weisenden roten Pfeil und einem hölzernen Wegweiser (›Nasa‹).

Steinmännchen und rote Farbkleckse säumen den Weg zu der über uns liegenden **Paßhöhe,** die nach etwa 70 Min. genom-

Seit über 170 Jahren rostet diese Lore vor sich hin

men ist. Wir stehen auf einer Höhe von 840 m, und gen Westen fällt der Blick über die grüne Schräge hinab ins Randalen und Dunderlandsdalen, steigt auf der anderen Seite bis zu den schneebedeckten Felsmassiven des Steinfjellet auf. Im Norden ist das Saltfjellet mit den Gebäuden des Polarkreiszentrums getupft, im Süden steigt der Sattel zur Felsöde des 975 m hohen Bureken an, und Richtung Osten öffnet sich eine langgestreckte Tundramulde, über der die graubraunen Geröllbänder des Nasafjellet im blauen Äther schwimmen.

Durch diese Mulde müssen wir wandern. Auf den folgenden 45 Min. quert der hinreichend markierte Weg zwar vereinzelte Bäche, macht aber kaum noch Steigung und ist im großen und ganzen einfach zu begehen, auch wenn die säumenden Felsrücken die ganze Landschaft mit ihrer vegetationslosen Verwitterung gefüllt haben. Eine ¾ Std. ist vergangen, da liegt ein langgestreckter **See** voraus. Stein-

männchen und Farbkleckse führen den links angrenzenden Flachhang hinauf, und über die felsgesäumte Wasserfläche hinweg erblicken wir im Süden ein Netzwerk aus Sumpftrichtern, Tümpeln, Seen und Bächen zu Füßen grauer und mit Schneeflecken gesprenkelter Berge.

Immer weiter reicht der Blick nach Süden, und ½ Std. später, jetzt auf 1030 m und von Schneefeldern umgeben, öffnet sich das Hochfjell nach Osten, wo sich ein See, silbern wie ein blind gewordener Spiegel, gegen einen hellgrauen Felshorizont abhebt. Dies ist der Silbajaure, der ›Silbersee‹, der seinen Namen den benachbarten Gruben verdankt, von denen man oberhalb des Sees die ersten Anzeichen in Form von braunen Schutthalden ausmachen kann. Bis dahin, auf gleicher Höhe bleibend, sind es noch weitere 30 Min., während derer wir auch die ›grüne‹ **Grenze** nach Schweden überschreiten, die lediglich durch eine rot gestrichene und leicht zu übersehende Bake gekennzeichnet ist. Ein Hinweis: Das Nachbarland beginnt an der Stelle, wo auch die parallel zum Pfad verlaufende Holzkreuz-Markierung eines Winterwanderweges beginnt.

Dann sind die **Silbergruben** erreicht, wir stehen vor einer rotbraunen Schutthalde, von der ein metallisches Funkeln ausgeht und die eine verrostete Lore krönt. Links, im kahlen Felshang, klafft das schwarze Loch eines Stollens, und etwa 50 m oberhalb, wo ein Maschenzaun gespannt ist, blicken wir auf Hunderte Schutthalden, zwischen denen sich Schächte und Trichter öffnen. Hier begannen schwedische Bergleute im Jahre 1635 mit dem Erzabbau. Samen schleppten das Erzgestein auf Rentieren hinab zum Seensystem des Skellefteälv, von wo es auf Booten und Schlitten nach Piteå und Skellefteå (Ostseeküste) transportiert wurde. Bis zum Jahr 1659 konnten 900 kg Silber nebst 250 t Blei gewonnen werden, aber damit waren die Vorkommen des Nasafjellet auch schon ziemlich erschöpft, und

während der letzten 40 Jahre vor Grubenschließung im Jahre 1810 betrug die Ausbeute nicht mal mehr 140 kg Silber sowie 250 t Blei.

Über 170 Jahre also rostet die Lore schon vor sich hin, und es hallt kein Hammerschlag mehr durch die verwaisten Schächte, die heute allesamt vom Einsturz bedroht sind und nicht betreten werden sollten. Unter dem Zaun aber – aufgestellt zum Schutz der Rentiere – kann man getrost hindurchkriechen, um im eigentlichen Kerngebiet der Silbergrube reiche ›Mineralernte‹ zu halten, vielleicht hier und da auch ein Stückchen Silbererz zu finden oder die Überreste alter Werkzeuge. Die Sammelleidenschaft läßt die Zeit vergessen, Erzklumpen füllen unseren Rucksack, und als wir endlich wieder an den Aufbruch denken, bleibt nur, die meisten wieder auszukippen. – So schwer wiegen sie auf dem Rücken, den wir während der folgenden 2½ Std., die uns noch vom Ausgangs- und Endpunkt der Wanderung trennen, nicht gar so sehr krümmen wollen.

4 Rings ums Båtfjellet – eine Extremtour

Anstrengende, aber auch spektakuläre Wanderung; bietet viel Abwechslung und eindrucksvolle Panoramen.

Dauer/Länge: ca. 11 Std., ca. 35 km. Als Zwei- oder auch Dreitagestour zu empfehlen; nur vollkommen durchtrainierte Wanderer können es in einem (Mittsommer-)Tag schaffen.

Wegverlauf/Entfernungs-/Höhenangaben: Skaiti (420 m) – Kroken (2 Std.

45 Min., 670 m) – Wasserscheide (2 Std., 840 m) – Wegkreuzung (1 Std. 30 Min., 500 m) – Paßhöhe (1 Std., 770 m) – Store Sauvatnet (15 Min., 680 m) – Sattel (45 Min., 720 m) – Solvågvatnet (30 Min., 705 m) – Solvågli (2 Std., 200 m).

Wegbeschaffenheit: Wald-, Wiesen- und Heidewege ebenso wie solche über Geröll oder Fels; unzählige Furchen, Bäche und Feuchtstellen sind zu queren, und alles in allem verlangt diese Tour sowohl dem

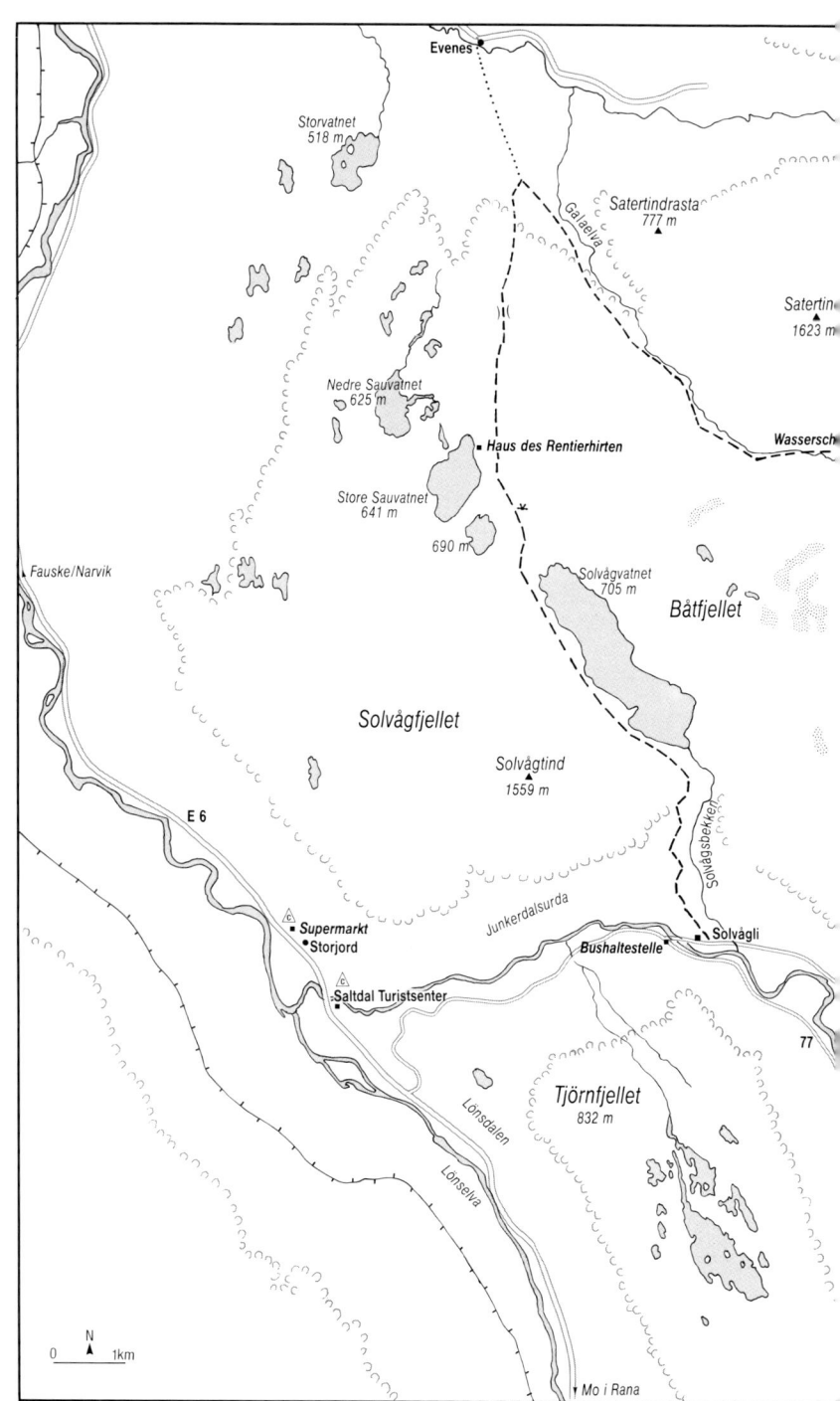

Evenes

Storvatnet
518 m

Satertindrasta
777 m

Gá灣ælva

Satertin
1623 m

Nedre Sauvatnet
625 m

Haus des Rentierhirten

Wassersch

Fauske/Narvik

Store Sauvatnet
641 m

690 m

Solvågvatnet
705 m

Båtfjellet

Solvågfjellet

Solvågtind
1559 m

E 6

Solvågsbekken

Junkerdalsurda

Supermarkt
Storjord

Bushaltestelle

Solvågli

Saltdal Turistsenter

77

Lønsdalen

Tjörnfjellet
832 m

Lønselva

N
0   1km

Mo i Rana

70

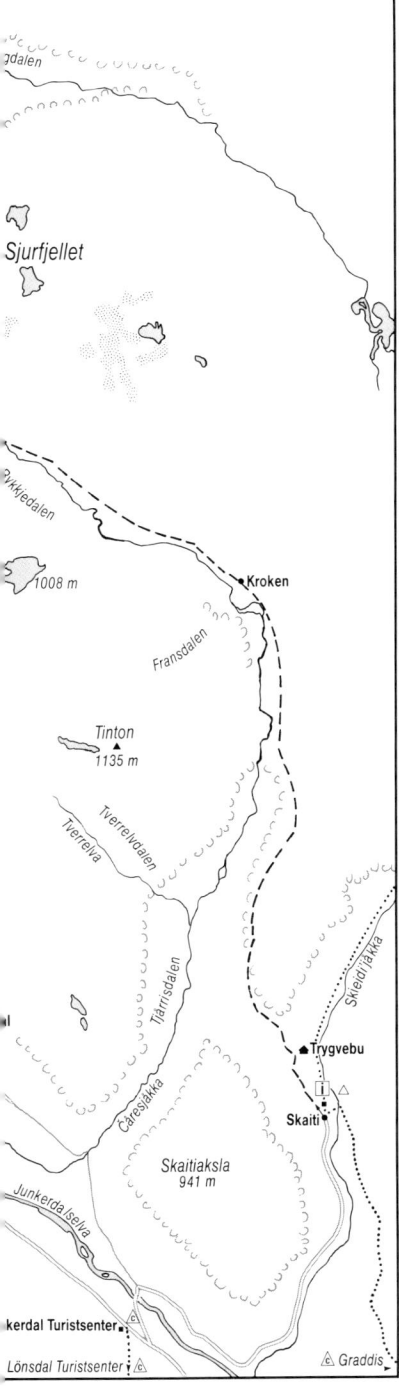

Wanderer als auch seinem Schuhwerk ein Maximum ab.

Orientierung: Der Wegverlauf wird größtenteils durch die Topographie klar vorgegeben, ist streckenweise ausgezeichnet markiert, ab und an eher schlecht – im großen und ganzen sollte die Orientierung problemlos sein. Dennoch: auf gar keinen Fall ohne Kompaß und topographische Karte starten!

Kartenmaterial: Topographische Karte Junkerdal, Nr. 2128 IV, 1:50 000 oder Saltfjellkartet, 1:100 000; erhältlich im Lønsdal-, Saltdal- und Junkerdal-Touristsenter sowie in den Buchläden von Mo i Rana und Fauske.

Mitternachtssonne/Wanderzeit: 8. 6.–4. 7. (Paßhöhen). Möglich ab Ende Juli, wenn die Schneeschmelze beendet ist; bis Mitte August kann der Boden stellenweise noch sehr feucht sein, spätestens Mitte September ist wieder mit Schneefällen zu rechnen. Ideale Zeit also von Mitte August bis Mitte September, wenn auch die Mückensaison beendet ist.

Information/Angeln: Wanderinformationen im Junkerdal-Touristsenter ✆ 0 81/9 43 46 sowie bei Herrn Hansen in Skaiti am Ausgangspunkt. Angelinfos über *Statens Skoger,* Salten forvaltning, Eiavn. 5, Fauske, ✆ 0 81/4 59 66.

Ausrüstung: Grundausstattung plus warme Zusatzkleidung, Ski- oder Wanderstock; Gummistiefel wären bis Mitte August durchaus sinnvoll, aber da es sich um eine Hochgebirgstour handelt, möchten wir – auch wenn's nasse Füße geben kann – unbedingt Trekkingschuhe empfehlen! Lebensmittel gibt es (sehr teuer) in den Touristenzentren sowie in einem kleinen Supermarkt (mäßig teuer) nördlich vom Polar-Camping im Saltdalen an der E 6.

Route 4

71

Hütten-/Zelttour: Die Wanderung ist für einen Tag eigentlich zu lang, zumal dann, wenn man erst zum Ausgangspunkt anreisen muß. Vorschlag für Eilige: abends vom Junkerdal-Touristsenter nach Skaiti laufen, dort übernachten (Zeltplatz und eine Hütte für 16 Personen; Schlüssel bei H. Hansen im einzigen Haus am Ort), früh morgens los. Gut wären zwei Tage, ideal aber drei; wildromantische Zeltplätze in Hülle und Fülle auch auf den Paßhöhen; kein Feuerholz vorhanden.

Anfahrt: Im Saltdalen von der E 6 auf die R 77 abbiegen und dieser ›Traumstraße‹ durch das Junkerdalen folgen; am Touristencenter vorbei, nächste Straße links, durch die Ferienhaussiedlung, über eine Brücke (Junkerdalselva), dahinter rechts und entlang der Schotterpiste bis Skaiti. Evtl. schon am Touristencenter mit der Wanderung beginnen. Nächster Bahnhof in Lønsdal, von wo aus man in 4 Std. (markierter Wanderweg) zum Junkerdal-Touristsenter oder auch zur Graddis-Fjellstue (Wandererheim) wandern kann; kein Busanschluß. Täglich mehrere Busverbindungen von Fauske und Rognan nach Junkerdalen, Busanschluß dorthin auch von Bodø sowie Arjeplog und Arvidsjaur in Schweden. Flughafen in Bodø und Mo i Rana.

Rückfahrt: Das Wanderziel ist rund 15 Straßenkilometer vom Startpunkt entfernt. Ideal wäre, ein Fahrrad in Solvågli (Ziel) abzustellen. Oder in Solvågli rechts halten, zur Hauptstraße (ca. 10 Min.), trampen (nach links) oder per Bus bis Junkerdalen (mehrmals täglich), dann zu Fuß nach Skaiti (so man die Wanderung nicht am Center begonnen hat). Von Junkerdalen tgl. mehrere Busverbindungen nach Fauske, Rognan, Bodø sowie Arjeplog und Arvidsjaur in Schweden.

Unterkunft: In Skaiti sowie im Touristsenter (Camping, Ferienhaus-Vermietung) oder in Graddis (Camping, Jugendherberge), von wo aus ein ca. 10 km langer Wanderweg (markiert) nach Skaiti führt.

Für Kinder: Nur für äußerst lauffreudige Kinder in schon fortgeschrittenem Alter.

Mountain Bike: Ungeeignet.

Kürzere Variante: Man kann um gut 5 Std. abkürzen, wenn man an der Wegkreuzung nicht zur Paßhöhe, sondern Richtung Norden ins Evenesdalen läuft (2 km). Von dort sind es aber über 40 km bis zum Ausgangspunkt: Abholdienst organisieren, evtl. Taxi vorbestellen.

Gerade noch konnten wir alles überblicken, den Himmel, den Fluß, die Wiesenaue und den schwarzen Obelisk des Solvågtind, der wie ein Wächter über dem Junkerdalen thront. Dann stehen wir im Schatten einer mehr als 100 m tief in bunt schillernde Schieferwände eingefressenen Klamm, durch die der Skieidi'jåkka donnert um sich später mit dem Junkerdalselva zu vereinigen. Die Straße, ein breiter

Saumpfad, führt hinein in diese gewaltige und faszinierende Schlucht, in der uns Felswände wie Balkone überschatten. Nach rund 4 km ist **Skaiti** erreicht, der auf einem grasbewachsenen Plateau über dem Schlund gelegene Ausgangspunkt der Wanderung. Lage und Landschaft sind wildromantisch, und wer ein bißchen Zeit mitbringt, der sollte hier vielleicht eine Nacht verbringen, bevor er zu der beschwerlichen Tour startet. Herr Hansen, der Hausherr von Skaiti, vermietet Hütten, stellt seine Wiese zum Zelten zur Verfügung und ist auch in Besitz des Schlüssels für die benachbarte Trygvebu-Wanderhütte, die 16 Personen Platz bietet.

Die Höhe beträgt rund 420 m, und etwas langsam noch kommen die ersten Schritte auf dem breiten Weg, der Richtung ›Evenesdalen‹ ausgeschildert ist. Links am Wiesenhang blühen Tausende Blumen, rechts unten fließt der Skieidi'jåkka in glitzernden Kurven durch den Felstrog

des oberen Skaitidalen. So geht es etwa 15 Min. lang. Dann gabelt sich der Weg, ein rotes ›T‹ weist uns geradeaus weiter, und rund 5 Min. später und auf ca. 480 m Höhe geht die bis hierher fahrzeugtaugliche Piste in einen Pfad über.

Rund 4 km beträgt die Distanz auf dem ab jetzt gut markierten Pfad (rote Bänder/Farbtupfen) bis zur Baumgrenze auf ca. 620 m Höhe. Gut 1½ Std. muß man dafür aber schon ansetzen, denn der Marsch entlang der rechten Talflanke des Tjårrisdalen, dem wir Richtung Norden folgen, erinnert in manchen Passagen an einen Hindernislauf, so dichtgewebt ist der Vorhang aus sperrigen Birkengerten, durch den sich der z. T. äußerst morastige und schlüpfrige Pfad hindurchschlängelt. Dann – und insbesondere im letzten Abschnitt – gilt es, mehrere Feuchtstellen zu queren. Die Stechmücken setzen uns ebenfalls zu, und so bringen wir nur wenig Energie auf, das vollständige Ensemble der uns umgebenden lappländischen Gebirgsflora gebührend zu würdigen: dort ein filigranes Gitter in Rosa, da Skalen aus Blau neben purpurnen Sternbildern, polygonalen Kristallen.

Schließlich stehen wir oberhalb des Birkenwaldes auf einem kahlen Felsbuckel, genießen rückblickend die Aussicht bis nach Schweden hinein und voraus auf das Rykkjedalen, aus dem sich der Čåresjåkka als silbernes Wassergeflecht in das ›Urstromtal‹ zu unserer Linken ergießt. Die Weite und die Farben der Bergtundra haben etwas Verlockendes, und begeistert schreiten wir aus. Aber die Freude ist nur von kurzer Dauer, denn der Heideteppich entpuppt sich als eine ruppige Fläche (unzählige, bis kniehohe Buckel), die zu allem Übel von tief eingeschnittenen

Noch 500 Höhenmeter trennen uns vom Ziel, dem Junkerdalen

Querrillen durchfurcht ist. Weglos ist das Terrain obendrein, und so hüpft und springt man über die Buckel, steigt in die ›Creeks‹ hinunter und wieder hinauf und müht sich eine geschlagene Stunde von Steinmännchen zu Steinmännchen bis zu der mit **Kroken** bezeichneten Stelle auf 670 m Höhe, wo das Tjårrisdalen ins Rykkjedalen übergeht.

Für rund 7 km werden wir diesem Trogtal folgen müssen. Die rechte Flanke steigt wannenförmig auf und kulminiert in der monströsen, hellgrau bis weiß schimmernden Trapezfläche des 1623 m hohen Satertind, während zur Linken die schartigen und mit Schneewächten besetzten Ränder des Båtfjellet lotrecht aus dem Tal aufsteigen. Je weiter wir in das sich ständig verjüngende Tal vordringen, desto langsamer werden die Schritte. Zwar ist die Markierung vorbildlich, doch auch dieses Terrain ist weglos und uneben und von unzähligen Querrillen durchfurcht. Aber das ist es nicht allein, was uns daran hindert, schnell zu gehen. Es sind die ewig wechselnden, unwirklichen Formen, die in diesem Tal immer wieder dazu verleiten, eine Rast einzulegen. Dort eine weit überhängende Felsnase, ein Erker, hier Felsgruppen wie Bienenkörbe, Tierköpfe oder Dämonen geformt. – Riesige Skulpturen, überzogen mit Firn und Schnee.

Schon wieder hat der Stundenzeiger zwei volle Kreise beschrieben. Das Trogtal hat sich in einen dunklen, schattenreichen Schlund verwandelt, die Sohle ist mit hausgroßen Felsbrocken übersät, und so schauderhaft schön das Panorama auch ist, so sehr verspüren wir doch Sehnsucht nach einer weiten, lichten Sommerlandschaft. Unvermittelt stehen wir auf einem felsgesäumten Sattel. Der Höhenmesser zeigt 840 m, und wie wir sehen, fungiert diese Landmarke auch als **Wasserscheide,** denn auf beiden Seiten fließen die Bäche in unterschiedliche Richtungen. Wir queren die gen Norden plätschernden Wasserläufe noch mehrere Male, und dann – endlich das Schluchtende: hinaus ins Weite, die Augen über mehr als 50 km bis zum Horizont schweifen lassen, über dem sagenhafte Gebirge aus transparent scheinenden Pyramiden, Obelisken und Kegelstümpfen wie Überreste einer vorweltlichen Riesenfestung im blauen Äther schwimmen. Zu unseren Füßen hingegen öffnet sich eine saftiggrüne Wiesenmulde, die viele Kilometer weiter nördlich mit einem dunkel schimmernden Wald verschmilzt. In ihrer Mitte bildet der Galaelva, an dessen Quelle wir gerade vorübergingen, ein verzweigtes, glitzerndes Labyrinth, das unser Weg – wie mit dem Feldstecher erkennbar – auf der linken Seite passieren wird.

Nach einer verdienten Rast machen wir uns an den Abstieg in die Wiesenmulde und überqueren zu diesem Zweck den über Steinstufen hinabspringenden Galaelva. Der Boden ist nachgiebig, und nach all den bisherigen Strapazen macht es richtig Freude, mal wieder weit ausschreiten zu können. Steinmännchen und rote Farbtupfer machen die Orientierung zum Kinderspiel, und nach rund 15 Min. ist der rechte Rand der Wiesenmulde erreicht. Nach weiteren 10 Min. sind wir auf ca. 650 m abgestiegen, und in diesem Abschnitt gilt es erneut, zahlreiche quer verlaufende und bis 3 m tief eingeschnittene Bachfurchen zu traversieren. Immer wieder werfen wir auch einen Blick zurück, wo das Schluchttor des Rykkjedalen klafft, und es bedarf keiner großen Phantasie, um sich vorzustellen, daß dort oben der Eingang zum Hades liegt.

Der bereits recht ansehnliche Galaelva verläuft in weiten Kurven durch die mit Mooren und Weidegehölzen gespickte Mulde. Die ersten Birken kommen in

Der Solvågtind über dem Junkerdalen

Sicht, und nach weiteren 35 Min. (ca. 1 Std. ab Paßhöhe) und auf einer Höhe von nunmehr 570 m, führt der Weg (jetzt wieder ausgetreten) an mehreren Birkenhainen vorbei. Voraus fällt die Wiesenmulde über eine Felsterrasse steil ins Waldland ab, und hier gilt es aufzupassen und sich ständig an den roten Markierungen zu orientieren, um nicht auf falsche, von Rentieren und Schafen getretene Spuren zu gelangen. Der Pfad wird abschüssig, wir steigen über die Felsterrasse in einen dichten Birkenwald bis auf 500 m hinunter und laufen auf eine unübersehbare **Wegkreuzung** zu, die ca. 90 Min. nach der Paßhöhe (bzw. ungefähr 6 Std. 15 Min. nach dem Beginn der Wanderung in Skaiti) erreicht wird.

Die Mücken gebärden sich wie toll in diesem grünen Dickicht, das obendrein von Millionen von Fliegen bevölkert ist, und so sehr man sich auch auf diese Wegmarke gefreut haben mag: hier ist eine Rast unmöglich. Also schnell orientieren – und nichts wie weiter. Geradeaus

weist ein Schild Richtung Evenesdalen, wohin es noch etwa 2 km sind: dort gibt es mehrere Häuser, ein Telefon und eine Straße ins 10 km entfernte Lønsdalen. Wer mag, hat also hier die Chance, die Wanderung abzukürzen, um eventuell mittels eines herbeigeorderten Taxis zum rund 40 km entfernten Ausgangspunkt zurückzukehren.

Wir aber folgen dem nach links weisenden und mit ›Solvågli‹ beschrifteten Schild durch das Birkendicht hindurch. Der Weg ist nicht immer sichtbar, und so kämpfen wir uns von Markierung zu Markierung bis zu einem steil ansteigenden, weitgehend baumlosen Hang im Wald. Plötzlich fehlen die vertrauten Farbtupfen und -bänder, die wir erst am oberen rechten Rand der Fläche wiederfinden, und die zu einem (von einer Lawine plattgewalzten) Birkenhain führen. Wieder muß man sich sorgsam von Markierung zu Markierung vortasten (Schafe und Rentiere haben hier Trampelpfade angelegt), bis ca. 15 Min. nach der Weggabelung und auf einer Höhe von etwa 560 m der Wald licht wird und schließlich in offene Bergtundra mündet. Von jetzt an geht es in gerader Linie und auf stets sichtbarem, obendrein ausreichend markiertem Weg den etwa 30° steilen Hang über Heide und Felsen hinauf. Der Anstieg kostet noch einmal alle Kraft, aber dann ist nach weiteren 45 Min. und der Überquerung einer Wiese der nächste **Paß** erreicht (766 m). Jetzt liegen – dies zur Beruhigung – die beschwerlichsten Abschnitte der Wanderung endgültig hinter uns.

Ausgelaugt hocken wir uns auf den Wiesensattel, der ein Logenplatz ist: Im Westen spannt sich eine transparente Leinwand aus Sommerblau, auf die die Zacken und Zinnen des Saltfjellet mit Schwarz, Violett und Gletscherweiß gemalt sind. Direkt unter uns aber schimmert ein

Flechtwerk aus silbernen Strängen, die strahlenförmig auf eine dunkle Abbruchkante zulaufen und sich in ihrer Mitte zu zwei großen Seen vereinigen.

Der markierte Trampelpfad führt während der folgenden 15 Min. auf eine Höhe von 680 m hinunter und nahe an das Westufer des größten Sees (Store Sauvatnet) heran, an dem wir die Hütte eines Schaf- und Rentierhirten ausmachen können. Bis hierher war der Marsch angenehm, aber bald wird das Terrain wieder weglos und ruppig (ausreichend Markierungen) und steigt im Verlauf der folgenden 40 Min. bis auf 720 m an: zu einem weiteren Logenplatz, rund 80 m über dem Store Sauvatnet gelegen. Aus Weite wird Enge, wir durchschreiten eine (mit Feuchtstellen gespickte) Felskluft, die uns – vorbei am schilfgesäumten Bukkvatnet – nach rund 20 Min. auf eine Anhöhe über dem Solvågvatnet führt. Dieser etwa 3 km lange und 1 km breite See liegt eingekeilt zwischen dem Rücken des Solvågtind (1559 m) und der Steilwand des mehr als 1400 m hohen Båtfjellet, das wir vor Stunden im Rykkjedalen von der anderen Seite aus kennen- und fürchtengelernt haben.

Ab hier ist der Weg wieder ausgetreten und deutlich sichtbar und fällt während der folgenden 5 Min. bis zur nördlichen Stirnseite des 705 m hoch gelegenen Sees ab, an dessen rechtem Ufer er verläuft. Ein kleiner Sandstrand, wiesengesäumt, weckt Sehnsucht nach Ruhe und Entspannung, aber noch 6 km liegen vor uns (rund 1¾ Std.), und so wandern wir weiter, an der Längsseite des Solvågvatnet entlang. Für diese 3 km benötigen wir etwa 1 Std., denn auch hier gilt es, mehrere Feuchtstellen zu bewältigen, zahlreiche Bachfurchen zu queren. Im letzten Abschnitt geht es direkt am stellenweise schwarzsandigen Seeufer vorbei, dann steigt der Weg eine Wiesenhöhe hinauf, von der aus wir – 730 m hoch – in das rund 500 m tiefer gelegene Junkerdalen blicken. Dies ist ein letzter Höhepunkt, und so schlapp wir auch sein mögen: hier können wir noch einmal unsere schweren Beine vergessen, so idyllisch schmiegt sich das Wiesen-, Feld- und Flußtal in die dramatisch eingemeißelte Kluft zwischen dem Båt- und dem Tjørnfjellet.

Nur 2 km trennen uns noch vom Ziel, und diese Strecke verläuft konstant bergab. Bei 610 m tauchen wir in einen Birkenurwald ein, den wir auf rund 200 m Höhe wieder verlassen. Direkt vor uns liegt das Gehöft von Solvågli.

5   Hoch über Narvik

Streckenweise steile, in anderen Passagen über unwegsames Gelände führende Wanderung auf Narviks ›Hausberg‹.

Dauer/Länge: Mit Rückweg ca. 6 Std. (bzw. 8 Std. bei Nicht-Benutzung der Seilbahn); ca. 12 km (bzw. 14 km bei Nicht-Benutzung der Seilbahn).

Wegverlauf/Entfernungs-/Höhenangaben: Narvik (50 m) – Bergstation (15 Min. per Gondel, 1 Std. per pedes ab Fjellveien, 620 m) – Fagernesfjellet (1 Std., 1007 m) – Kluft unterhalb Sattel (30 Min., 900 m) – Sattel (40 Min., ca. 1100 m) – Fagernestoppen (30 Min., 1254 m).

Wegbeschaffenheit: Bis zur Bergstation

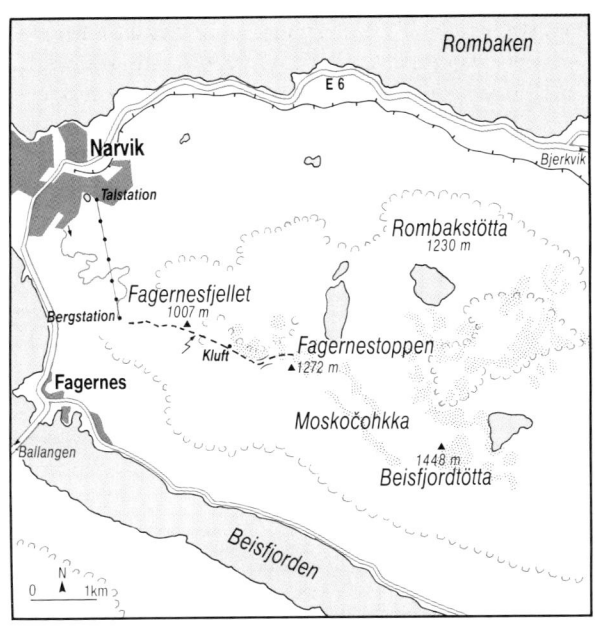

Route 5

guter Schotterweg, bis Fagernesfjellet steile und teils rutschige Pfade, bis zur Mulde unter dem Sattel ebener Verlauf über Wiese, Steine und Geröll, bis zum Sattel und Gipfel über Geröll (und Schneefelder).

Orientierung: Bis Fagernesfjellet völlig problemlos, ab dort leicht.

Kartenmaterial: Topographische Karte Narvik, Nr. 1431 IV; erhältlich im großen Buchladen an der Hauptstraße in Narvik.

Mitternachtssonne/Wanderzeit: 26. 5.–18. 7. (Bergstation). Fagernesfjellet etwa ab Ende Juni, Gipfel Mitte Juli bis Mitte September. Vereinzelte Schneefelder bis Anfang August, aber problemlos zu queren.

Information: *Narvik Reiselivslag* (ganzjährig), Hauptstraße/Busbahnhof, ✆ 0 82/ 4 33 09; im Sommer werden Wanderungen zum Fagernestoppen (sowie zum Rombakstøtta, 1230 m) organisiert. Spezielle Wanderinfos: *NOT* (Wanderverein), Postboks 615, 8501 Narvik, ✆ 0 82/4 54 22.

Ausrüstung: Grundausstattung plus sehr warme Zusatzkleidung; Skistock ist stets von Vorteil, Trekkingschuhe sind bestens, Gummistiefel überhaupt nicht geeignet. Kalte und warme Mahlzeiten im Restaurant der Bergstation (sehr teuer), Lebensmittel in Narviks Supermärkten.

Hütten-/Zelttour: Keine Hütte, mögliche Stellplätze fürs Zelt oberhalb der Bergstation; dort auch Wasser, WC (9–24 Uhr geöffnet).

Anfahrt: Ab Narvik (E 6) den Schildern ›Fjellheisen‹ zur Talstation folgen oder via Fjellveien entlang dem Fahrweg bis zur Schranke, dort parken. Die Seilbahn ist zwischen März und Oktober täglich in Betrieb, im Sommer von 9 bis 24 Uhr (50 NOK hin und zurück, Kinder die Hälfte). Narvik ist ans schwedische Schienennetz angeschlossen. Busverbindungen mit allen größeren Städten in Nordnorwegen, außerdem von Oslo, Bergen, Trondheim. Direktflüge von Bodø und Tromsø.

Beliebtes Fotomotiv – Wegweiser in Narvik

Unterkunft: Campingplatz (Hüttenvermietung), Jugendherberge und Zimmer in allen Preisklassen.

Für Kinder: Bis zur Bergstation problemlos, ab dort nur für steigfreudige Kinder (oder konditionsstarke Träger) bis Fagernesfjellet; der Weg zum Fagernestoppen ist kaum geeignet.

Mountain Bike: Bis zur Bergstation (rund 620 m) kann man problemlos durchradeln.

Ausgangspunkt der Wanderung ist das etwa 20 000 Einwohner zählende **Narvik,** dessen ökonomische Basis die Verschiffung von Erz aus den nordschwedischen Gruben ist. Die Erzverladeanlage, gleichzeitig Hauptsehenswürdigkeit der Stadt, ist die modernste und größte ihrer Art auf der Welt und hat eine Verladekapazität von bis zu 11 000 t stündlich. Über 100 000 t Erz rollen hier täglich mit der Erzbahn aus Kiruna an. Diese wichtige Ressource war

es auch, wonach Nazi-Deutschland trachtete, als es am 9. April 1940 Narvik angriff und einnahm. Als die Deutschen sich fünf Jahre später zurückzogen, wurde Norwegen während der Aktion ›Verbrannte Erde‹ größtenteils verwüstet. Auch Narvik blieb von der Zerstörung nicht verschont, und wer sich über diese Ereignisse informieren will, findet dazu im Kriegs-Gedenkmuseum *(Krigsminnemuseet)* Gelegenheit.

Aber jetzt lockt uns etwas anderes, nämlich die Wanderung auf Narviks ›Hausberg‹, den Fagernestoppen, während der wir die außergewöhnlich schöne Lage der Stadt auf einer Halbinsel zwischen dem Beisfjord und dem Rombaksfjord am Ende des Ofotfjords aus der Vogelperspektive betrachten können. Zwei Wege stehen uns zur Verfügung, um das erste Etappenziel, die 620 m hoch gelegene Bergstation der Gondelbahn (norw.: *fjellheis*) erreichen zu können. Am einfachsten ist es, sich von einer Gondel in rund 15 Min. hinauftragen zu lassen. Die Alternative ist, ab dem Fjellveien dem rund 4 km langen Weg bis zur Bergstation zu Fuß oder per Mountain Bike zu folgen. Die ersten 1,5 km (bis ca. 300 m Höhe; dort Parkplatz) sind auch für Autos zugelassen, dann versperrt eine Schranke den Weg, der aber bis zum Ziel fahrzeugbreit bleibt und sich mit nur geringer Steigung über Serpentinen hinaufschlängelt. Wer Abkürzungen sucht, wird reichlich Trampelpfade finden, die aber oft extrem steil und auch rutschig sind und deshalb nur die Distanz, nicht die Zeit verkürzen.

Aber ob wir schweben oder wandern (ca. 1 Std.), stets genießen wir einen grandiosen Ausblick über den Ofotfjord und die aus ihm aufragenden Berge (bis über 1300 m), die bis Ende Juli teilweise schneebedeckt sind. Narvik schrumpft zusehends zu einem Spielzeugdorf zusammen, liegt bald wie hingetupft neben der gigantischen Erzverladeanlage. Dann ist die **Bergstation** erreicht, und im angeschlossenen (Selbstbedienungs-)Restaurant mit Panoramabalkon kann man seinen Hunger stillen und den Durst löschen, so die überzogenen Preise nicht stören.

Das zweite Etappenziel, das 1007 m hohe Fagernesfjellet mit dem markanten Funkturm obendrauf, liegt klar erkennbar über uns, und so ist der Weg, obwohl miserabel markiert, beim besten Willen nicht zu verfehlen. Er beginnt hinter der Station, führt zu einem Skilift und entweder rechts oder links daran vorbei – je nachdem, welchen der zahlreichen Pfade hinauf man bevorzugt. Alle führen zum Ziel, mal mehr mal weniger steil, und wer den direkten, den kürzesten, nehmen will, der orientiert sich an den etwa alle 50 m gesetzten Skimarkierungen (2 m hohe Stangen mit roten ›Häubchen‹). Wir gewinnen konstant Höhe und stehen nach ca. 50 Min. am Ende der Skimarkierungen vor einem Holzhäuschen direkt unterhalb der felsigen Gipfelregion des Fagernesfjellet. Hier beginnt ein (verschlossener) Tunnel, der es dem Funkturm-Personal auch im Winter ermöglicht, seinen Arbeitsplatz zu erreichen – das letzte Stück hinauf ist recht steil. Auch von hier aus führen wieder mehrere Wege ans etwa 70 m höher gelegene Ziel, aber der leichteste ist der, der etwa 50 m rechts der Hütte an einer Markierung beginnt (rotes ›T‹) und sich (nicht immer sichtbar) von Felsstufe zu Felsstufe hinaufwindet.

Nach etwa 10 Min. ist die Hürde **Fagernesfjellet** genommen, und wir blicken nach Osten bis aufs Bjørnfjell an der schwedischen Grenze, können im Westen die Lofotenwand aus dem Atlantik steigen sehen sowie im Norden die Zacken und Zinnen von Skånland und Gratangen er-

Bei heraufziehenden Wolken ist man auf diverse Hilfsmittel angewiesen

kennen. Der Gipfel selbst, eine unansehnliche Fjellfläche kann enttäuschen, aber das Personal des Funkturmes ist um seinen Arbeitsplatz – ein holzverkleidetes Betonhaus – dennoch zu beneiden.

Nur 247 Höhenmeter trennen jetzt noch vom Fagernestoppen. Die Distanz dorthin beträgt rund 4 km, wovon wir aber nur die ersten zwei detailliert vorstellen können: Dreimal versuchten wir, den Gipfel zu bezwingen, und dreimal wurden wir kurz vor dem Ziel von den Wolken eingeschlossen, mußten den Rückweg im ›Blindflug‹ mit Kompaß, Karte und Höhenmesser antreten. Diese Hilfsmittel – unnötig bis zum Fagernesfjellet – dürfen auf der letzten Etappe auf keinen Fall fehlen. Hinter dem Funkturm passieren wir eine Skilift-Station, und dahinter können wir einen Weg ausmachen, der unter Hochspannungsleitungen hindurch in die angrenzende Felsmulde führt. Dieser Weg soll der unsere sein, auch wenn er vorerst noch nicht markiert ist. Auf einer Höhe zwischen 1050 und 1070 m beschreibt er einen weiten Bogen nach rechts, um den aus der Felsmulde aufragenden, namenlosen Fjellhügel zu umrunden.

Im ersten Abschnitt ist die Spur noch deutlich sichtbar, und erst nach etwa 15 Min. verläuft sie sich im Fels. Aber jetzt sind Steinmännchen gesetzt oder rote Farbkleckse angebracht, und mit ein bißchen Umsicht ist die Orientierung problemlos. Es geht über Wiesen und felsige Abschnitte, Geröll und abgesplitterte Steinplatten, vereinzelt auch über Schneefelder, aber weil die Höhe konstant bleibt, kommt man dennoch zügig voran. Bald sieht man auch den Fagernestoppen – einen langgestreckten Rücken mit einem Steinmal auf dem Gipfel, und etwa 30 Min.

nach Aufbruch vom Fagernesfjellet öffnet sich direkt hinter einem Steinmännchen eine 30 m tiefe **Kluft,** die nach links bis zum Rücken des Fagernestoppen aufsteigt.

Durch diesen keilförmigen Einschnitt führt der Weg, aber erst einmal gilt es, die Sohle zu erreichen. Hier ist kein Abstieg möglich, und so halten wir uns nach rechts, den Wiesenhang hinunter, orientieren uns an den Steinmännchen und erreichen bald eine Rinne (900 m Höhe), durch die man problemlos absteigen kann. Wer mehr Wetterglück hat als wir, der benötigt jetzt noch etwa 40 Min. bis zu einem **Sattel** (1100 m), von wo aus es (über ausgedehnte Geröllfelder) noch etwa 30 Min. dauert, bis über den rechts angrenzenden Bergrücken – ein Grat von etwa 200 m Breite – der **Fagernestoppen** erreicht ist.

6   Der Dividalen-Nationalpark – Norwegens ›wildeste Wildnis‹

Anspruchsvolle, aber abwechslungsreiche Wanderung mit grandiosen Ausblicken.

Dauer/Länge: ca. 9 Std. 30 Min., ca. 28 km; ideal als Zweitagestour.
Wegverlauf/Entfernungs-/Höhenangaben: Wendeplatz (320 m) – Grenze zum Nationalpark (30 Min., 400 m) – Dividalshytta (2 Std., 600 m) – Baumgrenze (30 Min., 680 m) – Sattel (1 Std. 30 Min., 960 m) – Birken- und Weidengehölz (2 Std. 45 Min., 650 m) – Skakteråsen (45 Min., 600 m) – Birkenwald (45 Min., 480 m) – Vetlenesbua (45 Min., 200 m).
Wegbeschaffenheit: Erdig, morastig und steinig, mal über Stock und Stein, mal über Dielenstege und Geröll, über Wiese, Bergheide und Moosboden.

Orientierung: Bis ins Skakterdalen problemlos, auch wenn etwa ein Drittel der Strecke weglos ist – deutliche rote Farbmarkierungen und Steinmännchen; entlang dem Skak'terjåkka finden sich keine Markierungen, stellenweise verläuft sich der Pfad, aber da die Richtung stets eindeutig ist, bleibt die Orientierung relativ einfach.
Kartenmaterial: Turkart Indre Troms, 1:100 000; erhältlich in den Buchläden von Setermoen, Andselv, Tromsø und Nordkjosbotn sowie Øverbygd.
Mitternachtssonne/Wanderzeit: 25. 5.– 19. 7. (Paßhöhen). Möglich ab Anfang/ Mitte Juli, ideal Ende Juli (wenn die Schneeschmelze größtenteils beendet ist) bis Mitte September; ›Mückensaison‹

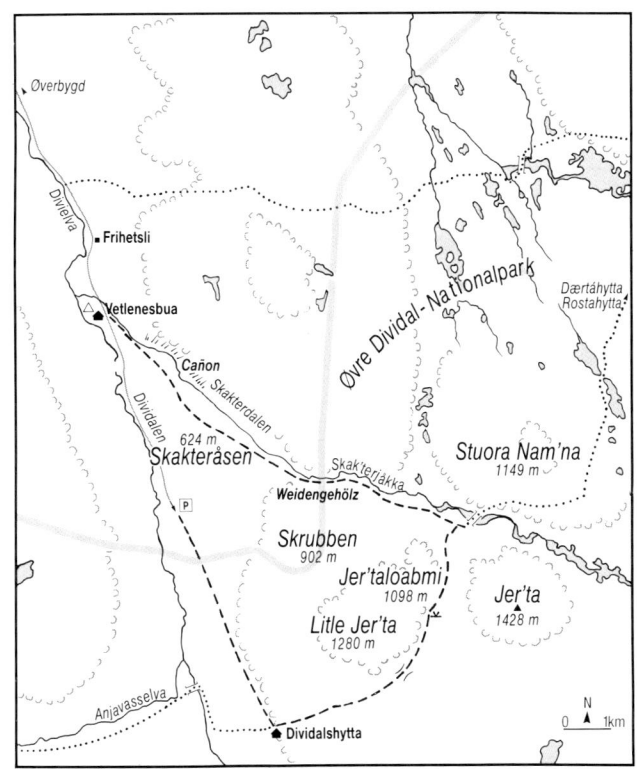

Route 6

Mitte Juli bis Mitte August, Herbstfärbung ab Mitte/Ende August.

Information/Angeln: *Troms Turlag* (Wanderverein), Postbox 284, Strangartan 34 II, 9001 Tromsø, ☎ 0 83/8 51 75. Angelkarten (auch Infos) über *Andselv Turistkontor,* Bardufoss, ☎ 0 89/3 42 25; Angelinfos auch am Dividalen Camping, Øverbygd, ☎ 0 89/3 78 16.

Ausrüstung: Grundausstattung, warme Zusatzkleidung, Ski-/Wanderstock, unbedingt Karte und Kompaß, evtl. Salz-/Mineraltabletten. Gummistiefel sind bis Anfang/Mitte August zu bevorzugen. Lebensmittelladen an der Kreuzung der R 87 mit der Dividalen-Stichstraße.

Hütten-/Zelttour: Als Hüttentour machbar; erster Tag bis Dividalshytta, zweiter Tag bis Vetlenesbua (Schutzhütte; Übernachtungshütte am Dividalselva im Bau); Schlüssel-Information über Troms Turlag (s. o.) oder bei Hans Stensvold in Høgstadgård beim Campingplatz an der Dividalen-Stichstraße. Zahlreiche (und oft wunderschöne) Stellplätze fürs Zelt: etwa bei der Dividalshytta, auf dem Hochfjell, hoch über dem Skakterdalen oder – sehr idyllisch – direkt am Skak'terjåkka; kaum Brennholz.

Anfahrt: Von der E 6 bei Andselv oder Nordkjosbotn auf die R 87 und bei Øverbygd auf die Dividalen-Stichstraße, dieser bis zum Ende folgen (ca. 40 km); die letzten 15 km sind nur für Fahrzeuge bis 2,5 t Gesamtgewicht zugelassen (Holzbrücken). Der Ausgangspunkt ist nicht mit öffentlichen Verkehrsmitteln erreichbar; Øverbygd ist Endstation einer zwei-

mal täglich von Bardufoss aus verkehrenden Buslinie.

Rückfahrt: Vetlenesbua, das Ziel der Wanderung, ist rund 11 km (Dividalen-Straße) vom Ausgangspunkt (Wendeplatz) entfernt. Entweder wandern, trampen (sehr wenige Fahrzeuge) oder zuvor z. B. ein Fahrrad in Vetlenesbua abstellen. Trampen bis Øverbygd, zweimal täglich Busanschluß mit Bardufoss (ab hier Anschluß Richtung Tromsø, Narvik und Alta).

Unterkunft: Campingplatz und Hüttenvermietung in Høgstadgård an der Dividalen-Stichstraße; Campmöglichkeiten aber auch am Ausgangspunkt (Wendeplatz; mit Feuerstellen) sowie am Ziel (Vetlenesbua), wo sich eine einfache (mit Ofen ausgestattete) Schutzhütte findet (Übernachtungshütte am Dividalselva im Bau).

Für Kinder: Als Zweitageswanderung zu strapaziös; nur machbar, wenn man sich mindestens drei Tage Zeit läßt.

Mountain Bike: Ungeeignet.

Anschlußwanderung: Anstatt im Skakterdalen nach Westen abzubiegen und entlang dem Skak'terjåkka nach Vetlenesbua zu wandern, kann man auch dem markierten Hauptweg durch die Furt des Flusses bis zur 15 km nördlich gelegenen Dærtáhytta (Wanderhütte) folgen; dort zweigt ein markierter Weg zum Einödhof Frihetsli ab (ca. 20 km), der rund 3 km nördlich von Vetlenesbua liegt. Oder von der Wanderhütte weiter zur Rostahytta laufen (ca. 16 km), dann durchs Rostadalen zum oberen Dividalen (12 km), oder von der Rostahytta zur Gappohytta (ca. 22 km) und weiter zur Gåldahytta (13 km) und von dort ins Dreiländereck bei Kilpisjärvi (ca. 3 km; s. Wanderung Nr. 15). – Möglichkeiten gibt es viele, und alle sind auf der o. g. *Turkart* eingezeichnet.

Am Little Jer'ta

Am **Wendeplatz** biegen wir auf denjenigen Pfad ein, der direkt hinter einer (norwegisch beschrifteten) Infotafel den Bergrücken hinaufsteigt. Schon nach wenigen Minuten wird ein breiter Querweg erreicht, der sporadisch mit Farbtupfen markiert ist. Wir folgen ihm nach rechts in einen primären Birkenwald hinein, dessen Boden von Moosen und Blumen bedeckt ist und in dem immer wieder einzeln stehende, uralt scheinende Kiefern für Abwechslung sorgen. Unmerklich gewinnen wir Höhe und erreichen nach rund 30 Min. die auf knapp 400 m gelegene und durch ein Hinweisschild markierte **Grenze zum Øvre Dividal-Nationalpark.**

Der Weg bleibt auch weiterhin bis zu 1,5 m breit und zeigt deutliche Spuren von geländegängigen Motorrädern (die hier, im Schutzgebiet, gar nicht fahren dürfen). Ein paar Bäche sowie zahlreiche Moor- und Feuchtstellen müssen gequert werden, und weil nicht immer Dielenstege über diese Hindernisse hinwegführen, kann man recht viel Zeit mit der Suche nach geeigneten Passagen verlieren. Nach etwa 1 Std. und auf mittlerweile knapp 500 m Höhe angekommen, genießen wir mehrfach den Ausblick auf den rechts klaffenden, bewaldeten Trog des Anjavassdalen sowie die breite Birken- und Kiefernmulde des quer dazu verlaufenden Dividalen. Der Weg wird jetzt schmaler, ist ausreichend markiert und geleitet uns nach insgesamt etwa 2 Std. 30 Min. ohne nennenswerte Orientierungsschwierigkeiten zur **Dividalshytta,** zu der zwei Übernachtungshütten und mehreren Schuppen gehören. Die Lage auf etwa 600 m Höhe unterhalb kahler Tundrahänge und oberhalb des waldschwarzen Dividalen und Anjavassdalen ist bestechend, und wer ein bißchen Zeit mitbringt, der sollte hier – wo's auch fürs Zelten ideal ist – die Nacht verbringen. Die Hütten sind modern und gemütlich-rustikal eingerichtet und bieten Schlafplätze für mindestens 24 Personen.

Wir setzen die Wanderung auf dem oberhalb der Hütten auf einem schmalen Plateau verlaufenden Weg fort (hier ebenfalls Zeltplätze), queren einen Bach und steigen durch dichten Birkenwald an der Flanke des Litle Jer'ta auf. Ca. 30 Min. nach Aufbruch von den Hütten wird die auf 680 m gelegene **Baumgrenze** überschritten. Beschrieb der Pfad bis hierher Serpentinen, so steigt er jetzt in gerader und äußerst steiler Linie die stellenweise rutschige, weil sandige Schräge hinauf. Nach weiteren 15 Min. ist eine Höhe von 750 m erreicht, und von hier aus, wo der Pfad über einen Fjellkamm weiterführt, genießt man einen letzten Ausblick über die Dividalshytta hinweg auf die weitgestreckten Waldtäler des Nationalparks.

Die Steigung bleibt auch während der folgenden 30 Min. beachtlich, aber ab der 900 m-Marke verläuft der nicht immer sichtbare, doch stets gut markierte Pfad über Hochheide und Wiesen bei gleichbleibender Höhe um die links aufragende Kuppe des Litle Jer'ta herum. Wir queren eine Wiesenfurche mit zwei kleinen Seen und haben plötzlich eine Hochplateau-Landschaft vor Augen, wie man sie eher in Tibet vermuten würde: Uns zu Füßen spannt sich eine sanft gewellte und von Tausenden Seen, Teichen und Tümpeln durchglitzerte Tundraebene in einem Rahmen aus scheinbar modellierten Bergen. Das ganze Bild lebt von Schatten und Farben: Mal dominieren die Erdfarben, mal die Grüntöne, bald das Blau, dann drohendes Dunkel, pastellenes Purpur oder Violett. – Je nach dem Stand der Sonne und je nach dem Weg der weißen Wolken, die über diesen Landschaft gewordenen Traum dahinziehen.

Der Pfad führt in eine Mulde hinein, die von den Geröllfeldern des Litle Jer'ta zur Linken und des 1428 m hohen Jer'ta zur Rechten gesäumt wird. Voraus geht sie in einen 960 m hohen **Sattel** über. Nur Augenblicke, nachdem wir den höchsten Punkt unserer Wanderung erreicht haben, wechselt das Panorama erneut und wird jetzt von einer Schlucht dominiert, die von ausgefransten Steilrücken gebildet wird. Tief unten in der schattigen Kerbe öffnet sich ein von Wiesen und Mooren umstandenes Wassergeflecht, zwischen denen wir riesige Rentierherden beim Grasen beobachten können. In der Höhe ritzt ein Flugzeug den Himmel – ein Anachronismus, denn die uns umgebende Natur scheint einem Zeitalter anzugehören, in dem die Technik noch nicht geboren war. Ein nie gekanntes Gefühl von Freiheit bemächtigt sich unser, und beschwingt springen und hüpfen wir während der folgenden 45 Min. über die zusehends feuchter und ruppiger werdende Hochheide einem weiteren Sattel entgegen.

Die heutige Tour führt von Superlativ zu Superlativ, und wir ahnen bereits, daß sich auch hinter dieser Landmarke etwas ganz Besonderes verbergen muß. Dann stehen wir oben, noch etwa 920 m hoch, und kommen, obwohl vorbereitet, aus dem Staunen nicht mehr heraus. »Alle Wege durch die Wüsten führen in Oasen« – ein weiser Satz nimmt greifbare Formen an, denn von unserer geröllübersäten Loge aus blicken wir 270 m tief hinunter auf den nuancenreichen grünen Wiesenteppich des Skakterdalen, in den ein breit dahinfließender Strom einen von Erosionstürmen flankierten Mini-Cañon eingefressen hat. Flußaufwärts schließt sich ein richtiger, von sandfarbenem Schichtgestein umschnürter Cañon an, flußabwärts öffnet sich ein Wiesenschlund, und Richtung Norden gleitet der Blick über eine mit Seen und Sumpftrichtern gespickte Tundraschüssel. Im Osten und Westen stehen

›organisch‹ runde Berge Spalier, und auf der dritten Seite wird die Schüssel von einer Phalanx steiler Tafelberge begrenzt, die mit Schnee- und Gletscherhauben gekrönt sind.

Ein ›Monument Valley‹, in das wir hineinschauen und während der folgenden 45 Min. von Wiesenterrasse zu Wiesenterrasse hinabsteigen. Bei jedem Schritt erweitert sich das Panorama um ein paar Strich, und als wir dann endlich den Talgrund erreichen, noch ca. 600 m hoch, legen wir uns erst einmal ins knietiefe Gras, atmen Blumenduft und genießen entspannt die Schönheit dieser faszinierenden Welt. Rund 6 Std. sind wir jetzt insgesamt schon unterwegs, und eine längere Rast ist wirklich verdient.

Aber noch andere Gründe sprechen für eine Erholungspause: Über dem weiteren Weg stehen die Mücken – im Gegensatz zu diesem herrlichen Fleckchen hier – in Schwärmen bis Mitte August, und überhaupt wird uns die etwa 12 km lange

Das Skakterdalen im Juli

Schlußetappe dieser Route noch so manche Strapaze abverlangen.

Doch davon später mehr. Jetzt genießen wir erst mal das Faulenzen und sodann das angenehme Laufen auf nachgiebigem Boden, bis der Hauptweg kurz vor Erreichen des Skak'terjåkka von einem deutlich sichtbaren und ebenfalls rot markierten Trampelpfad geschnitten wird. Auf diesen, von Rentieren ausgetretenen und in der Folge nicht mehr markierten Pfad biegen wir ab. Es geht sanft bis auf etwa 630 m hinauf, und die Spur verläuft stets mehrere 100 m links des tief eingeschnittenen Flusses, über dem Mitte Juli noch meterdicke Schneewächten hängen. Nach rund 30 Min. tauchen am gegenüberliegenden Hang die ersten Birken auf, die bald schon in Gruppen zusammenstehen. Der Pfad ist manchmal schwer auszumachen, aber das soll nicht beunruhigen, denn die Richtung ist klar, und früher oder später wird uns garantiert wieder eine Spur ›über den Weg laufen‹.

Etwa 45 Min. nach Aufbruch können wir weit voraus das Dividalen als einen langgestreckten Schatten ausmachen, und nochmal 30 Min. später treibt uns der Anblick eines vorausliegenden **Birken- und Weidengehölzes** Schweißtropfen ins Gesicht. Der Weg verläuft mitten hinein in diesen nur schwer zu durchdringenden Vorhang, und wir möchten dringend empfehlen, die ›Sicherheit‹ der Spur zu verlassen, um den Wald weiter oberhalb zu queren, wo der Boden nicht so sumpfig ist wie hier, auf einer Höhe von etwa 650 m. Während unserer Recherchen stiefelten wir ahnungslos in dieses Chaos aus gestürzten Stämmen, sperrigen Gerten und Wurzelstöcken, brachen hüfttief in Sumpftrichter ein und benötigten eine geschlagene Stunde für etwa 500 m, die uns vielleicht ebensoviel Mückenstiche einbrachten ...

Die Hürde ist genommen, der Hang fällt als steile Schräge zum Fluß hin ab, der unsichtbar in einer tief eingewaschenen Schlucht verläuft. Wir queren eine relativ ebene Fjellfläche, finden hier auch problemlos unseren Pfad wieder, und sehen, daß halb rechts, wo der Skak'terjåkka verlaufen muß, ein Cañon klafft, so schmal und steil abfallend, als wäre die Erde an dieser Stelle von plutonischen Kräften gewaltsam auseinandergerissen worden. Das Donnern der Wassermassen übertönt das Sirren der Mücken, Bremsen, Fliegen und Kriebelmücken, die wie wild auf unser Blut aus sind. Dann wird der Boden trockener, ein Birkenriegel liegt voraus, aber unser aufkeimendes Unbehagen ist unbegründet, denn die Bäume stehen weit auseinander, der Wald hat nichts mit einem Urwald gemein. Mehr schon mit einem Truppenübungsplatz, denn das ganze Terrain ist von unzähligen ›Bombentrichtern‹ zergliedert. Mehrere dutzend Male müssen wir im Verlauf der folgenden 15 Min. in solche (bis 5 m tiefe) Trichter hinab- und wieder hinaussteigen. – Eine Tortur, die uns jetzt, nach insgesamt etwa 7 Wanderstunden, fürchterlich zu schaffen macht.

Auf der anderen Seite des Grüngürtels schließt sich ein kleines Sumpfgebiet an, das in die nackte Felswelt des **Skakteråsen** übergeht, dessen Gipfel halb links aufragt. Gewaltige Felsplatten und Findlinge liegen wild zerstreut, der Weg verläuft sich, aber wenn man einfach auf der einmal erreichten Höhe rechts um den Fjellgipfel herumläuft, stößt man automatisch wieder auf deutlich zu Tal führende, schließlich zusammenlaufende Spuren. Ein schilfgesäumter Teich bleibt links liegen (die topographische Karte irrt hier, zeichnet ihn rechts ein), dann blicken wir tief ins Dividalen und auf die Feldparzellen von Frihetsli, um schließlich und auf 480 m Höhe einen **Birkenwald** zu betreten, der uns bis ans Ziel begleiten wird.

Wer noch Kraft für einen Abstecher hat, der kann hier den Weg verlassen und durch den lichten und leicht zu durchwandernden Hain gen Osten Richtung Skak'terjåkka gehen (ca. 700 m), wo der Strom eine etwa 200 m tiefe und nur wenige Meter breite Klamm eingefressen hat. Das soll ein imposanter Anblick sein, aber auch entlang des ab jetzt stets gut sichtbaren und konstant absteigenden Pfades lassen sich noch so manche Eindrücke sammeln. Der Boden ist mit einem dichten Flor aus Blau- und Krähenbeeren, Heidekraut und Moosen bedeckt, und unterhalb der 420 m-Marke stoßen wir auf ›Methusalem‹-Kiefern, wie wir sie gewaltiger und schöner vielleicht noch nie gesehen haben. Der Wald hat sich zu einem Wildpark gewandelt, gelbe und lila Blumenteppiche strömen einen betörenden Duft aus, der die Strapazen der letzten Stunden vergessen macht. Kurz vor Erreichen des Ziels folgen wir dem jetzt ruhig dahinplätschernden Skak'terjåkka auf einem Saumpfad, der Wald wird dichter, verfilzter und öffnet sich schließlich ins Dividalen mit der **Vetlenesbua**-Schutzhütte.

7 Im Antlitz von Tromsø

Einfacher Spaziergang von der Eismeer-kathedrale in Tromsø auf den Storsteinen mit schönem Ausblick über die Stadt.

Dauer/Länge: ca. 1 Std. 30 Min., ca. 4,5 km.
Wegverlauf/Entfernungs-/Höhenanga-ben: Tromsdalen Kirke (50 m) – Wald-lichtung (25 Min., 150) – Abzweigung Trampelpfad (15 Min., 300 m) – Bergsta-tion (20 Min., 406 m) – Waldlichtung (15 Min., 150 m) – Tromsdalen Kirke (15 Min., 50 m).
Wegbeschaffenheit: Einfach zu begehende Waldwege.
Orientierung: Völlig problemlos.
Kartenmaterial: Topographische Karte Tromsø, Nr. 1534 III, 1:50 000; unnötig, sinnvoll jedoch für die Anschlußwande-rung; die gleiche Karte wird auch für die Wanderung Nr. 8 (Tromsdalstind) benö-tigt.
Mitternachtssonne/Wanderzeit: 20. 5.– 23. 7. (Tromsø-Stadt). Die Seilbahn zum Storsteinen verkehrt zwischen März und Oktober, aber der Wanderweg ist erst ab etwa Anfang/Mitte Juni schneefrei; ideale Wanderzeit Anfang Juli bis Ende Sep-tember.
Information/Angeln: *Tromsø Arrange-ment AS* (Fremdenverkehrsamt), Stor-gata 61, ✆ 0 83/100 00; ganzjährig geöff-net, hier werden auch Angelscheine ver-kauft und Angeltouren auf dem Meer organisiert. *Troms Turlag* (Wanderverein), Postbox 284, Stranggartan 34 II, 9001 Tromsø, ✆ 0 83/8 5175.
Ausrüstung: Grundausstattung; Trek-kingschuhe, zur Not auch Turnschuhe, eventuell Wander- oder Skistock.

Hütten-/Zelttour: Zeltplätze auf dem Storsteinen würden sich finden lassen, aber die Wasserfrage bliebe problematisch (zumindest ab Mitte Juli). Ideale Zeltter-rains finden sich oberhalb des südlichen Tromsdalen, wohin die Anschlußwande-rung führt.
Anfahrt: Nach Tromsø über die E 78, aber nicht über die Sundbrücke ins eigent-liche Zentrum, sondern direkt vor der Brücke an der ausgeschilderten Eismeer-kathedrale parken. Tromsø hat Flugver-bindungen mit Oslo, Bergen, Hammerfest, Alta, Kirkenes, Trondheim, Narvik, Bar-dufoss, Bodø; Busverbindungen mit nahe-zu allen nordnorwegischen Städten.
Unterkunft: Zimmer jeder Kategorie in Hülle und Fülle. Der Campingplatz (auch Hüttenvermietung) von Tromsø liegt etwa 1 km von der Eismeerkathedrale ent-fernt in Tromsdalen (ausgeschildert), ist Ende Juni bis Mitte August aber oft über-füllt, dann auch ziemlich unsauber.
Für Kinder: Eine Wanderung für die ganze Familie.
Mountain Bike: Der Weg zum und vom Storsteinen ist zwar steil, aber durchaus mit dem MTB befahrbar. Nur im letzten Abschnitt wird man hier und da ums Schieben und Tragen nicht herumkom-men. Auch der Abstecher auf den 637 m hohen Aussichtsberg ist radelnd machbar, und die Anschlußwanderung ins und durchs Tromsdalen ist geradezu ideal für MTB-Fans. Beste Zeit Mitte Juli bis Ende September, wenn die Wege relativ trocken sind.
Anschlußwanderung: Vom Storsteinen auf gleichbleibender Höhe ins rund 4,5 km entfernte obere Tromsdalen und durch

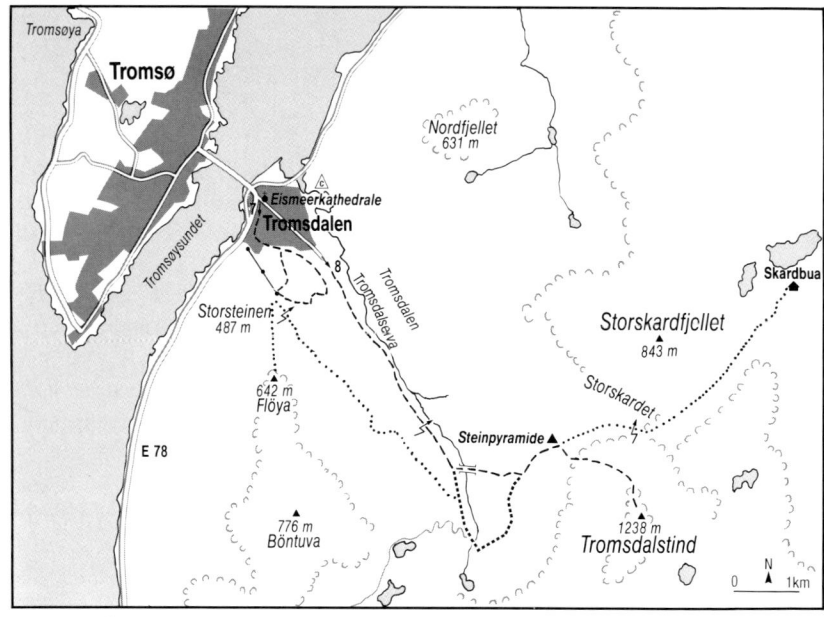

Route 7 und 8

dieses Trogtal retour zur Eismeerkathedrale. Zeitaufwand etwa 2 Std. 30 Min. auf breiten, einfach zu begehenden Wegen.

An Tromsø ist einfach alles superlativ. Der schon im Mittelalter bedeutende Ort ist mit rund 50 000 Einwohnern und einer Fläche von 2520 km² die Metropole Lapplands, gleichzeitig die flächengrößte Stadt Norwegens, auch die einzige des hohen Nordens, die so etwas wie Urbanität besitzt. Tromsø rühmt sich des nördlichsten Bischofssitzes, der nördlichsten Universität, der nördlichsten Brauerei und des nördlichsten (Nordlicht-)Planetariums der Welt, besitzt gleich fünf Museen, von denen das Tromsø-Museum vielleicht das sehenswerteste nördlich des Polarkreises ist. Zwölf Nachtclubs, elf Bars und Pubs, zahlreiche Cafés und zwölf Restaurants machen heute die überaus attraktive Stadt zum ›Paris des Nordens‹. ›Tor zum Eismeer‹ wurde sie früher genannt, denn die Polarforscher Carlsen, Amundsen, Andrée und Nansen starteten von hier aus ihre Expeditionen ins Ungewisse. Und weil Tromsø von der Nazi-Aktion ›Verbrannte Erde‹ verschont blieb, besitzt die größtenteils auf der Insel Tromsøya gelegene Stadt eine dichte Sammlung alter Holzhäuser. Vom Festland führt eine harmonisch geschwungene Brücke hinüber, und da, wo sie beginnt, im Ortsteil Tromsdalen, setzt die 1965 eingeweihte Eismeerkathedrale futuristische Akzente. Das dreieckige Meisterwerk in Weiß symbolisiert gleichermaßen Polarnacht, Mitternachtssonne sowie das Nordlicht und beherbergt das mit 140 m² größte Glasmosaik Europas.

Und hier, an dem eigentlich **Tromsdalen Kirke** geheißenen Gotteshaus, wollen wir unsere Wanderung zum Aussichtsberg von Tromsø, dem Storsteinen, beginnen. Zwar kann man auch per Seilbahn auf den 406 m hohen ›Großen Stein‹ gelangen, aber Bahnfahren verhält sich zum Wandern wie die Technik zum Mythos, vermittelt Eindrücke, doch kein Vergnügen und kostet obendrein noch Geld. Nur auf den ersten paarhundert Metern tun wir so, als wären wir ›ganz normale‹ Aussichts-Ausflügler und gehen dem Hinweisschild ›Fjellheisen‹ (Seilbahn) nach. Im Verlauf des asphaltierten Weges passieren wir einen Vivo-Supermarkt, hinter dem bald schon der Risolvegen nach links abzweigt (an der Ecke ein weißes Haus hinter schwarzem Maschenzaun). Ihm folgen wir bis zum nach rechts abzweigenden Nyrvegen, der auf eine Kreuzung zuläuft, wo wir uns links halten, eine recht steil ansteigende und als Fjellvegen markierte Fahrpiste hinauf. Sie mündet auf eine Querstraße, scheint zu enden, verläuft aber auf der anderen Seite (neben dem Haus Nr. 38) hangaufwärts bis zu einer weiteren Querstraße, jenseits der sie zum Fußweg wird.

Die Steigung ist beachtlich, die letzten Häuser von Tromsdalen bleiben bald hinter einem Birkenwald zurück, und nach insgesamt etwa 25 Min. erreichen wir eine am Hang des Aussichtsberges gelegene **Waldlichtung.** Das Panorama aus 150 m Höhe auf den Fjord mit Tromsøya in seiner Mitte und der Eismeerkathedrale sowie der Sundbrücke zu seiner Rechten kann beeindrucken, aber später wird es noch wesentlich imposanter sein. Wir ignorieren einen nach rechts abzweigenden Pfad und gehen geradeaus weiter, nach wie vor durch lichten Birkenwald. Nach weiteren 10 Min., auf 250 m Höhe, können wir nach links ins Trogtal des Tromsdalselva blicken, und wenig später wächst hoch oben über dem Talschluß das 1238 m hohe Halbrund des Tromsdalstind in den Himmel (s. Wanderung Nr. 8).

Rund 40 Min. sind wir jetzt unterwegs, als rechts über uns am Hang Stromleitungen auftauchen. Ein paar Meter weiter

Blick auf Tromsø

muß ein kleiner Sturzbach gequert werden, und wenige Atemzüge danach biegen wir ab auf einen nach rechts weisenden **Trampelpfad,** der uns in Serpentinen über die Baumgrenze hinaus bis unterhalb der Stromleitungen führt, sich dann nach rechts krümmt und die **Bergstation** der Seilbahn zum Ziel hat. Wie der Drache Fafnir über seinem Goldschatz, so hockt die häßliche Betonruine der Station (in der nur der ›Bahnhof‹ intakt ist) über einem Bild von atemberaubender Schönheit. 406 m unter uns liegt der Balsfjord mit Tromsø auf Tromsøya, dahinter Kvaløya und der Kaldfjord. Ganz links zweigt der Straumsfjord ab, und ganz rechts öffnet sich der Kvalsund zum Eismeer. Ausblicke fast wie aus dem Flugzeug, am eindrucksvollsten aber nicht von der Station aus, sondern von einem linker Hand befindlichen Steilfelsen. Oder von der Fløya-Höhe, einer rund 230 m über der Bergstation gelegenen, mit einer Fahne geschmückten Fjellkuppe, auf die ein deutlich sichtbarer Pfad von etwa 1,5 km Länge hinaufführt.

Für diesen Abstecher muß man hin und zurück rund 1 Std. zusätzlich einplanen, wohingegen der Abstieg vom Storsteinen bis zur Eismeerkathedrale nur maximal 30 Min. in Anspruch nimmt. Der steil zu Tal führende Pfad beginnt rechts neben der Bergstation an dem Funkmast und schlängelt sich bis zu der kleinen, auf 150 m Höhe gelegenen Waldlichtung hinunter, die wir, wie auch den Rest des Weges, bereits vom Aufstieg her kennen.

Einen anderen Weg gibt es zurück, der ist zwar rund 9 km länger, aber auch entsprechend reicher an Eindrücken. Er beginnt hinter der Bergstation, folgt den landeinwärts führenden Stromleitungen für etwa 45 Min. (Höhe stets um 400 m) und steigt dann durch liebliche Wiesen- und Birkenlandschaft ins dicht bewaldete obere Tromsdalen ab. Der breite Weg kennt keine Markierungen, ist aber nicht zu verfehlen und bietet reizvolle Ausblicke auf und über das Tromsdalen-Trogtal sowie insbesondere auf das ›Amphitheater‹ des Tromsdalstind. Der Abstieg zur Talsohle (230 m) ist sanft und wenig beschwerlich und endet auf einer Schotter- und Steinpiste, der wir nach links folgen.

Rund 1 km weiter zweigt ein mit roten Farbpunkten markierter Pfad nach rechts in den Wald ab. Wer eine weitere Wanderung anschließen will, nämlich die zum Gipfel des Tromsdalstind (s. Wanderung Nr. 8), der muß hier abbiegen. Alle anderen gehen geradeaus weiter und haben jetzt noch etwa 1 Std. recht einfachen Laufens vor sich, bis die Piste am oberen Rand von Tromsdalen wieder zur Asphaltstraße wird, die direkt auf die Eismeerkathedrale zuläuft.

8 Der Tromsdalstind – ›Tor zur Unendlichkeit‹

Wanderung zum 1238 m hohen Tromsdalstind, die extreme Anforderungen an die Kondition stellt und hochalpines Panorama bietet.

Dauer/Länge: Mit Rückweg ca. 7 Std. ca. 15 km.

Wegverlauf/Entfernungs-/Höhenangaben: Wendeplatz Tromsdalenstraße (60 m)

– Tromsdalselva (1 Std., 130 m) – Baumgrenze (15 Min. 300 m) – Steinpyramide (30 Min., 520 m) – Gipfel (2 Std. 20 Min., 1238 m); der Rückweg bis zum Tromsdalselva dauert etwa 1 Std. 30 Min., bis zum Wendeplatz 2 Std. 30 Min.

Wegbeschaffenheit: Bis zum Tromsdalselva über breiten Schotter- und Steinweg, bis zum eigentlichen Fuß des Tromsdalstind (630 m Höhe) steile, teils rutschige Pfade, bis zum Gipfel über extrem steil ansteigende Serpentinen, teils über Geröll.

Orientierung: Der Wanderweg ist außerordentlich gut markiert, es gibt keinerlei Orientierungsschwierigkeiten.

Kartenmaterial: Topographische Karte Tromsø, Nr. 1534 III, 1:50 000; erhältlich in den Buchläden von Tromsø.

Mitternachtssonne / Wanderzeit: ca. 15. 5.–27. 7. (Tromsdalstind). Laut Auskunft des Tromsø-Wandervereins kann man bereits Anfang Juni aufsteigen, dann aber noch größtenteils über Schneefelder, was wir für ziemlich gefährlich halten – Absturz- bzw. Einbruchgefahr (Geröll). Ab Mitte Juli ist die Tour zu empfehlen oder generell dann, wenn die Aufstiegspassage (ab 630 m Höhe) schneefrei ist. Spätestens Anfang/Mitte September bleibt in der Gipfelzone der Schnee wieder liegen.

Die schönste ›Tageszeit‹ für den Aufstieg ist die Mittsommernacht; an den Wochenenden kann es dann aber voll werden auf dem Gipfel, denn auch die wanderbegeisterten Bürger von Tromsø bevorzugen diese Zeit.

Information: *Tromsø Arrangement AS* (Fremdenverkehrsamt), Storgata 63, ✆ 0 83/100 00, ganzjährig geöffnet; an den Samstagen im Juni und Juli werden geführte Wandertouren auf den Gipfel organisiert. *Troms Turlag* (Wanderverein), Postbox 284, Stranggartan 34 II, 9001 Tromsø, ✆ 0 83/8 51 75.

Auf dem Tromsdalstind

Ausrüstung: Grundausstattung plus Skistock, Wasserflasche sowie unbedingt extrem wärmende Zusatzbekleidung; Mineraltabletten können sinnvoll sein. Wer in Gummistiefeln oder Turnschuhen wandert (das sieht man oft), riskiert sein Leben: nur Trekkingschuhe kommen in Frage. Lebensmittelladen in Tromsø.

Hütten-/Zelttour: Die Skardbua-Wanderhütte ist etwa 5 km (ca. 1 Std. 15 Min.) von der Steinpyramide am Fuß des Berges entfernt (Schlüssel über Troms-Turlag, s. o.). Zahlreiche Stellplätze fürs Zelt am Fuße des Berges zwischen 520 und 630 m Höhe (kein Brennholz); auf dem Gipfel ist der Platz sehr begrenzt (nur für kleine Igluzelte) und nur geeignet, solange Schnee das Geröll bedeckt (bis ca. Mitte August). Ideal wäre ein Biwaksack plus Schlafsack; Trinkwasser mitnehmen oder ein Gefäß, um darin Schnee zu schmelzen (bis Mitte August).

Anfahrt: Nach Tromsø über die E 78, vor der Sundbrücke rechts halten Richtung Eismeerkathedrale, an der Kirche vorbei und geradeaus der Asphaltstraße durch die Tromsdalen-Siedlung ins Tromsdalen bis zu einem kleinen Wendeplatz vor einer Schranke folgen. Tromsø hat Flugverbindungen mit Oslo, Bergen, Hammerfest, Alta, Kirkenes, Trondheim, Narvik, Bardufoss, Bodø; Busverbindungen zu nahezu allen nordnorwegischen Städten.

Unterkunft. Zimmer jeder Kategorie und Campingplatz (in der Saison oft überfüllt) in Tromsø; s. auch S. 87.

Für Kinder: Definitiv nicht geeignet.

Mountain Bike: Bis zur Steinpyramide auf 520 m, wohin der Wanderer etwa 1¾ Std. benötigt, kann man durchaus auch per MTB fahren. Der Piste durchs Tromsdalen folgen, dann aber nicht links ab zum Tromsdalselva, sondern etwa 1 km weiter bis kurz vor den Tromsdalsvatnet und der hier nach links abzweigenden, z. T. etwas

morastigen Fahrpiste folgen, die auf 400 m Höhe auf den Wanderweg unterhalb der Steinpyramide stößt.

Anschlußwanderungen: Von der Steinpyramide führt ein gut markierter Wanderweg zur Skardbua-Wanderhütte (ca. 1 Std. 15 Min.) und über die Nonsbu-Wanderhütte (ca. 4 Std.) sowie Trollvasbu-Wanderhütte (ca. 3 Std.) ins Gidervikdalen im Norden der Halbinsel, von wo aus Busverbindung zurück nach Tromsø besteht. Hüttenschlüssel über Troms-Turlag (s. o.), dort auch weitere Informationen den Weg, das Kartenmaterial sowie Abkürzungen betreffend. Eine andere Anschlußwanderung führt vom oberen Tromsdalen zum Storsteinen und von dort retour zur Eismeerkathedrale: Wanderung Nr. 7.

Anmerkung: Ab der 630 m-Höhe finden sich keine Quellen oder Bäche mehr, und wer nicht Schnee lutschen will, um den Durst zu stillen (auch nur bis Mitte August möglich), der sollte unbedingt vor Beginn des Aufstiegs seine Wasserflasche füllen!

Noch 1108 Höhenmeter bis zum ...

Ausgangspunkt dieser Wanderung ist ein kleiner **Wendeplatz** am Ende der für öffentlichen Verkehr zugelassenen Tromsdalen-Straße. Wir passieren eine Schranke, die Straße wird zum breiten Erd- und Schotterweg, dem wir ab jetzt für etwa 1 Std. folgen. Ein dichter, beidseitiger Birkenwald verdeckt weitgehend die Aussicht auf die links liegende Wiesensohle des Trogtales, und nur die markante, weil halbrunde Gipfelzone des Tromsdalstind ragt immer wieder mal über das grüne, von Mücken verseuchte Dickicht hinaus. Je weiter wir der Piste folgen, desto schlechter wird sie, bis sie nach etwa ½ Std. einem steinigen Bachbett ähnlicher sieht als einem Weg. Dennoch kommt man gut voran, und etwa 3,5 km sind bewältigt, als am linken Wegrand eine mit roten Farbtupfen deutlichst markierte Abzweigung ins Auge sticht. Hier biegen wir ab und folgen einem abschüssigen Waldpfad bis ans Ufer des **Tromsdalselva**, der als Wildbach über Steinstufen poltert. Eine hölzerne

... Tromsdalstind

Brücke führt hinüber, und von hier aus, 130 m hoch, sind auf einer Distanz von 4 km noch exakt 1108 Höhenmeter zu bewältigen. Das entspricht einer durchschnittlichen Steigung von rund 28%, und eingedenk der jetzt und hier beginnenden Strapazen sollte man sich eine kleine Rast gönnen.

Wohl getan, denn der stark ausgetretene und ausreichend farbig markierte Pfad führt in gerader Linie durch einen Birkenwald die mindestens 45° steile Flanke hinauf, und es dauert nicht lange, bis das Pulsen des Blutes in den Ohren das Rauschen eines kleinen Sturzbaches übertönt, der wenige Meter links zu Tal geht. Ein paar Jogger aus Tromsø überholen uns in lockerem Trab, und der Anblick der leichtfüßig vorbeispringenden Sportler hat eine maßlos demoralisierende Wirkung. Aber bald geht der Atem ruhiger, wir kommen besser voran, und nach 15 Min. etwa wird die **Baumgrenze** überschritten. Frischer Wind weht uns entgegen und nimmt dem Aufstieg viel von seiner Last. So auch das Panorama, das sich jetzt nach links öffnet und über das ganze Tromsdalen bis nach Tromsø reicht sowie bis zum Gipfel des majestätisch in der Höhe thronenden Tromsdalstind.

Der Pfad wird zusehends breiter, quert den kleinen Sturzbach nach links, dann wieder nach rechts, wo sich der kreisrunde, fast an den Krater eines Vulkans erinnernde Kessel des Tromsdalsvatnet öffnet, der mehr Moor als See ist. Von dort her steigt ein breiter Weg zu uns herauf, die Verlängerung der Tromsdalen-Piste. Der Wiesen- und Heidehang flacht sich langsam aber sicher ab, wir kommen wieder zügig voran, passieren etwa 40 Min. nach der Flußbrücke die 500 m-Marke und stoßen 5 Min. später, auf 520 m Höhe, auf eine etwa 1 m hohe und mit einem dicken Farbklecks markierte **Steinpyra-**

mide. Hier gabelt sich der Weg: Geradeaus geht es zur 5 km entfernten Skardbua-Wanderhütte, während der rechts abzweigende Trampelpfad auf die graue Felsflanke des Tromsdalstind zuläuft, dessen Spitze 720 m über uns den arktisch blauen Himmel ritzt.

In Verfolgung roter Farbkleckse und Steinmännchen geht es zu einem Wiesensattel hinauf. Etwa 20 Min. nach der Abzweigung dann, auf 630 m Höhe, beginnt der eigentliche Aufstieg. Wir stehen an der Wurzel des Berges, von dessen Gipfel uns, bei einer Distanz von rund 1,3 km, noch rund 650 Höhenmeter trennen. Macht eine mittlere Steigung von 50%, und wer seine Kondition überschätzt hat, der wird es während der nun folgenden 2 Std. bitter bereuen, sich überhaupt auf den Weg gemacht zu haben. Die ersten 200 Höhenmeter, für die man gut und gerne eine ½ Std. benötigt, sind in Sachen Steigung die schwersten, denn hier hat der Wiesenhang eine Neigung von über 60°. Ja in manchen Abschnitten scheint es, als würde der zum Glück gut ausgetretene Serpentinen- und Treppenpfad an einer senkrechten Wand hinaufführen.

Das stete Schweifen der Gedanken verstummt bald zu einem einzigen Befehl: »Schritt ..., Schritt ..., Schritt« – flüstert das innere Metronom, und emotionslos, fast stoisch ignorieren wir die ziehenden Schmerzen in Waden und Oberschenkeln, das heftige Pochen im Schläfenbereich. Auf 750 m Höhe wächst hinter dem Tromsdalen die Sundbrücke nach Tromsøya ins Bild und überragen die ersten Gletscherhauben der Lyngen-›Alpen‹ den Kessel des Tromsdalsvatnet. Auf 820 m umfaßt das Panorama einen Winkel von über 180°, reicht im Westen über Tromsøya und Kvaløya bis aufs offene Eismeer, umfaßt im Osten die ganze Lyngen-Halbinsel und streift im Süden die Balsfjord-Halb-

insel. 30 m höher kommt Ringvassøy im Nordwesten dazu, und jetzt – endlich! – flacht sich der steile Prallhang etwas ab. Die erhoffte Erleichterung bleibt aber aus, denn der (ausgezeichnet markierte) Weg führt mehrfach über breite Geröllbänder, die mit höchster Konzentration traversiert werden müssen. Wir erreichen eine Höhe von 900 m, selbst die Fjordwelt vor Skibotn öffnet sich, und das Panorama hat sich auf über 270° ausgedehnt. Der Pfad führt jetzt nach links bis auf wenige Meter an die Westflanke des Tromsdalstind heran, die senkrecht zum über 300 m tiefer gelegenen Storskardfjellet abfällt. Gewaltige Schneewächten hängen über der schattigen Tiefe, die bis zum Gipfel unsere ständige Begleiterin sein wird. – Der Pfad, ein Saumpfad, der dem Abgrund in einem weitem Rechtsbogen zum Gipfel folgt, auf dem man schon ganz deutlich eine kleine Fahnenstange ausmachen kann.

Höher und höher, und was gerade noch Himmel war, liegt bald darauf zu unseren Füßen. Und plötzlich sind wir oben, ganz oben auf dem 1238 m hohen **Tromsdalstind.** Es ist unglaublich, daß diese Landschaft da unten, die eisbekränzte Weite dort hinten, die Zacken und Zinnen zur Linken, die Spielzeugstadt zur Rechten und all die Fjordarme dazwischen, derselben Welt angehören sollen wie der Berg, ›unser‹ Berg. Wir stehen auf einer Insel im Meer der Gebirgswogen, über das das Auge mehr als 100 km weit schweifen kann.

Lange dauert es nicht, bis sich unser Körper wieder regeneriert hat, und in dem Maße, wie die Kraft zurückströmt, erwacht auch die Neugierde. Wir rappeln uns auf, die nur wenige Meter breite, langgezogene Gipfelzone zu erkunden. Und finden einen hohen Steinhaufen in den ein Alu-›Postkasten‹ eingelassen ist. Darin ein weiterer Kasten mit einem Gipfelbuch und vier, nach den Himmelsrichtungen angelegten Fotomappen, die die Orientierung erleichtern sollen. Dann finden wir natürlich auch die Gipfelstange, die wir von unten fälschlich für einen Fahnenmast hielten. Der Weg dorthin führt über meterdicken Schnee, aber weiter als bis zur Stange sollte man sich nicht vorwagen, denn direkt dahinter fällt die Flanke senkrecht ins üppig-grüne Breivikeidet-Tal ab, und was wie sicherer Boden aussieht, ist in Wirklichkeit eine mehrere Meter überhängende Schneewächte.

Wie gerne würden wir hier oben bleiben, die Mitternachtssonne von diesem Standpunkt aus erleben. Wer ein kleines Igluzelt dabei hat, oder einen Schlaf- plus Biwaksack, der kann sich diesen Traum erfüllen. Wer nicht, der sollte an den Abstieg denken bevor der ständig aus Norden wehende Eiswind den Körper unterkühlt, den Bändern und Sehnen ihre Elastizität nimmt.

9 ›Nifelheim‹ – Reich des Eises und der Kälte

Relativ anspruchsvolle Wanderung durch eine faszinierende Landschaft.

Dauer/Länge: ca. 5 Std. 40 Min., ca. 18 km; ideal als Zweitagestour, aber auch in einem Tag machbar.

Wegverlauf/Entfernungs-/Höhenangaben: Weggabelung (250 m) – Wasserfall (1 Std. 10 Min., 630 m) – Paß (1 Std., 850 m) – Holzhäuser (1 Std., 710 m) – Baumgrenze (1 Std. 30 Min., 480 m) – Weggabelung (1 Std., 250 m).

Wegbeschaffenheit: Die relativ anspruchsvolle Wanderung folgt in ihrer gesamten Länge mehr oder minder guten Schotterpisten, die vom Militär angelegt wurden.

Orientierung: Der Wanderweg ist nicht markiert, Orientierungsschwierigkeiten dürfte es aber nicht geben. Karte und Kompaß gehören dennoch in jeden Rucksack!

Kartenmaterial: Topographische Karte Signaldalen, Nr. 1633 III, 1:50 000; erhältlich in den Buchläden von Alta, Tromsø und Narvik sowie in der Regel auch in Andselv und Nordkjosbotn.

Mitternachtssonne/Wanderzeit: 22. 5.–22.7. (Paßhöhen). Da der Verlauf durch die Topographie vorgegeben und stets klar ersichtlich ist, kann man diese Wanderung auch dann bewältigen, wenn der eigentliche Weg (ungefähr bis Ende Juni) verschneit ist. Bis Mitte/Ende Juli können noch Teilstrecken unter Schnee liegen und die letzten Kilometer arg morastig sein, und bis etwa Mitte August können einem die Mücken das Wanderleben sehr erschweren. Generell: Möglich ist die Wanderung ab Mitte Juni, ab Mitte Juli ist sie relativ unbeschwerlich, Mitte August bis Mitte September ideal.

Information: *Troms Turlag*, Postbox 284, Stranggartan 34 II, 9001 Tromsø, ✆ 0 83/8 51 75.

Ausrüstung: Grundausstattung sowie warme Zusatzkleidung, Ski- oder Wanderstock. Bis Anfang/Mitte August sind Gummistiefel zu bevorzugen. Lebensmittelladen an der E 6 in Hatteng.

Hütten-/Zelttour: Keine Wanderhütten, aber zahlreiche wildromantische Stellplätze fürs Zelt – alle ohne Brennholz.

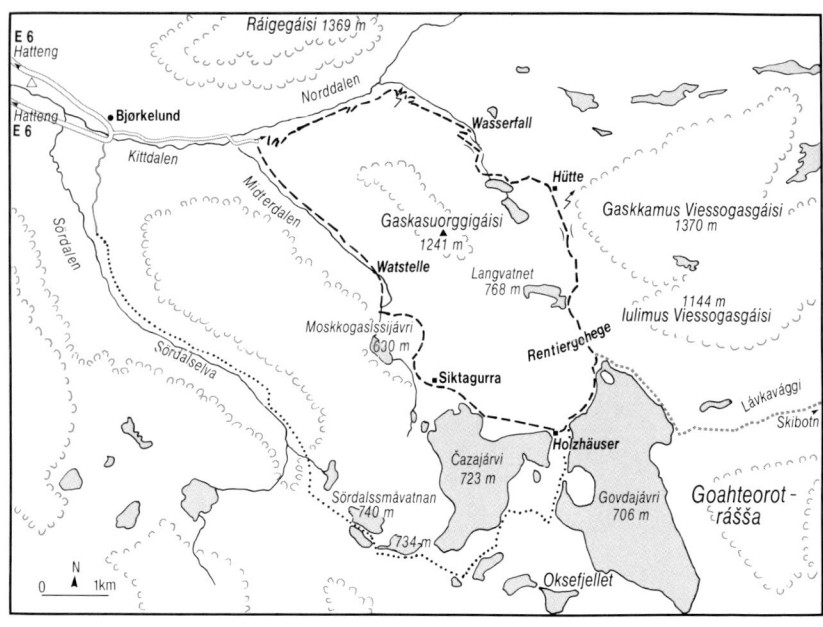

Route 9

Anfahrt: In Hatteng, wo die E 6 an den Lyngen-Fjord heranführt, den Schildern Richtung Kittdalen ins Landesinnere folgen. Zwei Straßen zweigen von der E 6 dorthin ab (eine links, eine rechts des Kitdalselva), was daraus resultiert, daß die Straße einen Bogen um den oberen Kitdalselva beschreibt und wieder zur E 6 zurückführt. Welche man nimmt, ist egal, denn wir folgen ihr bis zum Scheitelpunkt (ca. 10 km), wo bei dem Weiler Bjørkelund eine Schotterstraße Richtung Osten abbiegt, die dem Kitdalselva am linken Ufer folgt. Nach ca. 2 km wird eine Brücke gequert, und 500 m weiter ist der Ausgangspunkt der Wanderung erreicht. Das Kittdalen selbst ist nicht mit öffentlichen Verkehrsmitteln erreichbar; Flughafen in Tromsø. Busverbindungen nach Hatteng oder Storfjord aus Richtung Alta, Tromsø und Narvik.

Unterkunft: In Storfjord nahe der E 6 gibt es einen Campingplatz mit Hüttenvermie-tung ebenso wie ein Hotel; wer wild campen will, kann das im Wohnmobil, Caravan oder Zelt an mehreren Stellen im Kittdalen tun.

Für Kinder: Es sind die Mücken, die im Juli und August dagegen sprechen, Kinder mitzunehmen. Außerhalb dieser ›heißen‹ Zeit ist die Wanderung (wegen ihrer Länge) zumindest für größere Kinder durchaus geeignet.

Mountain Bike: Das gesamte norwegische Grenzgebiet am Dreiländereck ist ein MTB-Eldorado, weil das Militär überall im Hochgebirge Pisten angelegt hat, die die einzelnen Verteidigungsanlagen (Bunker) miteinander verbinden. Für motorgetriebene Fahrzeuge sind diese mehr oder minder gut ausgebauten Pisten gesperrt, für Fahrräder hingegen nicht. Die vorliegende Route ist nach der Schneeschmelze ab Mitte/Ende Juli problemlos zu befahren, und nur im letzten Abschnitt kann einem der Morast mehrminütiges Schie-

Wege in die Wildnis über dem Kittdalen

ben bzw. Tragen aufzwingen. Wer eine längere Tour bevorzugt, kann dem hier beschriebenen Weg bis ans Ufer des Govdajávri folgen und dort links ins Skibotndalen (ca. 15 km) abbiegen, von wo es über die E 78 rund 20 abschüssige Kilometer bis Skibotn an der E 6 sind.

Ausgangspunkt für unsere heutige (recht anspruchsvolle) Wanderung ist die rund 2,5 km oberhalb von Bjørkelund gelegene **Weggabelung,** wo sich die Schotterpiste, die gerade den Kitdalselva auf einer Bohlenbrücke gequert hat, nach rechts ins Midterdalen und geradeaus ins Norddalen weiterschlängelt. Ein Parkplatz läßt sich finden, und dem Fahrzeug entkommen, dringt sofort das machtvolle Rauschen des über Steinstufen durch das ›Nordtal‹ polternden Flusses an unser Ohr. Unser Weg verläuft als Schotterpiste ins mit Birken bestandene Norddalen hinein, steigt über Serpentinen an und führt nach etwa

10 Min. an einem rechts am Hang gelegenen ›natogrünen‹ Haus vorbei. Wenige Minuten später passieren wir mehrere an und in den Hang gebaute Bunker – norwegische Verteidigungsanlagen, mit denen das Grenzgebirge zu Schweden und Finnland gespickt ist. Auch im folgenden Verlauf der Wanderung werden wir immer wieder auf solch wehrhafte Stahlbauten stoßen, die zu betreten ebenso verboten ist, wie sie zu fotografieren oder in Karten einzuzeichnen – weshalb man sie auf der topographischen Karte vergeblich sucht und auch auf unserer Wanderkarte keinerlei diesbezügliche Hinweise finden wird.

Die Piste bleibt breit, nur ihr Zustand verschlechtert sich zusehends, was den Wanderer aber nicht zu stören braucht. Mehrere Stromleitungen queren den Weg, der ganz sanft aber konstant in das keilförmige Norddalen hinaufsteigt. Nach insgesamt etwa 40 Min. und auf einer Höhe von 480 m passieren wir die Baumgrenze ungefähr an der Stelle, wo sich das Tal in zwei Arme aufteilt. Die Richtung ist eindeutig, und wir laufen in die rechts klaffende Kerbe hinein, in deren Mitte ein schäumender Wildbach seinen Weg zum Kitdalselva sucht. 10 Min. weiter genießen wir rückblickend einen letzten Ausblick auf das mittlerweile schon über 300 m tiefer liegende Kittdalen, mit dem die grün bemooste und aus Schuttbändern senkrecht aufsteigende Felsbastion des säumenden Ráigegáisi-Massivs kontrastiert. Voraus liegen ›Almwiesen‹ und blühende Matten an den Rändern einer vegetationslosen Hochfjell-Landschaft, von der sich das weiße ›Y‹ eines zweiarmigen Wasserfalls in die Kluft des nahen Talschlusses ergießt. Schneezungen lecken an der steinübersäten Piste, die nach Bewältigung mehrerer Serpentinen (Abkürzungsmöglichkeiten) in gerader Linie auf den **Was-**

serfall zuführt, der nach 1 Std. 10 Min. und auf 630 m Höhe erreicht ist.

Zur Rechten erstreckt sich das kahle Felsband des Gaskasuorggigáisi-Rückens, neben dem wir, halb rechts, einen Fjellsattel erspähen, zu dem wir jetzt hinaufsteigen werden. Bis Anfang August kann die Serpentinenpiste unter ausgedehnten Schneefeldern begraben sein, aber die Richtung ist eindeutig und der Weg nicht zu verfehlen. Etwa 15 Min. später ist die Landmarke sowie ein See erreicht. Wir überqueren seinen Abfluß und betreten ein felsiges Hochtal, das Richtung Südosten zu einem weiteren Sattel ansteigt. Der Weg dorthin ist breit und verläuft am linken Talrand; so auch hier Schneefelder die Orientierung erschweren, visiert man einfach die von Hügeln gesäumte Paßhöhe an.

Sanfter Anstieg, einfaches Wandern. Der zurückbleibende See wird zu einem Doppelsee, und voraus, links oberhalb des Weges, taucht eine Privathütte auf, die nach weiteren 25 Min. passiert wird. Auch sie ist auf der topographischen Karte nicht verzeichnet (ebenso auch die hier vorbeiführenden Stromleitungen). 10 Min. später können wir von einer Anhöhe aus erkennen, daß der in einen Paß übergehende Hang sowie das gesamte Umland mit Hunderten Bunkern gespickt ist, zwischen denen breite Fahrstraßen verlaufen. Der Weg führt links an diesen bedrohlich wirkenden Gebilden vorbei und direkt auf den **Paß** zu.

Mit 850 m markiert diese Stelle den höchsten Punkt der Wanderung und bietet gleichzeitig auch ein überwältigendes Panorama: In unserem Rücken steigt die mit Eishauben bedeckte Felswand des Ráigegáisi steil aus dem Norddalen auf, Richtung Nordwesten erstreckt sich das kahle

Licht und Schatten über dem Kittdalen

Hochfjell bis an die Wurzel eines vergletscherten Tafelberges, und gen Süden, wo sich der Weg als deutlich sichtbare Schotterstraße windet, wird der Blick vom langgestreckten Oval des Govdajávri gebannt. An den Fels- und Geröllufern türmen sich bis Mitte Juli noch bizarre Eisschollen auf, die zur Mitte hin ins Türkis, Ultramarin und Schwarz der Wasserfläche abbrechen, in der sich grau-braun-rote Berge spiegeln. Die Landschaft ist düster und furchteinflößend, perfekte Metapher für das frühgermanische ›Nifelheim‹, das Reich des Eises und der ewigen Kälte. Wagnersche Akkorde scheinen in der Luft zu schweben, und fröstelnd machen wir uns über die jetzt gut ausgebaute Militärstraße an den Abstieg.

Nach etwa 15 Min. und auf 768 m Höhe queren wir auf einer Brücke den Ablauf des rechts liegenden Langvatnet, über dem das schräge ›Matterhorn‹ des Gaskasuorggigáisi wie ein Wachturm aufragt. Je näher der Govdajávri rückt, desto unheimlicher wird die Landschaft, in der sich jetzt zur Linken das braunrote Lávkavággi-Trogtal wie ein Schlund öffnet. Es ist, als sei man aus der Zeit herausgefallen, und erst als wir kurz vor dem Seeufer den Maschenzaun eines Rentiergeheges passieren, kommen wir wieder in die Gegenwart zurück. Hier gabelt sich der Weg: Die z.T. sogar asphaltierte Militärstraße zweigt nach links ab und verläuft ins Lávkavággi-Tal, um nach insgesamt etwa 15 km ins Skibotndalen am Dreiländereck (s. Wanderung Nr. 15) abzusteigen. Diese Strecke sei allen passionierten Mountain Bike-Fahrern wärmstens ans Herz gelegt, obwohl auch der nach rechts abzweigende Weg, dem wir folgen werden, von wenigen Passagen abgesehen, für MTBs geeignet ist.

Wir erreichen das westliche Seeufer, dem wir für etwa 15 Min. bis zu einem Wildbach folgen – dem Ablauf des oberhalb angrenzenden Čazajávri. Rund 3¼ Std.

sind insgesamt vergangen, und wenn man nun nicht der vor dem Ablauf nach rechts führenden Straße folgt, sondern vielmehr dem Wildbach, dann steht man schon nach wenigen Metern vor zwei großen und von mehreren Schuppen umgebenen **Holzhäusern**, die den Renhirten (und ihren Familien) im Sommer als Quartier dienen. Würde man den Ablauf überqueren und der geradeaus verlaufenden Piste folgen, könnte man rund 25 km durch das Sørdalen ins Kittdalen zurücklaufen.

Die (von uns benutzte, auf der topographischen Karte nicht verzeichnete) Schotterstraße verläuft am Hang über dem Čazajávri. Nach rund 30 Min. liegt der See hinter uns und das an seiner tiefsten Stelle fast 1 km in die Bergwelt eingefräste Midterdalen vor und unter uns. Auch hier hält ein Bunker einsame Wacht und entspricht die topographische Karte nicht den Gegebenheiten. Sie zeigt nur den zu Tal führenden Weg auf, nicht aber den, der sich um den Bunker herum nach links in ein Quertal zieht. Aber wie auch immer: Wir folgen der nach rechts abzweigenden Piste. Es geht steil hinunter, kann rutschig und morastig sein, und etwa 30 Min. vergehen, bis wir nach Passieren eines weiteren Rentierzaunes die auf 650 m Höhe liegende obere Talsohle betreten. Wir sind von steilen, rund 500 m hohen Felsflanken eingekeilt. Gleich mehrere Adler-

horste müssen dort oben liegen, denn mit dem Feldstecher können wir ein halbes Dutzend Greifvögel ausmachen, die über dem Midterdalen ihre weiten Kreise ziehen.

Wir nehmen die Wanderung wieder auf und müssen bald schon darauf verzichten, auch weiterhin den Himmel abzusuchen – so schlecht – sprich: morastig ist der Weg in diesem Abschnitt. Mehrere Bäche sind zu überspringen, Moorpassagen zwingen uns Umwege auf, und auf 480 m Höhe, wo auch die **Baumgrenze** verläuft, gilt es, den (im Juli) etwa 2,5 m breiten Hauptbach zu durchwaten. Am anderen Ufer empfängt uns zäher Morast, der Weg ist während der folgenden 10 Min. äußerst schlammig und zudem von tief eingegrabenen Spuren schwerer Geländemaschinen (mit denen die Samen zu ihren Rentierherden hinaufdonnern) durchfurcht. Die Piste quert den Hauptbach (der jetzt zum Fluß angeschwollen ist) ein weiteres Mal, aber wir folgen dem am rechten Ufer verlaufenden Fußweg, der sich bald schon wieder mit der Piste vereinigt. Unsere Höhe beträgt noch knapp 350 m, der Weg wird zur breiten Schotterstraße, die an weiteren Bunkeranlagen und einem einsamen Ferienhaus vorbei nach insgesamt etwa 6 Stunden zur **Weggabelung**, damit zum Ausgangspunkt der Wanderung zurückführt.

10   Zum ersten Nordlicht-Observatorium der Welt

Anspruchsvolle Wanderung von der Küste bei Kåfjord bis auf den Gipfel des Lille Halde; bietet beeindruckende Rundumsicht.

Dauer/Länge: ca. 5 Std. 30 Min. (davon für den Abstieg 2 Std.), ca. 16 km.
Wegverlauf/Entfernungs-/Höhenangaben: Kåfjord-Kirche (50 m) – Minen-

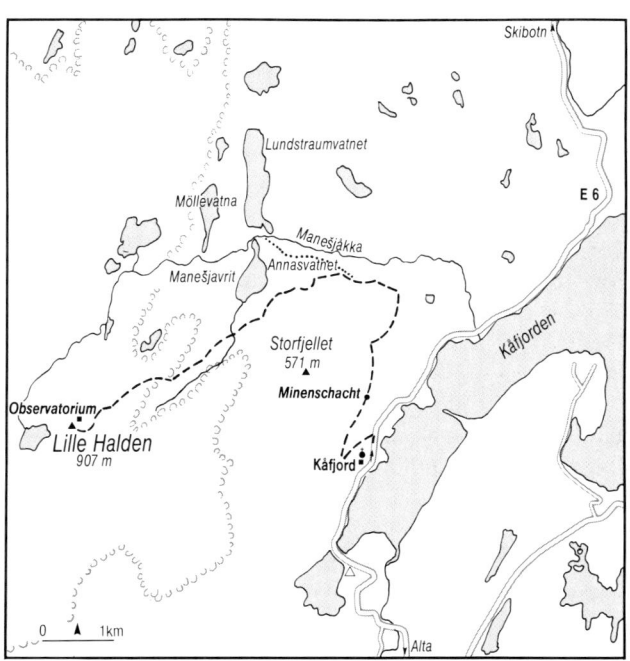

Route 10

schächte (30 Min., 250 m) – Weggabelung (1 Std., 500 m) – Bach (50 Min., 570 m) – Gebäudekomplex (1 Std. 10 Min., 890 m) – Observatorium (5 Min., 907 m).

Wegbeschaffenheit: Der alte Karrenweg, der bis zum Observatorium führt, ist problemlos zu begehen, und Schwierigkeiten können nur die Steigungsstrecken machen, für die man schon ein bißchen Kondition mitbringen muß.

Orientierung: Völlig problemlos.

Kartenmaterial: Topographische Karte Alta, Nr. 1834 I, erhältlich im Buchladen in Alta an der Hauptstraße gegenüber Esso-Tankstelle; das ehemalige Observatorium ist nicht eingezeichnet, der Gipfel – eigentlich Lille Halde geheißen – trägt den Namen *Sukkertoppen* (Zuckergipfel).

Mitternachtssonne/Wanderzeit: 13. 5.–29. 7. (Observatorium). Möglich ab Anfang Juni, aber dann sind große Teilstrecken des Weges noch schneebedeckt. Ab Ende Juni kann die Tour empfohlen werden, doch vor Mitte/Ende Juli ist nicht damit zu rechnen, daß der Weg völlig schneefrei ist, wie er in der Regel auch schon Mitte September wieder zuschneit.

Information/Angeln: *Alta Reiselivslag* (15. 6.–15. 8), Hauptstraße nahe der Esso-Tankstelle, ☎ 0 84/3 40 51 sowie 3 70 99; hier auch Angelscheine; zahlreiche Lachs- und Forellenflüsse (etwa Altaelva, Botnelva, Eibyelva, Lakselva, Mattiselva, Transfarelva).

Ausrüstung: Grundausrüstung sowie sehr warme Zusatzkleidung, eventuell Handschuhe, Mütze, Sonnenbrille; ein Skistock ist stets empfehlenswert. Wer keine Trekkingschuhe trägt, riskiert seine Gesundheit!

Hütten-/Zelttour: Fürs Zelt finden sich zahlreiche Stellplätze am Weg, aber nicht auf dem Gipfel. Dort kann man im umgebauten Turm des ehemaligen Observatoriums übernachten – wildromantisch! Den erforderlichen Schlüssel erhält man lt. Auskunft des Fremdenverkehrsamtes im Alta-Museum an der E 6.

Anfahrt: Von Alta auf der E 6 für 17 km Richtung Narvik bis Kåfjord, wo man kurz nach der Kirche auf der rechten Straßenseite einen kleinen Parkplatz findet. Alta hat direkte Flugverbindungen mit Tromsø, Kirkenes, Lakselv, Trondheim, Hammerfest, Berlevåg und Honningsvåg. Busverbindungen bestehen mit Kirkenes, Berlevåg, Honningsvåg, Hammerfest, Karasjok, Tromsø, Narvik, Bodø, Trondheim sowie Kautokeino. Von Alta aus fährt mehrmals täglich ein Bus nach Kåfjord.

Unterkunft: In Alta finden sich mehrere Campingplätze (Hüttenvermietung) sowie Hotels jeder Kategorie und auch eine Jugendherberge.

Für Kinder: Steil hinauf und wieder hinunter – ein Kind muß schon sehr lauffreudig und auch konditionsstark sein.

Mountain Bike: Ein echter Kletterweg, befahrbar bis zum Gipfel, der aber an den Biker auch alpine Konditionsforderungen stellt. Ideal ab Ende Juli, wenn auch die letzten Schneefelder geschmolzen sind.

Wir parken auf dem kleinen Platz kurz hinter der weißen **Kåfjord-Kirche** (die 1837 nach dem Vorbild englischer Dorfkirchen errichtet wurde), folgen der E 6 für etwa 100 m weiter Richtung Westen bis zu dem roten Holzhaus an der linken Straßenseite und biegen hinter dem Haus auf den steil den Hang hinaufführenden, breiten Schotterweg ab. Die Kronen dicht stehender Birken schließen den Himmel aus, und in der dumpfen, grün-weißen Dämmerung hängt eine schwere Treibhausluft, die uns mehr zusetzt als die Steigung. Nach etwa 30 Min. und auf 250 m Höhe werden ein paar alte **Minenschächte** pas-

Das erste Nordlicht-Observatorium der Welt

siert – Überbleibsel aus dem letzten Jahrhundert, als in Kåfjord reiche Kupfervorkommen ausgebeutet wurden. Die feuchten Löcher im Fels brüten Myriaden von Mücken aus, und schleunigst machen wir uns wieder auf den Weg der Baumgrenze entgegen, die nach insgesamt etwa 1 Std. 10 Min. überschritten wird. Froh, der Schwüle des Waldes entkommen zu sein, lassen wir uns auf einem Wiesenstreifen nieder und genießen das weite Panorama über den tief unten im Osten liegenden Altafjord sowie das südlich angrenzende, saftiggrüne Mattisdalen.

Verlief der Weg bisher parallel zum Kåfjord nach Norden, so wendet er sich jetzt serpentinenreich nach Westen, dem über Terrassen ansteigenden Bergland zu. Weiter und weiter wird das Küstenpanorama, bis es auf etwa 500 m Höhe (1 Std. 30 Min.) wieder langsam zusammenschrumpft. Direkt rechts klafft die Schlucht des **Manešjåkka,** und hier gabelt sich der Weg: wir folgen nicht dem nach rechts abzweigenden und mit einem roten ›T‹ markierten Pfad, sondern vielmehr der nach links führenden Fahrspur, die bald darauf einen Bogen nach Südwest beschreibt und einen weiten Ausblick auf das teilweise ganzjährig verschneite Küstengebirge gewährt. Weit voraus hebt sich eine weiß bezogene Felspyramide gegen den arktischen Himmel ab, und auf ihrer Spitze glauben wir, ein Gebäude ausmachen zu können. Der Blick durch den Feldstecher bringt Gewißheit: dort oben thront der Turm des ehemaligen Observatoriums, von dem uns jetzt, auf einer Höhe von ca. 550 m, noch rund 1¾ Std. trennen. Der Gedanke an den Aufstieg bringt Unbehagen, aber das wird erstmal von der Freude darüber verdrängt, daß der Weg, der sich jetzt durch blühende Matten schlängelt, nur noch geringe Steigung macht.

Nach etwa 2 Std. 10 Min. ist eine Höhe von 620 m erreicht, und der ganze Weg bis hinauf zum Gipfel liegt als dunkler Schatten vor uns. Aber erst einmal führt die noch immer breite Spur in die Mulde hinunter, aus der die mit Gesteinsschutt bedeckte Flanke des Lille Halden aufragt. 10 Min. später sind wir auf 570 m abgestiegen und queren den in der Muldenmitte verlaufenden **Bach,** der den rechts liegenden Doppelsee Annasvatnet und Lundstraumvatnet speist.

350 m über uns schimmert der Turm des Observatoriums als Vision einer überirdischen Bergfestung. Langsam und heftig atmend mühen wir uns den steilen Hang hinauf und verschwenden keinen Gedanken mehr ans mögliche Abkürzen des in Serpentinen verlaufenden Weges. Aber mit jedem Meter wächst das Gefühl, mit einer Schwebebahn in der Bergwelt unterwegs zu sein: auf 700 m Höhe öffnet sich ein herrlich-schöner Ausblick aufs Eismeer, auf 750 m rücken die ersten Farbtupfen von Alta ins Bild, auf 780 m blicken wir Richtung Süden über einen Paß aufs

Bei Alta: Alpine Bergwelt zwischen den Fjorden

weite Fjelland der Finnmarksvidda, 20 m höher liegt uns ganz Alta und der Fjord zu Füßen, und nochmal 50 m höher kann man im Südosten sogar die gewundene Furche des Alta-Cañons (s. Wanderung Nr. 11) deutlich ausmachen.

Die letzten Meter schraubt sich der Weg spiralförmig um die Flanke herum zum Gipfel, und endlich, nach insgesamt etwa 3½ Std., stehen wir auf 890 m Höhe vor dem 1912 erbauten, zweigeschossigen **Gebäudekomplex,** in dem früher die hier tätigen Wissenschaftler wohnten. Doch bevor wir das erreichte Ziel erkunden, gönnen wir uns eine verdiente Rast und auch reichlich Wasser, das direkt unterhalb eines Flachbaus neueren Datums (darin u. a. ein WC) aus einer Holzleitung in ein Brunnenloch fließt. Die Erschöpfung weicht der Entdeckungslust, und neugierig spähen wir durch die Glasfenster des ehemaligen Wohntraktes, der in Zukunft zu einer bewirtschafteten ›Jausenstation‹ ausgebaut werden soll.

Blick auf den Lille Halden

17 m oberhalb, auf dem Pyramidengipfel, thront der Turm des ersten **Nordlicht-Observatoriums** der Welt, der früher mit dem Wohntrakt durch einen Tunnel verbunden war. Beide Gebäude wurden im Jahre 1899 auf Betreiben des Wissenschaftlers Kristian Birkelund errichtet, der von hier aus die Höhe der Nordlichter vermaß und beweisen konnte, daß die ›Geisterfackeln‹ (s. S. 16 ff.) keinen direkten Einfluß auf das Wettergeschehen nehmen – wie seinerzeit noch vermutet wurde. Aber für die Norweger hat das Observatorium noch eine andere, symbolische Bedeutung, denn von hier aus unterhielten Nazigegner im Zweiten Weltkrieg Funkkontakt mit der Exilregierung in England, wofür sich die deutschen Truppen beim Rückzug 1945 rächten: Die Beobachtungsstation wurde bis auf die Grundmauern zerstört und erst 1983 (teilweise mit deutschen Mitteln) wieder als Wanderherberge aufgebaut.

Die Turmpforte ist verriegelt, und wer sich nicht in Alta den Schlüssel besorgt hat, der muß mit einem Blick durchs Fenster vorliebnehmen: Wir sehen einen großen, holzgetäfelten Raum mit mehreren Betten, Tisch und Stühlen sowie einer Kochecke und können uns ausmalen, was für ein Erlebnis es sein muß, hier im Winter von drinnen nach draußen zu blicken, wenn *Aurora borealis* mit geisterhaften Lichtbögen gegen die weißen Silhouetten der Berge brandet. Aber jetzt ist Sommer, und der hat andere Reize. So setzen wir uns in einen windgeschützten Winkel und betrachten die Komposition von weißen Gipfeln und blühenden Matten, die die geniale Pinselführung des Schöpfers mit Sonnenstrahlen in den Luftraum gemalt hat. Nur unwillig reißen wir uns schließlich von dem phantastischen 360°-Panorama los, um wieder zur Küste abzusteigen.

11   Zum größten und tiefsten Cañon Nordeuropas

Wenig anstrengende Wanderung durch die Finnmarksvidda zum Alta-Cañon.

Dauer/Länge: Mit Rückweg ca. 4 Std., ca. 16 km.

Wegverlauf/Entfernungs-/Höhenangaben: Parkplatz (410 m) – Seeablauf (30 Min., 450 m) – Bach (15 Min., 440 m) – Cap'pesjåkka (45 Min., 440 m) – Cañon (25 Min., 330 m).

Wegbeschaffenheit: Schmale Pfade über Hochheide, teils morastig (Frühsommer), teils felsig; zwei Bäche, im Frühsommer müssen auch mehrere Schneebrücken gequert werden.

Orientierung: Der Pfad ist nur sporadisch mit roten Farbklecksen markiert, aber stets gut sichtbar; kaum Orientierungsprobleme.

Kartenmaterial: Topographische Karte Gargia, Nr. 1934 IV; 1:50 000 (vom Pfad sind nur die ersten 2 km eingezeichnet);

erhältlich im Buchhandel in Alta an der Hauptstraße gegenüber Esso-Tankstelle.

Mitternachtssonne/Wanderzeit: 18. 5.–24. 7. (Alta). Möglich ab Anfang Juni; Mitte Juli sind die Schneebrücken abgeschmolzen, die zu querenden Bäche nahezu ausgetrocknet, und der Boden ist weniger morastig; ideal im Herbst (ab Ende August), wenn sich die Fjellbirken einfärben und die Mückensaison beendet ist (Beginn etwa Mitte Juli).

Information/Angeln: *Gargia Fjellstue,* Gargia/Alta, ✆ 0 84/3 33 51 oder *Alta Reiselivslag* ✆ 0 84/3 40 51 oder 3 70 99; der Altaelva gilt als eines der besten Lachsgewässer der Welt.

Ausrüstung: Grundausstattung; im Frühsommer bis etwa Mitte August Gummistiefel, sonst Trekkingschuhe, eventuell zusätzlich Turnschuhe für die Bachquerung. Lebensmittel in Alta, warme und kalte Mahlzeiten in der Gargia Fjellstue.

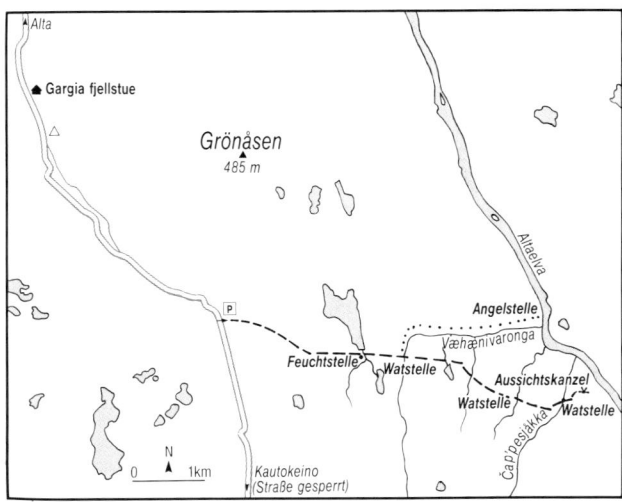

Route 11

Hütten-/Zelttour: Keine Hütten; Stellplätze fürs Zelt in Fjellmulden am Weg, aber nicht direkt am Cañon.

Anfahrt: Von Alta auf die R 93 Richtung Kautokeino, bei km 8 den Schildern nach Gargia folgen, 17 km; an der Fjellstue vorbei, weiter für etwa 4,5 km auf Schotterpiste bis zu einem links liegenden Parkplatz. Öffentliche Verkehrsmittel s. Wanderung Nr. 10; die Gargia Fjellstue sowie das gesamte Gargia-Tal sind mit öffentlichen Verkehrsmitteln nicht erreichbar.

Unterkunft: Zahlreiche Campingplätze (Hüttenvermietung) und Hotels in Alta. Zu empfehlen ist die Gargia Fjellstue mit Zimmer-/Hüttenvermietung nahe dem Ausgangspunkt der Wanderung; im Bereich der Fjellstue mehrere Stellplätze für Wohnmobil/Wohnwagen und Zelt.

Für Kinder: Geeignet (auch in der Trage oder huckepack), aber bis Mitte August sind die Feuchtstellen und zu querenden Bäche zu tief für kurze Beine (tragen). Am Aussichtspunkt in den Cañon besteht Absturzgefahr!

Mountain Bike: Nicht geeignet.

Anmerkung: Für Wohnwagengespanne und größere Wohnmobile sind die letzten 4,5 km zum Ausgangspunkt nicht befahrbar; parken an der Gargia Fjellstue, zu Fuß zum Parkplatz (330 m Höhenunterschied, ca. 1 Std. je Weg).

Die romantisch in ein waldreiches Tal eingebettete Gargia Fjellstue liegt am Weg zum Ausgangspunkt der Wanderung, und gerne nutzen wir die Möglichkeit, im rustikal eingerichteten Café ein ausgedehntes Frühstück einzunehmen und uns vom (auch Deutsch sprechenden) Sohn des Hauses die Geschichte des Alta-Staudamm-Projektes erläutern zu lassen (s. S. 36), dem beinahe unser Wanderziel, der Alta-Cañon, zum Opfer gefallen wäre. Zahlreiche Fotos stimmen auf die Fjelltour ein,

und wer die topographische Karte der Region nicht im Gepäck hat, kann hier einen Blick darauf werfen, sich den Wegverlauf einprägen.

Die hinter der Fjellstue beginnende Piste ist steil und schmal, aber von PKWs und kleinen Wohnmobilen durchaus befahrbar. Sie führt aus dem Gargia-Tal hinaus, der Wald liegt hinter uns, und dann sieht man auch schon linkerhand den kleinen und mit einer Mülltonne ›gekennzeichneten‹ **Parkplatz.** Hinweisschilder oder Markierungen suchen wir vergebens, aber der von hier Richtung Osten ins Fjell laufende Weg ist nicht zu verfehlen. Nach etwa 30 Min. endet die mit Steinen bedeckte und konstant sanft ansteigende Spur vor dem **Ablauf** eines linkerhand auftauchenden Sees.

Auf den folgenden Metern kann man sich schnell nasse Füße holen, und entsprechend vorsichtig queren wir die Feuchtstelle, die in einen deutlich sichtbaren Trampelpfad übergeht. Ein niedriger Buckel schließt sich an, und oben öffnet sich ein weites Panorama über das von den Gletschern der Eiszeit glattgehobelte Plateau der Finnmarksvidda: rauhe Heidelandschaft – einsam und eintönig, doch

niemals langweilig. Erst auf den zweiten Blick gewahren wir voraus, Richtung Osten, den steil abfallenden Rand einer gewaltigen Furche, die sich wie eine dunkle Riesenschlange durch das von hellen Felsfarben geprägte Land nach Norden windet: der Alta-Cañon.

Ein paar Minuten später, in einer sanft abfallenden Mulde, gabelt sich der Weg: Der links abzweigende Pfad hat den Altaelva zum Ziel und wird hauptsächlich von Lachsanglern frequentiert. Wir hingegen wählen den geradeaus verlaufenden, sehen bald darauf die ersten roten Farbkleckse und dann, nach insgesamt etwa 45 Min., den **Bach,** der zu queren ist. Ungefähr ab Mitte Juli läßt sich das Hindernis auf Steinen überwinden, im Frühsommer hingegen heißt es, für rund 5 m durch das maximal knietiefe und eiskalte Schmelzwasser zu waten. Von jetzt an ist der (in spitzem Winkel auf den Cañon zulaufende) Weg sporadisch mit roten Farbtupfen markiert, stets breit und ausgetreten und nicht zu verlieren.

Ein paar Feuchtstellen müssen umgangen werden, nach etwa 10 Min. (ab Bachbett) umrunden wir einen rechts liegenden See und stehen schließlich, nach insgesamt

rund 90 Min. vor der ca. 20 m breiten und 4 m tief eingeschnittenen Felskluft des **Čap'pesjåkka,** über die bis Mitte Juli eine (vorsichtig zu querende) Schneebrücke ihr weißes Band spannt. Weitere 10 Min. später läuft der Weg auf ein abschüssiges Felsband zu, über das ein Bach hinabplätschert. Ein direkt am Ufer angebrachter Farbklecks schickt die meisten Wanderer in die Irre: nicht hier muß das Felsband überquert werden, sondern ein Stückchen tiefer, wo gegenüber, am Hang einer leichten Anhöhe, der Pfad wieder sichtbar wird. Steiler und steiler fällt das Land in die voraus klaffende Furche ab, und nachdem wir etwa 70 m abgestiegen sind, schlängelt sich der Weg durch einen Birkenhain, in dem er schließlich abrupt vor einem Lattenzaun endet.

Wir stehen am Rand des gewaltigen **Alta-Cañons.** Über 300 m fällt der Blick nach unten auf das Wasserband des Altaelva, der hier von senkrecht aufragenden Schluchtwänden eingeschnürt wird und sich in eine weiß dampfende Schnelle verwandelt. Richtung Süden tritt die säumende Felsbastion keilförmig zurück, und nach Norden, dem Eismeer zu, rufen Verwerfungslinien die optische Täuschung eines Tunnels hervor, dessen Gewölbe durch den Himmel geschlossen wird. Der Anblick ist so phantastisch, daß wir uns einen Augenblick lang fragen, ob er Wirklichkeit ist. Aber da dröhnt das Poltern eines Steinschlags zu unserem Logenplatz herauf und verleiht der Erscheinung Leben. Millionen Jahre der Erdgenese stehen hier in Form übereinander geschichteter Gesteinslagen unverhüllt vor uns. Und da gab es wirklich kühne Ingenieure, die davon träumten, dieses monumentale Naturmuseum in den gestauten Wassern des Alta-Flusses zu ertränken.

Der Alta-Cañon – vor dem »Ertrinken« gerettet

Einfacher Spaziergang zu einer Felspforte, durch die um Mitternacht die Mitternachtssonne scheint; Ausblick auf das berühmte Felshorn von Hornvika am Nordkap.

Dauer/Länge: Mit Rückweg ca. 40 Min., ca. 2,5 km.
Wegverlauf/Entfernungs-/Höhenangaben: Campingplatz – Kirkeporte (ca. 20 Min.), Höhenunterschied nur etwa 50 m.
Wegbeschaffenheit: Schmale, teils erdige, teils steinige Pfade.
Orientierung: Völlig problemlos.
Kartenmaterial: Überflüssig.
Mitternachtssonne/Wanderzeit: 13. 5.–29.7. Anfang Juni bis Ende August.
Information/Angeln: *Nordkapp Reiselivslag*, Honningsvåg, ✆ 0 84/7 35 43; keine Angelscheine.
Ausrüstung: Keinerlei Ausrüstung erforderlich; Turnschuhe sind ausreichend.
Anfahrt: Von der Straße Honningsvåg – Nordkap 13 km vor dem Kap der Abzweigung nach Skarsvåg folgen; weiter bis zum Campingplatz Kirkeporten, dem Ausgangspunkt. Honningsvåg wird von Alta, Berlevåg, Kirkenes, Hammerfest und Tromsø direkt angeflogen; Busverbindungen aus Richtung Alta, Hammerfest und Lakselv. Von Honningsvåg aus einen der mehrmals täglich zum Nordkap verkehrenden Busse nehmen und an der Abbiegung nach Skarsvåg aussteigen, ca. 3 km bis zum Ausgangspunkt.
Unterkunft: Zimmervermietung in Skarsvåg, Hüttenvermietung auf dem Campingplatz Kirkeporten.

Für Kinder: Problemlos.
Mountain Bike: Ungeeignet.

Auf der Nordkap-Insel, wo die Sonne nicht untergeht, pflegen die ausländischen Besucher die Sitte, insbesondere in den Stunden um Mitternacht, auf die Jagd nach ›Augen-Blicken‹ zu gehen. So auch zur Kirkeporte, ja insbesondere dort hin, denn bei dem ›Portal‹ handelt es sich um eine mehrere Meter durchmessende Höhlung in einer vorspringenden Felswand, durch die zur Zeit der Sommer-Tag-und-Nacht-Gleiche die Sonne beobachtet werden kann. Und zwar genau dann, wenn sie zwischen 0 und 2 Uhr um das Kap herumgewandert ist und sein Wahrzeichen, das

Auch das Nordkap ist mit der Welt verbunden

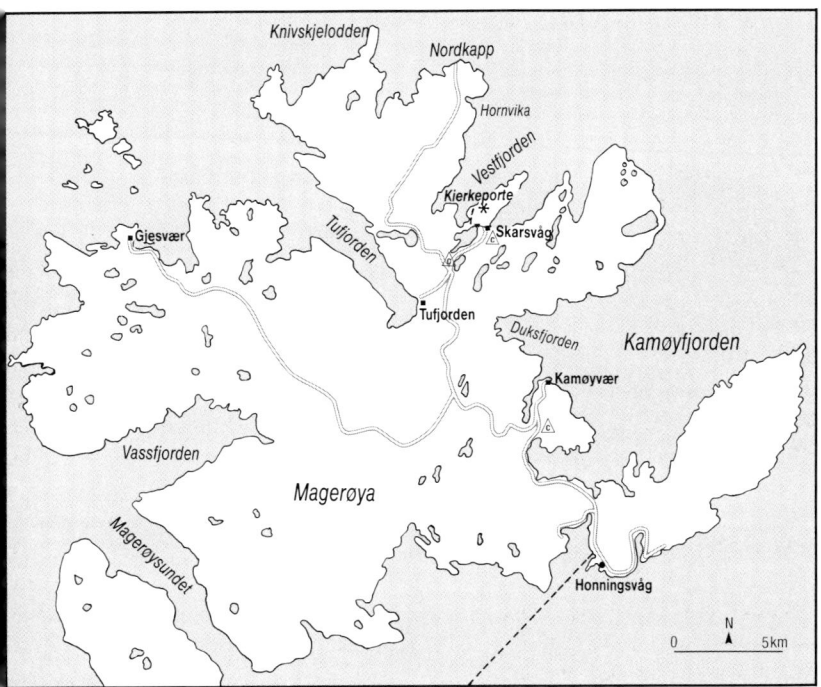

Route 12

Horn von Hornvika, in ein flammendes Feuerschwert verwandelt. Das sieht prächtig aus, und entsprechend spaziert man in manchen Nächten auch wie in einer Prozession hierher. Dann sind die Kirkeporte und das Horn Motiv, und unentwegt klacken die Fotoapparate und surren die Videokameras. Wer diesen entrückten Punkt der Welt mit Muße betrachten will, der sollte vor 23 Uhr oder nach 2 Uhr eintreffen.

Sonst ist zu dieser Wanderung, besser: zu diesem Spaziergang, nicht viel zu sagen, denn der Weg ist leicht gefunden und schnell beendet. Er beginnt als breiter und weithin sichtbarer Trampelpfad am Hang rechts neben dem **Campingplatz** Kirkeporten, führt auf eine etwa 50 m hohe Anhöhe hinauf und auf der anderen, dem Vestfjord zugewandten Seite wieder nach

halb rechts hinunter. Das Land ist genauso mager, wie man es sich auf einer Insel mit Namen *Magerøya* (›die magere Insel‹) vorstellt. Hier wächst kein Baum und Strauch, und nur vereinzelt klammern sich Moospolster an den nackten Fels, der hauptsächlich aus Granit und Schiefer besteht. Das Organische ist auf ein Minimum reduziert, und entsprechend vielfältig sind die Formen.

Wie ein Fischleib mit gekrümmtem Rückgrat liegt das Tafelland des Nordkaps über dem Eismeer. Keine sichtbaren sedimentären Ablagerungen, nur homogenes Grau und Braun, dem am Ostrand, wie ein Sporn, das Horn von Hornvika aufgesetzt ist – Wahrzeichen vom Ende der Welt, steil, spitz und sagenhaft. Wenden wir uns nach Westen, erblicken wir vegetationslose Schrägen, die scheinbar

109

Kunst am Kap für den Frieden in der Welt

ins Meer fließen, wohingegen hier, an der vorspringenden Wand der **Kirkeporte,** die Sedimente offen zutage treten und eine Skulptur aus horizontalen und vertikalen, kreuz und quer verlaufenden Schichtungen bilden. Hier war der Schöpfer als Bäckermeister tätig, und sein Werk erinnert an einen gigantischen Baumkuchen, in den ein Riesenkind ein Loch gebohrt hat – das etwa 3 m durchmessende ›Portal‹, aus dem heraus wir einen erhabenen Ausblick genießen, der vom gelbrötlichen Lampion der Mitternachtssonne illuminiert wird.

13   Berlevåg – am Ende der Welt

Wanderung über Eismeer-Strände zum Tanahorn und durch das Innere der Halbinsel von Berlevåg, eine der unwirtlichsten Regionen Lapplands.

Dauer/Länge: ca. 3 Std. 45 Min., ca. 10 km.
Wegverlauf/Entfernungs-/Höhenangaben: Parkplatz – Skånsvik (10 Min.) –
Strand am Tanahorn (1 Std. 45 Min.) – Paß (20 Min., 220 m) – Straße nach Store Molvik (1 Std.) – Parkplatz (30 Min.).
Wegbeschaffenheit: Am Strand sandig und steinig, mehrere Felspassagen; steiler Aufstieg zum Paß auf rutschigen Pfaden, sanfter Abstieg zur Straße über Wiese und Moospolster.
Orientierung: Problemlos.

Kartenmaterial: Topographische Karte Berlevåg, Nr. 2336 I, erhältlich im Papierwarengeschäft (Mo–Fr geöffnet) von Berlevåg; die Route ist nur teilweise eingezeichnet.

Mitternachtssonne/Wanderzeit: 14. 5.–28.7. Möglich Mitte Juni bis Mitte September, ideal ab Mitte Juli, wenn die Schneeschmelze größtenteils beendet ist.

Information/Angeln: Im Fischerheim am Hafen hat die Kommune ein kleines Fremdenverkehrsamt eingerichtet, das von sehr kompetenten Schweizern geleitet wird. Hier auch Auskunft über Angelreviere und -scheine: *Fiskernes Velferdskontor,* ☎ 8 14 27, Mo–Sa von 10–18 Uhr, So von 11–18 Uhr; 15. 5.–30. 9. Sehr beliebt bei Lachsanglern ist der Kongsfjordelva.

Route 13

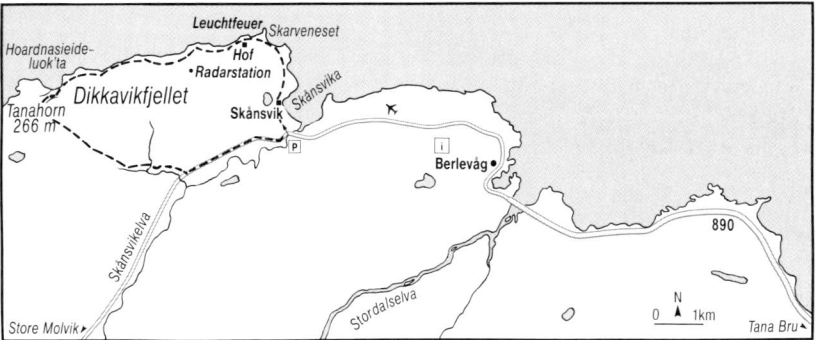

Außerdem der an der Strecke nach Berlevåg gelegene Tanaelva (einer der besten Lachsflüsse der Welt, der beste Europas!), an dem der Tages-Angelschein 150 NOK kostet; Verkaufstellen am Storfossen- sowie Skipagurra-Campingplatz in Tana, ☎ 0 85/2 90 18 und 2 87 46 kann man Informationen über Angel-Bootstouren abrufen.

Ausrüstung: Grundausstattung; Trekkingschuhe sind besser geeignet als Gummistiefel (insbesondere ab Mitte Juli). Lebensmittel in Berlevåg, kalte und warme Mahlzeiten (sehr günstig und lecker) im Café, das dem Fremdenverkehrsamt angeschlossen ist.

Hütten-/Zelttour: Am Strand unter dem Tanahorn könnte man ein Zelt aufschlagen, aber ab Mitte Juli ist dort kein Trinkwasser mehr vorhanden.

Anfahrt: Berlevåg ist 135 km (Sackgasse) von der E 6 entfernt (in Tana auf die R 890 abbiegen), und diese Fahrt führt durch die wohl spektakulärste Tundra-Hochebene

von Lappland und über einen Paß (325 m), der selbst Anfang Juli noch von meterhohen Schneewehen gesäumt sein kann. Die folgende Küstenstrecke bis Berlevåg ist nicht minder atemberaubend: nirgends in Europa kann man von einer Straße aus solch unwirtliche Felslandschaften bewundern. Wir folgen der Hauptstraße durch Berlevåg hindurch, passieren nach ca. 2 km den Flughafen und queren 1 km weiter eine Flußbrücke, hinter der ein Fahrweg nach rechts abzweigt; hier können wir parken.

Berlevåg wird nur von Kirkenes, Hammerfest, Alta und Honningsvåg aus direkt angeflogen, kann aber mit Umsteigen problemlos von den meisten Flughäfen in Nordnorwegen und auch von Oslo, Trondheim, Bergen aus schnell erreicht werden. Direkte Busverbindungen bestehen nur von Tana Bru aus, Tana Bru wiederum ist aus Richtung Alta und Kirkenes zu erreichen sowie mit Umsteigen in Utsjoki auch von Inari und Rovaniemi aus.

Unterkunft: Das (einzige) Hotel in Berlevåg kann auch hohe Ansprüche befriedigen. Wildes Campen z. B. direkt am Ausgangspunkt der Wanderung möglich; im Fremdenverkehrsamt stehen heiße Duschen, ein Aufenthaltsraum mit Kamin, ein Café/Restaurant sowie eine Sauna bereit.

Für Kinder: Der erste, dem Strand folgende Abschnitt, ist unbedingt geeignet, während der zweite Teil, mit ein wenig Kletterei verbunden, zu hohe Anforderungen an kurze Beine stellt; auch das Hinauftragen ist nicht ganz unproblematisch.

Mountain Bike: Der Strand ist befahrbar, aber Spaß macht es nicht, sich durch den z. T. sehr nachgiebigen Sand zu wühlen.

1   Bei Bognes am Tysfjorden (N) ▷
2   Am Kuusamojärvi bei Kuusamo (F) ▷▷

3   Bei Tjåmotis am Tjaktjajaure (S)

4 Bei Årrenjarka am Saggat-See (S)

6 Am Lemmenjoki (F) ▷

5 Riksgränsen (S)

7   Bei Skibotn am Nordmeer (N)

8 Bei Kåfjord am Nordmeer (N)

9 Rentierscheidung nahe der Tuottarstugorna im Padjelanta-Nationalpark (S)

10 Samen-Freilichtmuseum in Inari (F)

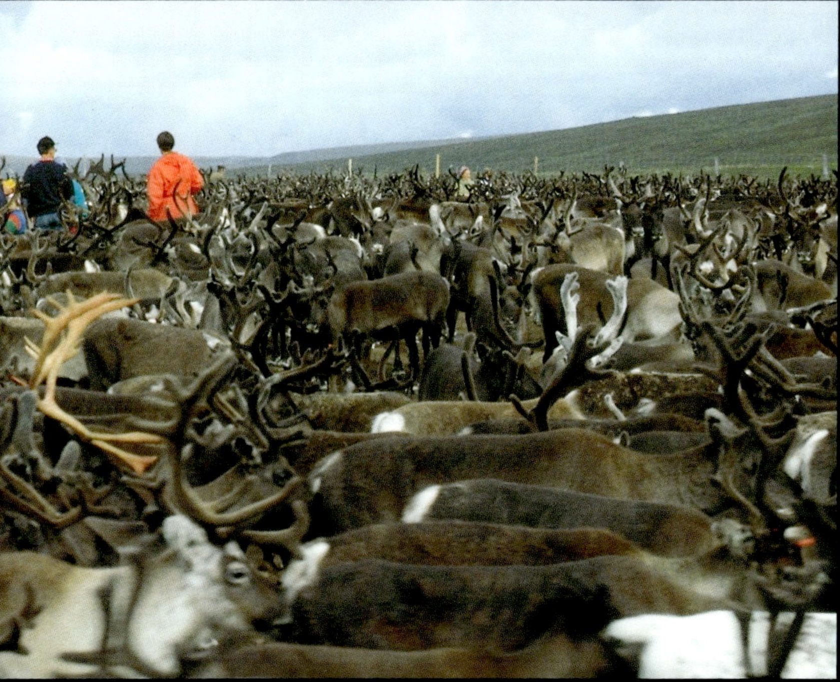

12 Tromsø (N) ▷

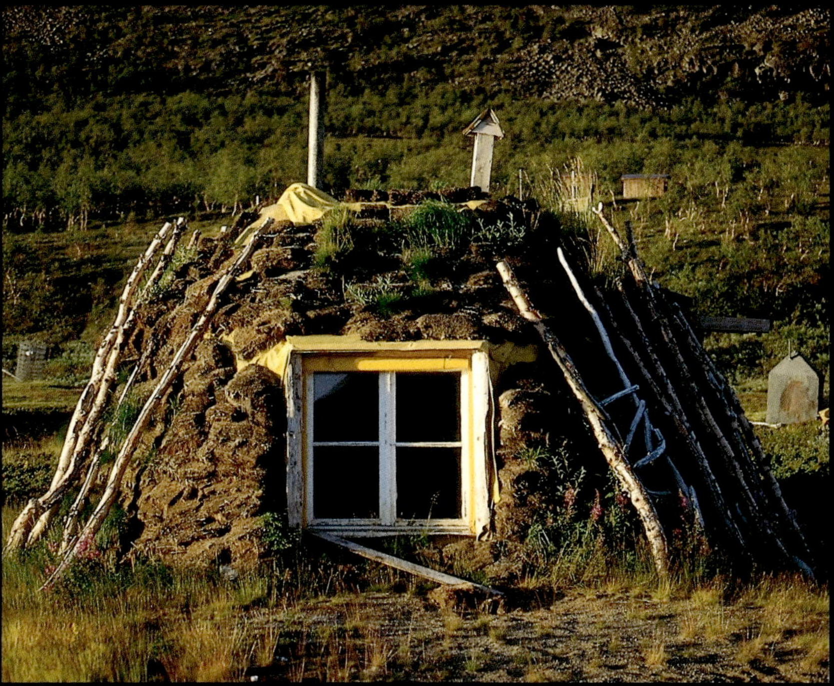

11 Samenkåta am Pletsaure (S)

13 Im Dividalen-Nationalpark (N)   15 Blick vom Tromsdalstind auf die Lyngen-›Alpen‹ (N)

14 Der Lulep Kjerkau mit dem Langas-See (S)

A B C

D E F

G

H I

Nachdem wir bei der Auswahl des **Park-platzes** am Ausgangspunkt der Wande-rung größte Vorsicht haben walten lassen (sandiger Untergrund!), folgen wir dem Fahrweg, der uns über eine windzerzauste Tundraebene nach **Skånsvik** führt. Abge-sehen von ein paar herumstreunenden Schafen finden wir keinerlei Hinweise auf die Anwesenheit von Lebewesen, und angesichts der abweisend, ja drohend wir-kenden Landschaft fragen wir uns unwill-kürlich, wie überhaupt jemand auf die Idee hat kommen können, hier Häuser hinzusetzen. Der Blick nach Norden wird von einem langgestreckten Bergrücken versperrt, einem über 200 m hohen Geröll-wulst von häßlichbrauner Farbe, auf des-sen gewölbtem Rücken zwei Radarkup-peln der NATO warzengleich thronen. Weit im Westen geht die Kältesteppe in die tausend Schutthügel des opalgrauen Svanefjellet über, und Richtung Osten endet sie in einer Kieselmoräne am Meer, an dessen Ufer man nach 20 Min. steht. Unzählige Raubmöwen schreien uns ihren Zorn entgegen und lassen sich erst nach minutenlangem Kreischen wieder auf den Strand nieder, der mit Schiefersplittern und Steinen, Tang und Treibgut bedeckt ist.

Die Radarkuppeln liegen jetzt links über uns, und wie wir sehen, steigt der Bergrücken nicht direkt aus dem Meer auf, sondern verläuft, durch steile Kerbtäler gegliedert, parallel zu einem 200 bis 400 m breiten und weit nach Westen reichenden Küstenstreifen, der auch unsere Richtung markiert. Der Dachfirst eines Einödhofes taucht am Ufer auf, schließlich der Hof selbst, eine Ansammlung halb verfallener Gebäude, die – in Umgehung eines Schaf-gatters – links passiert werden. Mal folgen wir der Strandlinie, mal dem deutlich sichtbaren Weg, der sich mehrfach um niedrige Felsbarrieren herumwindet, die wie Mauerreste quer über die Ebene ver-laufen. Reste sind es allemal, nämlich Rest-berge, die davon zeugen, welch giganti-sche Kräfte hier am Werk gewesen sein müssen, als sich der glaziale Eispanzer nach Süden schob und alles, was nicht ›granitfest‹ war, mit sich riß.

Rund 80 Min. sind vergangen, da wird der breite Weg zum schmalen Pfad, der sich in einen wahren Irrgarten aus bizarr geformten Felstürmen und Findlingen hineinschlängelt. Was zuvor schon im Kleinen zu bestaunen war, nämlich die baumkuchengleichen Gesteinsschichtun-gen der Felsen, das nimmt hier gewaltige Dimensionen an. Es vergehen fast 20 Min., bis das steinerne Labyrinth durchschritten ist, denn immer wieder verharren wir stau-nend vor einem skurrilen Bergfragment oder verlieren uns in den Anblick abstrak-ter Erosionsmuster.

16 Legenden zu den Pflanzenabbildungen

A (König) Karlszepter (Pedicularis sceptrum carolinum)
B Geflecktes Knabenkraut (Orchis maculata)
C Holunderblättriger Baldrian (Valeriana sambucifolia)
D Multebeeren (Rubus chamaemorus) mit Blaubeere (Vaccinium myrtillus)
E Trollblumen (Trollius europaeus) mit Wald-Storchenschnabel (Geranium silvaticum)
F Zweiblütiges Veilchen (Viola biflora)
G Schmalblättriges Weidenröschen (Chamaenerion angustifolium)
H Schmalblättriges Wollgras (Eriophorum angustifolium)
I Wald-Storchenschnabel (Geranium silvaticum)

Ein Schritt noch, und dann stehen wir am Rand einer 200 m langen Bucht (mit dem unaussprechlichen Namen Hoardna-sieideluok'ta). Der mit bunt gemaserten Steinmurmeln übersäte **Strand** geht land-einwärts in einen breiten Moosstreifen über, hinter dem ein Hang zu einem Sattel aufsteigt. Dieser markiert die Stelle, wo der parallel zur Küste verlaufende Berg-rücken mit dem schroff aus dem Meer stei-genden Tanahorn zusammenwächst. Wir sind am Nordzipfel der Berlevåg-Halb-insel angekommen und blicken über den Tanafjord hinweg auf das dunkle Tafel-land der gegenüberliegenden Nordkinn-halvøya, das derart drohend unter dem niedrigen Himmel liegt, daß uns unwill-kürlich eine Gänsehaut den Rücken hin-aufkriecht. – Es ist schaurig schön.

Wir machen uns an den Aufstieg zum **Paß,** finden ihn ziemlich steil, kommen aber dank der Pfade, die die Schafe getre-

ten haben, trotzdem gut voran. Nach etwa 20 Min. ist die Höhe genommen, und nach weiteren 5 Min. genießen wir ein 180°-Panorama über die Schutthügel des Svanefjellet und weit hinein in das von glattpolierten Felskuppen geprägte Hinterland von Berlevåg. Keine einzige Pflanze scheint das nackte Land zu schmücken, das eine prächtige Kulisse für einen apokalyptischen Film abgeben würde. Der Tanahorn wird zur Sphinx, die über eine

magische Welt wacht, in der Alpträume Wirklichkeit geworden sind. Jetzt, wo wir schaudernd hier oben stehen, wird verständlich, warum die Samen in vergangenen Zeiten am Tanahorn ihre Opfergaben niederlegten.

Das Wandern fällt angenehm leicht, denn Moos- und Wiesenpolster dämpfen den Schritt. Einen Pfad kann man hier nicht ausmachen, aber der Weg ist nicht zu verfehlen, so man sich leicht nach links hält, wohin der Sattel sanft abfällt. Nach 15 Min. gewahren wir im Osten den Funkturm von Berlevåg, dann erscheint das Meer in einem ständig größer werdenden Ausschnitt, und auch das Ziel, die Straße im Tal des Skånsvikelva, können wir schon deutlich im Südosten ausmachen. Dies soll unsere Richtung sein, und nach 15 Min. taucht im Tal ein einsames Haus auf. Ein Bach kommt uns von links entgegen, wir überqueren ihn und folgen seinem linken Ufer, an dem entlang wir nach insgesamt rund 3 Std. 15 Min. das Haus erreichen, das direkt an der **Straße** von Berlevåg nach Store Molvik liegt. Wir halten uns nach links und erreichen nach 30 Min. den **Parkplatz.**

Auch diese eiszeitlich geprägte Landschaft wird durch Straßen erschlossen

131

Finnland

14 Zum Saanatunturi, dem heiligen Berg der Samen

Einfacher, aber sehr steiler Aufstieg zum Wahrzeichen Nordwest-Finnlands; eine reine Panoramatour.

Dauer/Länge: Mit Rückweg ca. 3 Std., ca. 8 km.

Wegverlauf/Entfernungs-/Höhenangaben: Kilpisjärvi – Touristenstation (490 m) – Baumgrenze (15 Min., 580 m) – Gipfel (1 Std. 45 Min., 1029 m).

Wegbeschaffenheit: Überwiegend steinige Pfade, teilweise über Geröll.

Orientierung: Völlig problemlos.

Kartenmaterial: Wanderkarte Kilpisjärvi, 1:50 000; erhältlich in der Touristenstation ist (wie für Wanderung Nr. 15) nicht erforderlich.

Mitternachtssonne/Wanderzeit: 23. 5. – 21. 7. (Gipfel). Der Schnee liegt bis tief in

Gipfelpyramide auf dem heiligen Berg der Samen

den Mai hinein, erst Ende Juni beginnen die Birken zu knospen, im Juli und der ersten Augusthälfte können die Mücken das Wanderleben zur Qual machen. Dann kommt der Herbst, und die bis dato so tristbraun daliegende Tundra glüht zu einer Farbenpracht auf, die in Lappland ihresgleichen sucht. Wer es irgendwie einrichten kann, der sollte diese Region zwischen Mitte August und Mitte September besuchen – je später, je besser, weil bunter.

Information/Angeln: Kilpisjärvi-Touristenstation, Kilpisjärvi, ✆ 6 96/77 61; ganzjährig geöffnet. Hier können auch Angelscheine erstanden werden.

Ausrüstung: Grundausstattung, Ski- oder Wanderstock, warme Zusatzkleidung. Richtig beschuht ist man nur mit Trekkingschuhen! Kalte und warme Gerichte in der Touristenstation, Supermarkt beim Matkailuhotelli (ca. 3 km Richtung Muonio).

Hütten-/Zelttour: Im Bereich des Funkmastes direkt unter dem Gipfel lassen sich ein paar ebene Felsbahnen zum Aufstellen eines Zeltes finden; Brennholz ist keines vorhanden, Wasser kann man aus Schmelztümpeln schöpfen.

Anfahrt: Über die E 78, die Skibotn via Kaaresuvanto (Anschluß nach Kiruna/Gällivare) mit Muonio verbindet; die Strecke von Skibotn aus (43 km bis Kilpisjärvi) gehört zu den grandiosesten Bergstraßen in Lappland, die von Muonio aus führt durchs Hochfjell, und im Herbst kennen wir keine schönere Route als diese, auf der man dann zwischen den Jahreszeiten ›hin- und herspringen‹ kann: Im Fjell herrscht die Farbenpracht des Herbstes, auf den Bergen über Kilpisjärvi hat

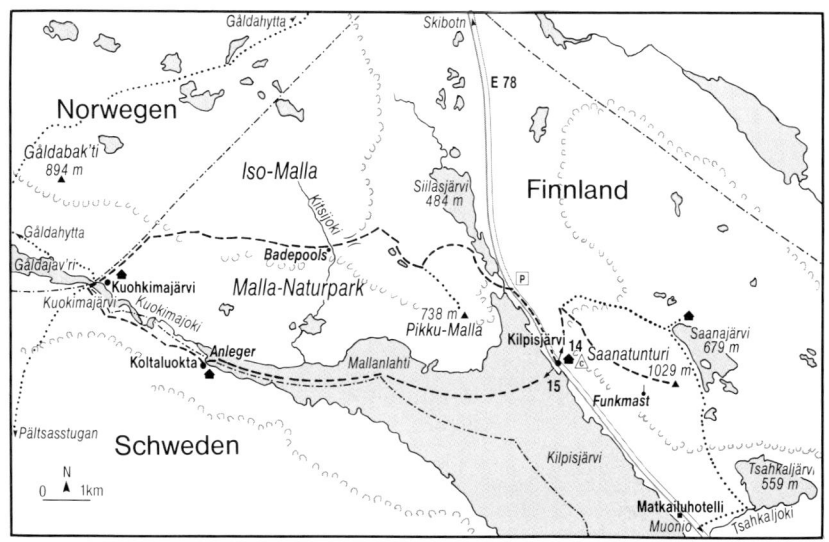

Route 14 und 15

bereits der Winter Einzug gehalten, und in Skibotn am Eismeer ist noch Sommer. Busverbindungen nach Kilpisjärvi bestehen von Skibotn, Karesuando, Muonio, Kittilä und Rovaniemi aus.

Unterkunft: Der Kilpisjärvi-Touristenstation ist eine Jugendherberge sowie ein Campingplatz angeschlossen, außerdem werden Holzhütten verschiedener Kategorien vermietet. – Alles ziemlich lieblos und steril. Wildcamp-Areale sind äußerst rar und erst im oberen Skibotndalen (Norwegen) lassen sich zahlreiche schöne Plätze finden.

Für Kinder: Es geht steilst hinauf und steilst hinunter, gibt kaum Abwechslung, nur Panorama – für Kinder dürfte diese Tour ziemlich anstrengend und auch langweilig sein.

Mountain Bike: Ungeeignet.

Anschlußwanderungen: Auf dem Rückweg vom Gipfel am Hinweisschild oberhalb der Baumgrenze nach rechts Richtung Saanajärvi abbiegen. Der Pfad ist durchgehend markiert, führt über baum-

lose Tundra an den See mit einer Wanderhütte (ganzjährig geöffnet). Zeitaufwand bis dahin (3,8 km) ca. 1 Std. Zurück über den gleichen Weg oder über den markierten Pfad am Ufer des Saanajärvi entlang und weiter zum Westufer des Tsahkaljärvi. Von dort aus (ca. 6 km ab Wanderhütte; 1,5 Std.) verläuft der Weg durchs Untergehölz zum Tsahkaljoki-Fluß, der über mehrere kleine Kaskaden zum Kilpisjärvi abfließt (1 km); dort stößt der Weg auf die Hauptstraße, bis zur Touristenstation sind es noch 6 km. Wanderkarte (s. o.) erforderlich.

Finnlands Nordwestzipfel, ein nur wenige Kilometer breiter See- und Tundraarm, wird im Norden und Westen von Norwegen, im Süden hingegen von Schweden begrenzt und galt bis zum Zweiten Weltkrieg als eine der einsamsten Regionen Lapplands. Erst die kriegführenden Deutschen nahmen 1941 den Bau einer ›Rollbahn‹ von Muonio ans Eismeer in Angriff, und diese Straße ist bislang auch die ein-

zige geblieben. Wer vom finnischen Muonio aus anreist, der hat 200 km Fjell-Einsamkeit vor sich, während die Distanz zum norwegischen Skibotn nur rund 43 km beträgt. Ziel aller Touristen, die den Weg hier hinauf finden, ist der 16 km lange Kilpisjärvi-See am Dreiländereck mit der gleichnamigen Touristenstation, die sich bei Finnen großer Beliebtheit erfreut: Die Fjellregion gilt als die stattlichste von Finnisch-Lappland, und der direkt am Westrand des rund 40 km² großen Sees aufragende Saanatunturi, ein langgestreckter und von den Samen einst als heilig verehrter Tafelberg, ist mit 1029 m zwar nicht ihre höchste Erhebung, aber mit Abstand ihre markanteste und auch am häufigsten bestiegene.

Ausgangspunkt für die Gipfeltour ist die am Fuß des Berges gelegene **Kilpisjärvi-Touristenstation,** auf deren Norwegen zugewandter Seite ein mit ›Saana 4 km, 2 Std.‹ beschilderter Pfad beginnt. Für die nächsten 15 Min. geht es in einer durch dichtes Birkengehölz gebahnten ›Gasse‹ hangaufwärts bis zur **Baumgrenze** bei rund 580 m Höhe. Hier gabelt sich der teils mit Dielen verstegte, teils über Stock und Stein führende Weg, und auch ohne Hinweisschild wäre es klar, daß man nach rechts abbiegen muß.

Es geht sofort steil hinauf, der mit Schotter und Geröll bedeckte Weg ist ausgetreten und deutlich sichtbar und bietet ein zusehends imposanter werdendes Panorama auf den silbernen Kilpisjärvi, die bräunlich-grüne Tundra und die weißen Gletscherhauben der Kaledonischen Gebirgskette, die im Nordwesten den Blick aufs Eismeer verstellt.

Vom Saanatunturi hat man eine beeindruckende Sicht auf den Saanajärvi

Nach insgesamt etwa 1 Std. und auf 840 m Höhe taucht die Zackenlinie der Lyngen-Alpen im Norden auf, und 40 anstrengende Minuten später erreichen wir eine Felsterrasse. Von hier aus, 1009 m hoch, präsentiert sich der schönste Ausblick auf den mehr als 530 m tiefer liegenden See und das Dreiländereck, während vom noch 5 Min. entfernten **Gipfel des Saanatunturi** die Sicht auf den Saanajärvi sowie die westlich und südlich angrenzenden Kältesteppen besticht. Ein paar Meter rechts der Gipfelpyramide (mit Briefkasten, darin das Gipfelbuch) rosten die Überreste einer deutschen Artilleriestellung aus dem Zweiten Weltkrieg vor sich hin, und man kann sich lebhaft vorstellen, was für eine Strapaze es gewesen sein muß, hier oben, wo es im Winter bis unter – 40 °C kalt werden kann, Soldat zu sein. Selbst jetzt, Anfang Juli, zeigt das Thermometer nur 4 °C über dem Gefrierpunkt an, und so weit der Blick auch reicht – lange halten wir es nicht aus, auf dieser windumtobten Felshöhe, auf der noch bis Ende des letzten Jahrhunderts die Samen ihren Göttern opferten.

Auf der topographischen Karte ist zwar ein direkt vom Gipfel zum Saanajärvi führender Wanderweg eingezeichnet, aber Markierungen finden wir keine, und alle in diese Richtung führenden Spuren verlaufen sich über kurz oder lang zwischen Geröllfeldern oder enden abrupt vor senkrecht abfallenden Felswänden. So steigen wir den gleichen Weg hinab, den wir auch gekommen sind und stehen etwa 45 Min. später an der Weggabelung oberhalb der Baumgrenze. Der rechts abzweigende Weg hat den 3,5 km entfernten Saanajärvi zum Ziel (s. Anschlußwanderung), während es links zur Kilpisjärvi-Touristenstation, dem Ausgangspunkt der Wanderung zurückgeht, die nach insgesamt etwa knapp 3 Std. beendet ist.

15 Auf Grenzpfaden zum Dreiländereck

Abwechslungsreiche, aber in keinster Weise mühselige Wanderung von Kilpisjärvi zum Gåldajav'ri, wo die Grenzen Finnlands, Norwegens und Schwedens zusammentreffen.

Dauer/Länge: ca. 5 Std. (davon 30 Min. Bootsfahrt), ca. 14 km (plus 9 km Bootsfahrt).

Wegverlauf/Entfernungs-/Höhenangaben: Kilpisjärvi-Touristenstation – Koltaluokta (Bootsfahrt; 30 Min., 473 m) – Dreiländereck (45 Min., 480 m) – Kuohkimajärvi (15 Min., 480 m) – Paß (2 Std., 700 m) – Hauptstraße (1 Std., 480 m) – Kilpisjärvi-Touristenstation (30 Min., 480 m).

Wegbeschaffenheit: Bis zur Baumgrenze hauptsächlich Waldwege, einige Feuchtstellen, danach über Bergheide, Steine, Geröll.

Orientierung: Problemlos.

Kartenmaterial: Wanderkarte Kilpisjärvi, 1:50 000; erhältlich in der Touristenstation, nicht erforderlich.

Mitternachtssonne/Wanderzeit: 26. 5.–18. 7. Mitte Mai bis Mitte August, wenn das Boot von Kilpisjärvi nach Koltaluokta regelmäßig verkehrt; außerhalb dieser Monate muß ein Boot gechartert werden. Im Juni und der ersten Julihälfte sind die Wege aufgeweicht und morastig, bis Anfang/Mitte August herrscht Mückensaison. Ideale Wanderzeit Anfang August bis Mitte September, wenn die Herbstfärbung das Land verschönt.

Information/Angeln: Kilpisjärvi-Touristenstation ✆ 6 96/77 61; ganzjährig geöffnet; hier können auch Angelscheine erstanden werden.

Ausrüstung: Grundausstattung, evtl. Ski- oder Wanderstock; bis Mitte Juli Gummistiefel, danach auch Trekkingschuhe. Kalte und warme Gerichte in der Touristenstation, Supermarkt beim Matkailuhotelli (ca. 3 km Richtung Muonio).

Hütten-/Zelttour: Unverschlossene Wanderhütte in Koltaluokta für vier Personen (recht ungemütlich) sowie am Kuohkimajärvi für sechs Personen (Geschirr, Schlafsack sind mitzubringen); in Kuohkimajärvi steht auch eine abgeschlossene Hütte (mit Sauna) zur Verfügung, der Schlüssel ist in der Touristenstation erhältlich. Als Zelttour nicht geeignet, im Bereich des Malla-Naturparks ist Zelten verboten.

Anfahrt: Über die E 78; die Skibotn (Norwegen) mit Muonio verbindet (s. auch S. 134 f.). Busverbindungen zwischen Kilpisjärvi und Skibotn, Karesuando, Muonio, Kittilä und Rovaniemi.

Unterkunft: Jugendherberge und Campingplatz (Hüttenvermietung) bei der Kilpisjärvi-Touristenstation (s. auch S. 135).

Für Kinder: Die abwechslungsreiche, mit einer Bootsfahrt kombinierte Wanderung kennt relativ wenig anstrengende Passagen und ist somit auch von Kindern zu bewältigen.

Mountain Bike: Ungeeignet.

Das Boot legt am Steg der **Touristenstation** ab (ca. 3 Gehminuten) und verkehrt nach finnischer Zeit (+ 1 Std.) um 10, 12 und 18 Uhr zu 40 FIM (hin und zurück 46 FIM), so mindestens vier Personen beisammen sind. Während der rund 30 Min. dauernden Fahrt können wir ein eindrückliches Panorama auf die norwegische

Mit dem Ruderboot erreicht man die Bake, die das Dreiländereck markiert

Hochgebirgswelt zwischen dem Dreiländereck und dem Eismeer genießen. Auch der Saanatunturi gibt sich denkbar fotogen, und so gehört das Summen der Videokameras und das Klacken der Fotoapparate zur Überfahrt ebenso wie der Lärm und Gestank des Motors. In **Koltaluokta**, am Westzipfel des Kilpisjärvi (wo das Boot 2 Std. liegenbleibt, bevor es zurückfährt), betreten wir schwedischen Boden, und unsere Mitpassagiere eilen so zügig zum Ziel ihrer Sehnsucht – dem Dreiländereck –, daß bald schon nur noch das Summen der Mücken an unser Ohr dringt, die hier wirklich wolkenweise aus dem angrenzenden Sumpfland aufsteigen.

Der Weg liegt klar und deutlich vor uns, passiert eine Wanderhütte sowie das Gatter eines Rentiergeheges und läuft als breiter Trampelpfad inmitten einer ständig sumpfiger werdenden Tundramulde geradeaus gen Westen. Nach 15 Min. tauchen wir in einen Birkenwald ein, rechts liegt der schilfgesäumte Kuokimajärvi, und nach insgesamt rund 45 Min. steht man am Ablauf des Gåldajav'ri vor einem Wegweiser. Links ab geht es zur ›Pältsastugan, 13 km‹, und wer sich aus **Dreiländerecks** etwas macht, der muß diesem Weg noch ca. 200 m weit bis zu einem Steg folgen. Dort liegt ein Ruderboot bereit, mit dem man direkt zur magischen Koordinate herausfahren kann, die durch eine gelbe Betonbake im Gåldajav'ri gekennzeichnet ist. Einmal rum, einmal anfassen und zurück.

Wen das nicht reizt, der folgt dem Wegweiser Richtung Gåldahytta auf Steinen über den Ablauf hinweg, hält sich am jenseitigen Ufer nach halb links und steht dann direkt gegenüber der vielbesuchten Dreiländerbake am Seeufer. Lange möchte man sich hier aber nicht aufhalten, denn das Terrain ist extrem morastig und auch entsprechend ›mückig‹. Ein paar Meter zurück auf gleichem Weg, dann links ab auf einen Trampelpfad, der – vorbei an einer weiteren Bake – direkt ans finnische Westufer des **Kuokimajärvi** führt, wo wir die gleichnamige Wanderhütte (mit Nottelefon) finden. Sie bietet Schlafplätze für sechs Personen, ist rustikal eingerichtet, auch überaus gemütlich, und entsprechend stark frequentiert.

Knapp 1½ Std. sind wir jetzt insgesamt unterwegs, und während der folgenden 30 Min. verläuft der Weg direkt entlang der Grenze zu Norwegen, die alle 2 m durch Holzpflöcke deutlich markiert ist.

Norwegische Berge spiegeln sich im finnischen See

Direkt oberhalb der Wanderhütte beginnt der Malla-Naturpark, und ein Schild erinnert daran, daß es in diesem (an seltener Flora überaus reichen) ›Totalreservat‹ verboten ist, den Weg zu verlassen, zu zelten oder Feuer zu machen. Den Weg verlassen will man bestimmt nicht, denn er ist von dichtem Birkenurwald und vereinzelten Mooren umgeben. Dann verläßt er die leicht zu begehende Grenzschneise und biegt nach rechts in das Birkendickicht ab. Das Laub der Kronen schließt den Himmel aus, es ist dumpf und stickig, und wie in einem richtigen Dschungel kriechen Schlingpflanzen an den dick bemoosten Stämmen empor, unter denen der Boden mit einem regelrechten Farnteppich bedeckt ist. Umgestürzte Stämme und Wurzeln erschweren den Marsch, der Pfad ist morastig und schlüpfrig und steigt im letzten Viertel auch recht steil bis auf 650 m an.

Diese Höhe markiert die Baumgrenze, die etwa 30 Min. nach Verlassen der Staatsgrenze überschritten wird. Wir stehen am Fuß des bis zu 900 m hohen Iso-Malla-Fjellmassivs und genießen ein weites Panorama über den Urwald, die Seenplatte des Dreiländerecks und auch über einen Zipfel des Kilpisjärvi; im Osten ragt die Felstafel des Saanatunturi ins Bild, dem im Westen der schwarze Dreizack des Sallorassa gegenübersteht. Der Weg liegt frei und offen vor uns, und wie wir mit Freude sehen, scheint er im Verlauf der folgenden Kilometer kaum noch Steigung zu machen. Nach wenig anstrengenden 15 Min. stehen wir vor einem recht breiten und auch tiefen Bach. Ein Überspringen ist unmöglich, und wer keine Gummistiefel trägt, der findet 50 m oberhalb eine Stelle, wo man das Hindernis trockenen Fußes überwinden kann. Die Höhe beträgt konstante 650 m, die Schritte werden vom nachgiebigen Boden gedämpft, und erst etwa 40 Min. nach Erreichen der Baumgrenze erfordern mehrere Geröllfelder Konzentration. Wenig später wird das obere Ende eines lichten Birkenhaines passiert, der Weg steigt an und verläuft während der folgenden Minuten als äußerst schmaler Saumpfad über mehrere Geröllfelder am gut und gerne zu 45° geneigten Felshang des Iso-Malla entlang. Dann liegt auch diese unangehme Passage hinter uns. Voraus rauscht der Kitsijoki-Bach über mehrere Katarakte und flache ›Badepools‹ zu Tal. Die Erfrischung tut gut nach den letzten Strapazen und vor der einzigen, die noch vor uns liegt: dem kurzen aber steilen Aufstieg zum 700 m hohen **Paß,** der den Iso-Malla vom östlich angrenzenden Pikku-Malla trennt.

Oben erwarten uns Fernblick und ein paar Überreste großdeutscher Geschützstellungen, die einst die Straße zum Eismeer ›sicherten‹. Rund 3 Std. 30 Min. sind wir jetzt insgesamt unterwegs, und noch ca. 1½ Std. liegen vor uns. Der Weg fällt sanft in eine Fjellmulde ab, wir passieren zwei kleine Seen und erreichen nach etwa 30 Min. einen hölzernen Wegweiser. Der sagt uns, daß wir seit dem Dreiländereck 8 km zurückgelegt haben, daß der weitere Weg geradeaus verläuft, und ein rechts abzweigender den 2 km entfernten Pikku-Malla zum Ziel hat. Aber mehr als Aussicht, die wir heute schon reichlich genossen haben, kann auch dieser 738 m hohe Berg nicht bieten, und so folgen wir dem geradeaus verlaufenden Weg, der nach Bewältigung mehrerer Querrillen im Fjell konstant zum Südzipfel des Siilasjärvi absteigt. Wir queren seinen Ablauf in den Kilpisjärvi (Brücke), verlassen den Malla-Naturpark, laufen noch ein kurzes Stück an einem Sumpfgürtel entlang, und erreichen schließlich die **Hauptstraße,** der wir nach rechts zur **Touristenstation** folgen.

16 Zwischen Taiga und Tundra – Der Pallas-Ounastunturi-Nationalpark

Relativ unbeschwerliche Viertageswanderung durch einen der höchsten Gebirgszüge Finnlands.

Dauer/Länge: ca. 15 Std. (die die meisten Wanderer auf vier Tage verteilen), max. 53 km, auch wenn manche Schilder und Broschüren von bis zu 64 km sprechen.
Wegverlauf/Entfernungs-/Höhenangaben:
1. Tag: Hotel Pallastunturi (454 m) – Himmelriiki (1 Std. 10 Min., 750 m) – Rihmakuru (1 Std. 45 Min., 350 m) – Nammalakuru-Wanderhütte (40 Min., 430 m).
2. Tag: Montellinmaja-Wanderhütte (20 Min., 520 m) – Vuontiskero (30 Min., 670 m) – Rentierzaun (20 Min., 540 m) – Lumikero (25 Min., 660 m) – Suaskuru (40 Min., 410 m) – Suastunturi (30 Min., 490 m) – Hannukuru-Wanderhütte (1 Std., 360 m).
3. Tag: Pahakuru-Wanderhütte (30 Min., 390 m) – Tappuri (1 Std. 10 Min., 520 m) – Abzweigung Ketomella (1 Std. 10 Min., 480 m) – Sioskuru-Wanderhütte (40 Min., 420 m).
4. Tag: Pyhäkero (1 Std. 20 Min., 711 m) – Café (50 Min., 380 m) – Rastplatz (15 Min., 360 m) – Ounasjärvi (1 Std. 15 Min., 280 m) – Enontekiö (Bootsfahrt, ca. 15 Min.).
Wegbeschaffenheit: Über Fjell und durch Wald, der Weg ist mal steinig, mal erdig, stark ausgetreten und oft mit Dielen verstegt.
Orientierung: Der Wanderweg ist mit Holzpflöcken überdeutlich markiert, es gibt keinerlei Orientierungsprobleme.
Kartenmaterial: Wanderkarte Hetta-Outtakka (1:50 000) sowie Pallas-Ollos (1:50 000); erhältlich in Enontekiö/Hetta (Supermärkte, Hotels, Kiosk), in Muonio (Buchladen/Supermarkt) sowie in der

Regel auch in Pallastunturi (Hotel/Info-stelle). Die Pallas-Ollos-Karte deckt nur die erste Wanderstrecke bis zur Nammala-kuru-Hütte ab, ist nicht unbedingt erforderlich.

Mitternachtssonne/Wanderzeit: 24. 5.–13. 7. (Höhenlagen). Als frühester Termin gilt Mitte Mai. Das Fjell gibt sich so früh im Jahr freilich noch sehr trist, denn erst gegen Mitte Juni schlagen die Birken aus. Aber Mitte bis Ende Juni formiert sich auch das Milliardenheer der Mücken, und mehr als 100 Wanderer machen sich täglich auf den Weg durch den Nationalpark. Mitte August sind die Mücken verschwunden, das Gros der Wandertouristen auch, und *ruska,* die herbstliche Farbenpracht, läßt nur noch wenige Tage auf sich warten, um die Landschaft im September in gelbe, goldene und schließlich rote Töne zu tauchen.

Information/Angeln: Nationalpark-Informationszentrum Pallastunturi, ☎ 96 96/24 51. Naturschutzwarte Enontekiö, ☎ 96 96/5 10 11. Fremdenverkehrsamt Muonio, Busbahnhof, ☎ 96 96/24 71 oder 26 05. Der Skipper auf dem Ounasjoki ist in Enontekiö unter ☎ 96 96/5 10 44 zu erreichen. Im Bereich des Nationalparks ist Angeln verboten; gutes Angelrevier um Muonio (Angelschein im Sportgeschäft Urheululiike Kolström, Muonio, ☎ 96 96/22 04) sowie bei Enontekiö (Angelschein im Hotel Hetta).

Ausrüstung: Grundausstattung; ein Ski- oder Wanderstock kann hilfreich sein, Wasserflasche ist ein Muß, denn im Sommer liegen oft 15 km zwischen den einzelnen Wasserstellen. Je nachdem auch Zelt- oder Hüttenausrüstung. Gummistiefel sind auch im Frühling unnötig, mit Bergschuhen kommt man gut durch. Lebens-

Endlich liegt die Nammalakuru-Wanderhütte vor uns

mittel müssen aus Muonio mitgebracht werden.

Hütten-/Zelttour: Gleich fünf Wanderhütten liegen am Weg (Lage und Größe sind auf den Wanderkarten genau eingezeichnet), die Distanz von einer Hütte zur anderen beträgt maximal 12,8 km, aber weil in der Saison kaum noch freie Schlafplätze zu ergattern sind, sollte man dann (15. 6.–15. 8.) unbedingt auch ein eigenes Zelt oder einen Biwaksack dabeihaben. Oder sich am Ausgangspunkt (Pallastunturi-Informationszentrum) den Schlüssel für die drei verschlossenen Hütten besorgen, die sich neben den zugänglichen Hütten befinden. An den neun Zeltplätzen liegt Brennholz bereit, und Feuerstellen sind eingerichtet.

Anfahrt: Südlich von Muonio (nahe der schwedischen Grenze) der Straße nach Kittilä für 12 km folgen und dann auf die nach Pallastunturi ausgeschilderte Straße abbiegen (noch 21 km). Parken vor dem Hotel und Informationszentrum. Muonio ist per Flugzeug nicht direkt zu erreichen; der nächste Flughafen liegt in Kittilä oder Enontekiö, und beide werden u. a. von Helsinki und Rovaniemi aus angeflogen. Busverbindungen bestehen u. a. von Rovaniemi, Sodankylä, Kittilä, Enontekiö, Karesuando, Kilpisjärvi und Skibotn; wer aus Richtung Inari anreist, muß in Sondankylä umsteigen. Von Muonio aus mehrmals täglich mit dem Bus zum Pallastunturi-Hotel (15. 6.–15. 9.).

Rückfahrt: Mit einem der mehrmals täglich verkehrenden Busse von Enontekiö nach Muonio und weiter nach Pallastunturi.

Unterkunft: Am Ausgangspunkt im (sehr empfehlenswerten) Hotel Pallastunturi; Preisnachlaß im Sommer möglich. In Enontekiö gibt es zwei Campingplätze, mehrere Hotels und zahlreiche Ferienanlagen (Hüttenvermietung).

Für Kinder: Die Wanderung ist lang, aber nicht sonderlich anstrengend, so daß sie auch für Kinder geeignet scheint.

Mountain Bike: Nicht geeignet.

Anschlußwanderungen: Sowohl im Bereich von Hetta/Enontekiö als auch um Muonio kann man problemlos einen ganzen Urlaub nur mit Wandern verbringen; auf den o. g. Wanderkarten sind alle möglichen Routen genauestens verzeichnet.

Anmerkung: Wenn gegen Ende Juni die Schmelztümpel und -bäche ausgetrocknet sind, gibt es – von den Hütten abgesehen – kaum Wasser auf der Strecke. Deshalb stets die Wasserflaschen füllen, wo immer das möglich ist.

Die anstehende Wanderung führt auf ihrer gesamten Länge durch den Pallas-Ounastunturi-Nationalpark mit einer langge-

Route 16 (1. Tag)

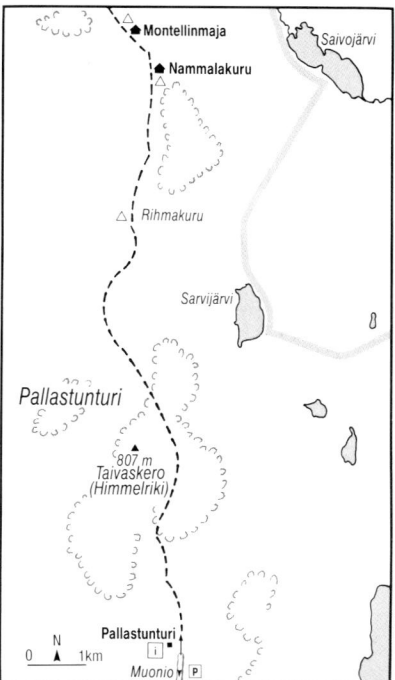

143

streckten und bis zu 800 m hohen Fjell-
kette, die die Wasserscheide zwischen den
Flußsystemen des Torniojoki und Kemijoki bildet und gleichzeitig als die höchste
Fjellgruppe der finnischen Nadelwald-
zone gilt. Die mächtigen grau-schwarz-
braunen Hügel tragen den Prägestempel
der Eiszeit und zeigen eine Vegetation, die
hauptsächlich aus Krustenflechten und
Moosen besteht. In den Talsenken gedeiht
zusätzlich das Zwerg-Ruhrkraut sowie die
nur wenige Zentimeter hohe Krautweide,
und die lichten, flechtenbehangenen Kiefernwälder weisen kaum Bodenbewuchs
auf. Die Moore sind nährstoffarm, nur
Zwergbirken und Multebeeren gedeihen
hier, während die Tierwelt hauptsächlich
mit Stech- und Kriebelmücken sowie mit
Stelzvögeln vertreten ist. In den Wäldern
trifft man vereinzelt auf Elche, Buchfin-
ken und Buntspechte, auch Sperbereule
und Habicht kommen vor, und auf den
Fjellkämmen lassen sich Schneeammer,
Mornell- und Goldregenpfeifer beobachten.

Ausgangspunkt für diese zwar recht lange,
aber dennoch ziemlich einfache Wanderung ist das **Hotel Pallastunturi** mit dem
benachbarten Informationszentrum des
Nationalparks, das in der Hauptsache
botanische, zoologische und geologische
Exponate ausstellt; eine auch auf Deutsch
vorgeführte Tonbildschau rundet das
Angebot ab. Nachdem wir uns so einge-
stimmt haben, machen wir uns auf den
Weg, der direkt links neben dem Informa-
tionsgebäude ausgeschildert ist und uns im
Verlauf der folgenden 4 km in ziemlich
gerader Linie bis auf 50 m ans ›Himmelreich‹ (**Himmelriiki**) heranführt, wie die
Finnen den 807 m hohen Taivaskero zu
nennen pflegen. Der Weg ist mit Holzpflöcken deutlich markiert, mehr steinig
als erdig, steigt steil an und trägt uns inner-

halb 1 Std. 10 Min. auf eine Höhe von
750 m, die mit einem Steinhaufen gekennzeichnet ist und auch den höchsten Punkt
der gesamten Wanderung markiert. Auf
einem steinigen Hochplateau umrunden
wir das links aufragende ›Himmelreich‹,
genießen nach rechts ein entsprechendes,
also himmlisches Panorama. Im Verlauf
der folgenden 1¾ Std. fällt der Weg zunächst sanft, im letzten Teil auch steil ab,
gewährt hier und da Panorama, passiert
auf 460 m Höhe einen kleinen Birkenhain
und erreicht schließlich die mit Birken
und Fichten bestandene **Rihmakuru-Tal-
mulde** (350 m), in der ein Rastplatz mit
Feuerstelle und kleiner Schutzhütte zu
einer Pause einlädt. Aber die erste Wanderhütte ist nur noch wenig mehr als
40 Min. entfernt, und so brechen wir bald
schon wieder auf. Sanfter Anstieg, gen
Westen überblicken wir größere Wald-
flächen, im Norden dominieren sanft
geschwungene Hügel, und nach 15 Min.,
knapp 430 m hoch, blicken wir voraus
auf die etwas tiefer und unterhalb eines
Gipfels gelegene **Nammalakuru-Wanderhütte** (Nottelefon).

Ein Wegweiser will uns weismachen, daß
wir 14 km von unserem Ausgangspunkt
entfernt sind, aber das kann nicht sein,
die auf der Karte eingetragene Distanz
(12,8 km) scheint glaubhafter, wie auch
die nach Hetta/Enontekiö, ans Ziel, nicht
44 km, sondern nur 40 km beträgt. Die
nächste Wanderhütte jedenfalls, **Montellinmaja,** ist nur 1,2 km entfernt, eine
Strecke, die man in 20 Min. bewältigen
kann. Von hier aus genießt man einen
schönen Weitblick über das von Taiga und
Tundra gleichermaßen geprägte Land im
Osten. 30 Min. später dann, an der Ostflanke des **Vuontiskero**, fällt der Blick auf
den Keräsjärvi zu unserer Linken und den
sich westlich anschließenden Waldgürtel,

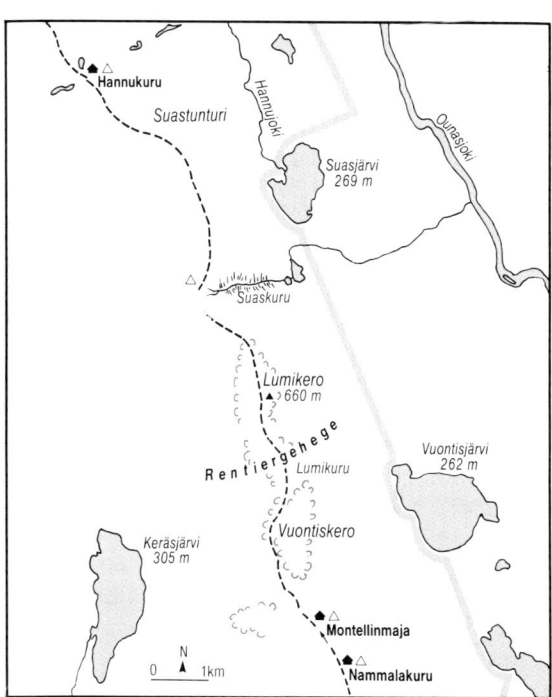

Route 16 (2. Tag)

bevor es in die Lumikuru-Mulde hinuntergeht, die den Vuontiskero vom Lumikero trennt. 50 Min. sind seit Montellinmaja vergangen, wir steigen auf bis 670 m, steigen wieder ab auf 540 m, überqueren auf dieser Höhe einen in der Mulde verlaufenden **Rentierzaun** mittels einer Treppe und erreichen nach etwa 25 Min. den 660 m hohen **Lumikero,** der von einem Steinhaufen gekrönt ist und ein bis an den (West-/Ost-)Horizont reichendes Panorama bietet.

Unser nächstes Ziel soll die rund 250 m tiefer gelegene **Suaskuru-Schlucht** sein. Nach 20minütigem Abstieg grüßen die ersten Birken, und 10 Min. später treten wir in einen dichten und urwüchsigen Birken-, Kiefern- und Fichten-Mischwald ein, in dem nach weiteren 5 Min. die nächste Feuerstelle erreicht ist. Ein kleiner Bach plätschert vorbei, vielstimmiger

Vogelgesang dringt aus dem Wald, Feuerholz ist in Massen vorhanden, und wer zelten, gleichzeitig auch seine Ruhe haben will, wird keinen geeigneteren Platz als diesen finden, der insgesamt etwa 5¾ Std. vom Ausgangspunkt entfernt ist und rund 5 km südlich von Hannukuru, der nächsten Wanderhütte, liegt.

Es geht hangaufwärts bis zum Bergkamm des **Suastunturi,** und von jetzt an führt der leicht zu begehende Weg stetig in einen bewaldeten Einschnitt hinunter, in dem man viele kleine silberne Seen ausmachen kann. Nach weiteren 50 Min. muß ein Bach auf einer Brücke gequert werden, und bis zur knapp über 360 m liegenden **Hannukuru-Wanderhütte** (Nottelefon) ist es nur noch ein kurzes Stück. Das Blockhaus schmiegt sich malerisch in die von Fjell, Wald, Moor und Seen geprägte Landschaft. Sogar eine Sauna ist

145

vorhanden (10 FIM), auch schöne Zelt-plätze, auf denen es zur Hochsaison aller-dings ziemlich laut zugeht.

Die folgenden 2 km bis zur Pahakuru-Wanderhütte kann man problemlos in weniger als 30 Min. bewältigen; es geht durch lichten, mit Teichen, Senken, Spal-ten und sogenannten Glockentürmen (kleine Kiesrücken) gespickten Wald, das Gelände ist stellenweise etwas unüber-sichtlich, aber die Markierungen führen sicher hindurch. Bestach Hannukuru durch eine malerische Lage, so bietet **Pahakuru** offene Fernsicht auf Wald, Fjell und Moore. Vor uns aber, in Marschrich-tung, erstreckt sich in endlosen Wellen nichts als grau-braunes, vegetationsloses Fjell, dem – ganz ähnlich wie der Wüste – jegliche Schärfe und Tiefe fehlt. Der Weg ist steinig, windet sich in langen Kurven um flachgehobelte Buckel herum, steigt konstant an, erreicht am **Tappuri,** den wir umrunden, etwa 520 m Höhe.

Ein einsames blaues Schild teilt nach etwa 70 Min. mit, daß es noch 5 km bis zum nächsten Nottelefon sind. Bald sieht man weit rechts die zu einem anderen Wanderweg gehörenden Tappuri-Hütten, wohin nach leichtem Abstieg ein aus-geschilderter Weg nach **Ketomella** ab-zweigt. Zwei Fjellgipfel müssen wir jetzt noch umrunden, steigen dazu bis auf etwa 500 m Höhe auf. Dann liegt im Tal des Siosjoki und direkt zu Füßen des 711 m hohen Pyhäkero die **Sioskuru-Wander-hütte** (Nottelefon) in einer lichten Wald-mulde unter uns.

Die letzte Etappe beginnt mit einer lang-gezogenen Steigungsstrecke – der letzten dieser Tour. Nach 5 Min. schon bleiben die Bäume zurück, nach 30 Min. haben wir 100 Höhenmeter bewältigt, und 50 Min. später ist der von einer Steinpyramide gekrönte Gipfel des **Pyhäkero** erklom-men. Das Panorama mißt 360°, und im Norden hebt sich der See Ounasjärvi ab.

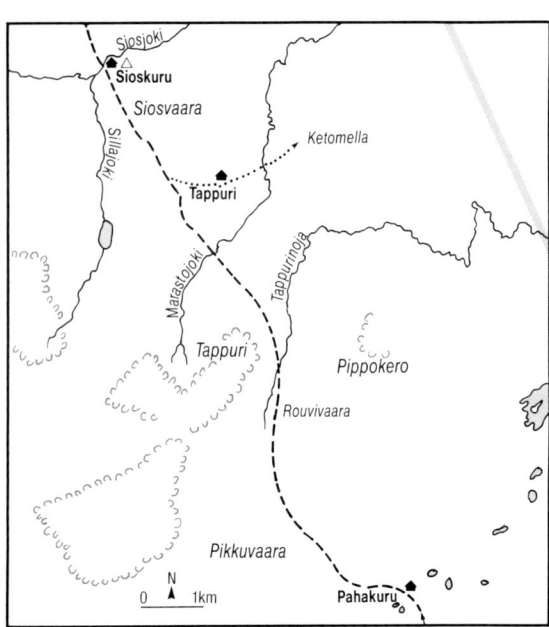

Route 16 (3. Tag)

146

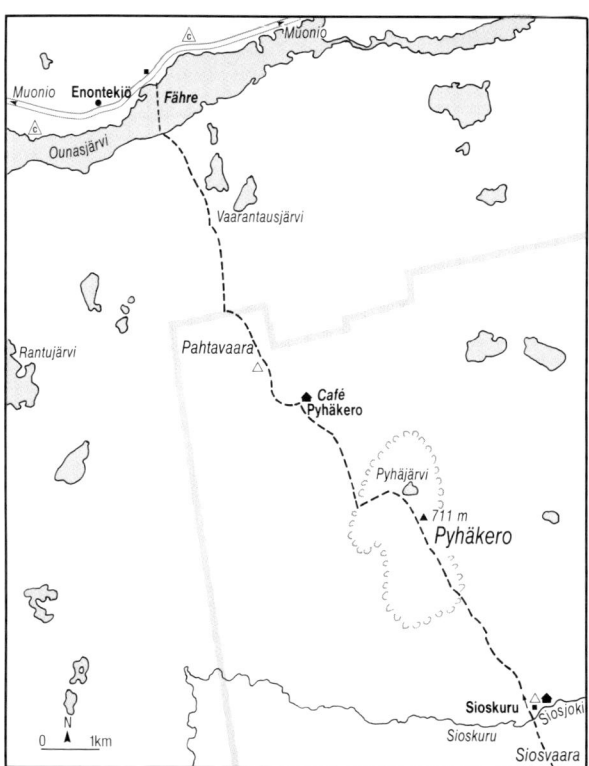

Route 16 (4. Tag)

Der Abstieg ist ebenso sanft wie der Aufstieg, führt am kleinen Pyhäjärvi vorbei und dann in gerader Linie auf die Waldebene zu, die sich bis zum Ounasjärvi hinzieht. Eine halbe Stunde erst ist seit Aufbruch vom Pyhäkero-Gipfel vergangen, da kommen wir am Fuß des Berges an und treten in den dichten Schatten des Waldes ein. Zahlreiche Dielenstege erleichtern den Marsch, das Gelände ist z. T. stark morastig, und dann laufen wir direkt auf die Pyhäkero-Hütte zu, früher eine Übernachtungshütte, die zum **Café** umgebaut wurde, und in der zwischen Mitte Juni und Mitte August kalte Gerichte, Snacks und Getränke serviert werden. Eine Schutzhütte, sogar mit gemauertem Kamin, ist ebenfalls vorhanden, aber die Schlafpritschen wurden demontiert.

Nach einer verdienten Rast machen wir uns auf den jetzt noch rund 6,5 km langen Weg, der sich als breite Gasse und über viele Dielenstege durch das leicht gewellte und wunderschöne, lichtdurchflutete Waldland zieht. 15 Min. sind vergangen, wir passieren einen **Rastplatz** (Badesee, Feuerstelle) und blicken 10 Min. später auf den rechts liegenden Vaarantausjärvi-Schilfsee, dann auch bald auf die große Fläche des **Ounasjärvi.** Eine Bank lädt zum Sitzen ein, wir hissen die große, leuchtendgrüne Flagge zum Zeichen, daß wir von einem Boot abgeholt werden wollen, und vertreiben uns die Wartezeit (etwa 15 Min. in der Saison, sonst bis zu 1 Std.) mit einem kühlen Bad in den glasklaren Fluten des hier etwa 1 km breiten Sees.

Das Boot legt an, und es kommt auf die Saison, wohl auch auf die Laune des Skippers an, welche der vier Karten, die er in der Tasche hat, gelöst werden muß: es kann die zu 10, 20, 30 oder 40 FIM sein. Endpunkt der Bootsfahrt nach **Enontekiö** ist nicht, wie in früheren Jahren, das mondäne Hetta-Hotel, sondern ein etwa 500 m weiter östlich gelegener Steg, der zur Ferienhausanlage des Skippers gehört. Aber die Holzhütten liegen jenseits der Straße, und schöner wohnt sich's auf dem kleinen Campingplatz 500 m weiter östlich, wo die Hütten direkt über dem Seeufer stehen und wo man in einer holzgeheizten Sauna entspannen kann.

17 Zur Einödkirche Pielpajärvi

Auf bequemen Wegen durch eine romantische Waldlandschaft.

Dauer/Länge: ca. 3 Std. 30 Min., ca. 13,5 km.
Wegverlauf/Entfernungs-/Höhenangaben: Parkplatz – Waldlichtung (ca. 45 Min.) – Iso Pielpajärvi (ca. 1 Std.) – Einödkirche (2 Min.) – Pikku Pielpajärvi (30 Min.) – Puntsijärvi (15 Min.) – Schotterstraße (45 Min.) – Parkplatz (15 Min.); keine nennenswerten Höhenunterschiede.
Wegbeschaffenheit: Meist breite Waldwege, ausgetreten, teilweise über Stock und Stein.
Orientierung: Völlig problemlos; der Startpunkt ist gekennzeichnet, der Hinweg mit roten, der Rückweg mit gelben Farbklecksen an Bäumen und Steinen ausreichend markiert.
Kartenmaterial: Wanderkarte Lemmenjoki, 1:100 000 (falscher Wegverlauf) oder Inarijärvi, 1:100 000, erhältlich in Ivalo (Buchladen) sowie in Inari (Supermarkt); nicht erforderlich.
Mitternachtssonne/Wanderzeit: 24. 5.– 19.7. Möglich ab Anfang/Mitte Mai (nach Schneeschmelze) und bis ca. Mitte Oktober (erster Schneefall); Birkenknospe gegen Anfang/Mitte Juni, Mückenzeit von Ende Juni bis Mitte August, Herbstfärbung ab Ende August.
Information/Angeln: Fremdenverkehrsamt (ganzjährig), Busbahnhof, Piiskuntie 5, Ivalo, ✆ 96 97/1 25 21. Von Mitte Juni bis Mitte August ist in Inari (Hauptstraße) ein Informations-Kiosk geöffnet. Angelscheine über die Hotels und Feriendörfer sowie im Büro der Forstverwaltung in Ivalo, ✆ 96 97/1 19 51.
Ausrüstung: Grundausstattung; Gummistiefel unnötig (außer bis Mitte Mai), Trekking- oder eventuell auch Joggingschuhe. Zahlreiche idyllische Picknickplätze, Lebensmittel in Inari.
Hütten-/Zelttour: Mehrere schöne Stellplätze fürs Zelt am Weg sowie im Bereich der Einödkirche; dort auch eine Schutzhütte für Wanderer, die jedoch ziemlich heruntergekommen ist und sich daher kaum als Nachtlager eignet.
Anfahrt: Von Inari zum ausgeschilderten Samen-Freilichtmuseum (das zu besichtigen sich lohnt), hier rechts ab Richtung Turula/Ulmala, noch etwa 1 km bis zu einem links gelegenen Parkstreifen mit Hinweisschild ›Pielpajärvi‹. Ivalo (Bustransfer nach Inari) wird u. a. von Helsinki, Rovaniemi und Kemi aus direkt angeflogen. Busverbindungen bestehen mit

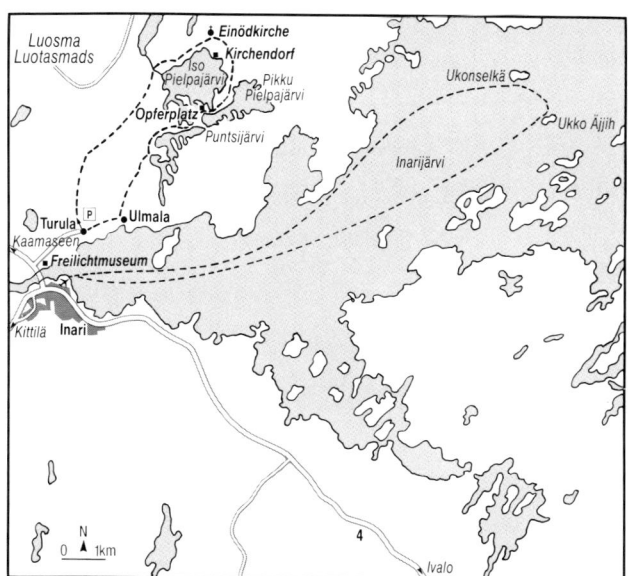

Route 17

Rovaniemi, Sodankylä, Karesuando, Karigasniemi, Karasjok, Utsjoki, Skipagurra; wer aus Richtung Enontekiö oder Muonio anreist, muß in Sodankylä oder Rovaniemi umsteigen.

Unterkunft: Mehrere Campingplätze (auch Hüttenvermietung) und Hotels sowie eine Jugendherberge in Inari; am Startpunkt Übernachtungsmöglichkeit im Wohnmobil/Wohnwagen.

Für Kinder: Besonders geeignet; auch für die kleinsten in der Trage.

Mountain Bike: Grundsätzlich möglich, vorzugsweise ab Mitte Juli, wenn die Feuchtstellen ausgetrocknet sind. Trotz fehlender Steigungsstrecken mitunter recht beschwerlich, weil der Weg stark ausgetreten und oft mit Steinen gespickt ist.

Den **Parkstreifen** links der Schotterpiste haben wir schnell gefunden, und auch der Wegweiser ›Pielpajärvi‹ ist nicht zu übersehen. Sehr wohl aber, daß der markierte Pfad sofort nach Beginn rechts abbiegt und nicht dem breiten, von Forstfahrzeugen geebneten Weg geradeaus folgt. Wer diesen Hinweis berücksichtigt, kann sich nicht verlaufen und erreicht nach etwa 45 Min. durch abwechselnd jungen und alten Kiefernwald eine rechts am Weg liegende, große **Waldlichtung** mit Feuerstelle und den Überresten eines Gehöftes. Da Wasser vorhanden ist, eignet sich der Platz hervorragend zum Zelten, und so lassen sich hier auch immer wieder mal Wanderer ›häuslich‹ nieder.

Auch auf der folgenden Waldstrecke bleibt das Landschaftsbild unverändert, und erst nach insgesamt 1 Std. kommt Abwechslung in Form von schilfgesäumten Seen in Sicht. Die rechts liegenden Wasserflächen bleiben zurück, 25 Min. später queren wir auf Steinen einen von links kommenden Bach, passieren in der Folge noch ein paar weitere Seen und erreichen nach etwa 1¾ Std. eine ausgedehnte Wiesenfläche direkt am Ufer des rund 2 km breiten **Iso Pielpajärvi.**

149

In der Pielpajärvi-Einödkirche wird nur noch einmal im Jahr am Johannistag eine Messe gelesen

Früher, als sich das Städtchen Inari noch nicht gebildet hatte, befand sich hier das sogenannte ›Kirchdorf‹, von einem Pastor Fellman als Missionsstation im Jahre 1647 gegründet. Vom Haus des Pfarrers und den zahlreichen Hütten und Ställen für die von weither angereisten Kirchgänger sind nur noch Überreste vorhanden. Die paar Hütten, die heute noch nahe dem Seeufer stehen, stammen aus neuerer Zeit und sind – mit Ausnahme einer (ziemlich heruntergekommenen) Schutzhütte – in Privatbesitz. Eine Feuerstelle gibt es auch, ebenso einen Kiosk, der allerdings nur im Juli sehr sporadisch geöffnet ist.

Aber nicht diese Wiesenfläche ist unser Ziel, sondern die nordwestlich gelegene und von hohen Birken teilweise verdeckte **Einödkirche**. Der hölzerne Kreuzbau stammt aus dem Jahre 1760 und erhielt 1974 leider ein Wellblechdach, das ihm viel von seiner malerischen Erscheinung genommen hat. Die hohen Fenster verstecken sich hinter wuchtigen Holzläden, die wir aber öffnen dürfen und sollten, so wir einen Blick auf das weiß getünchte Tonnengewölbe werfen wollen. Der dunkle, unbehandelte Holzboden verstärkt das Hellblau der Stützpfeiler und Graublau der Bänke. Keinerlei Schmuck lenkt den Blick ab, und so karg sich das Gotteshaus auch präsentiert, so stimmungsvoll ist es doch gleichzeitig. Gerne würde man hier an einer Messe teilnehmen, aber die wird heutzutage nur noch einmal im Jahr, nämlich am Johannistag (Sommersonnenwende) gelesen. Noch vor 100 Jahren war das ganz anders, damals ruderten die Samen zunächst zu der im Inari-See gelegenen Insel Ukonselkä hinaus, wo sie Ukko, dem Gott der Götter, Wildbret, Felle und Geweihe darbrachten, bevor sie anschließend dem Christengott huldigten. Heute scheinen beide Götter den Samen nicht mehr viel zu bedeuten, und so haben sich die Heiligtümer von gestern zu Sehenswürdigkeiten für den Touristen gewandelt.

Wir schließen Fensterläden und die Tür und machen uns wieder auf den Weg zurück zum Ausgangspunkt der Wanderung. Entweder – aber das ist langweilig – über den Pfad, der uns hierher geführt hat, oder aber über einen anderen, gelb markierten, der gegenüber der Kirche, auf der Wiese, nach ›Inari 6,5 km‹ ausgeschildert ist. Wir gehen über die Wiese, passieren eine (geschlossene) Hütte und das Schild ›Maantie 5 km‹ und finden uns in einem urwüchsigen Kiefernwald wieder, an den wohl noch nie eine Axt angelegt wurde. Blumen säumen den Pfad, gewaltige Findlinge, oft hausgroß, erinnern an die letzte Eiszeit, und nach etwa 30 Min., nahezu stets mit Ausblick auf den Iso Pielpajärvi, überqueren wir auf einer Planke den Ablauf des Sees in den angrenzenden

Ein »Kunstwerk« am Wegesrand

Der Eingang zur Einödkirche

Pikku Pielpajärvi. Wieder einmal werden wir an heidnisches Brauchtum erinnert, denn aus dem seichten Wasser funkeln Geldmünzen herauf, die dem alten Wassergott Tšähtts-Olmai dargebracht wurden. Es heißt, daß er früher den meditierenden Gläubigen in Menschengestalt erschien und ihnen mitteilte, auf welche Weise sie etwas Gewünschtes – etwa Geld – erlangen könnten.

Weiter geht es über Stock und Stein durch Kiefern-, manchmal auch Birkenwald, vorbei an Felsbrocken und Sumpfteichen, bis wir nach insgesamt rund 45 Min. den idyllisch gebetteten **Puntsijärvi** auf einem etwa 50 m breiten Landstreifen queren. Eine halbe Stunde später passieren wir ein zurück zur Kirche weisendes Holzschild und erreichen knapp 15 Min. darauf eine breite Schotterpiste – die Verlängerung von der, an der wir auch aufgebrochen sind. Wir halten uns nach rechts und benötigen noch einmal etwa 15 Min. bis zum Ausgangspunkt.

Einfache Wanderung für jedermann durch Kiefernwälder und kleine Moore zu mehreren Seen, in denen man auch baden kann.

Dauer/Länge: ca. 2 Std. 30 Min., ca. 11 km.

Wegverlauf/Entfernungs-/Höhenangaben: Parkplatz (144 m), Weggabelung vor dem Taimenjärvi (60 Min., 263 m), Taimenjärvi (15 Min., 237 m), Keski Taimenjärvi (20 Min., 241 m), Kivenjärvi (25 Min., 210 m), Parkplatz (30 Min., 144 m).

Wegbeschaffenheit: Schmale Waldpfade, teilweise steinig, mehrere Dielenstege.

Orientierung: Einfach; Hinweistafel am Startpunkt, hölzerne Wegweiser an Kreuzungen, gelbe Plastikbänder dienen als Wegmarkierung.

Kartenmaterial: Wanderkarte Lemmenjoki, 1:100 000, erhältlich in Ivalo (Buchladen) sowie in Inari (Supermarkt); nicht unbedingt erforderlich.

Mitternachtssonne/Wanderzeit: 24. 5.–19. 7. Möglich ab Anfang/Mitte Mai (nach der Schneeschmelze) und bis Mitte Oktober (erster Schneefall); Birkenknospe Anfang/Mitte Juni, Mückenzeit von Ende Juni bis Mitte August, Herbstfärbung ab Ende August.

Information/Angeln: Fremdenverkehrsamt am Busbahnhof in Ivalo ✆ 96 97/1 25 21. Mitte Juni bis Mitte August Informationskiosk an der Hauptstraße in Inari. Angelscheine über die Hotels und die Feriendörfer sowie im Büro der Forstverwaltung in Ivalo ✆ 96 97/1 19 51.

Ausrüstung: Grundausstattung, Trekking-, eventuell auch Turnschuhe; idyllische Picknickplätze; Lebensmittel in Inari.

Hütten-/Zelttour: Mehrere schöne Stellplätze fürs Zelt, eine unverschlossene Waldarbeiterhütte.

Anfahrt: In Inari Richtung Kittilä und Lemmenjoki auf die V 955 abbiegen, dieser für ca. 4 km folgen bis zu einem linker Hand am Waldrand gelegenen Parkplatz mit Infotafel. Ivalo (Bustransfer nach Inari) wird von Helsinki, Rovaniemi und Kemi aus direkt angeflogen; Busverbindungen mit Rovaniemi, Sodankylä, Karesuando, Karigasniemi, Karasjok, Utsjoki, Skipagurra; zum Ausgangspunkt der Wanderung mehrmals täglich von Inari aus per Bus Richtung Lemmenjoki.

Unterkunft: Mehrere Campingplätze (Hüttenvermietung), Hotels und Jugendherberge in Inari; am Startpunkt Übernachtungsmöglichkeit im Wohnmobil/Wohnwagen.

Für Kinder: Besonders geeignet, auch für die kleinsten in der Trage.

Mountain Bike: Möglich nur bis zum Taimenjärvi (4,7 km; mehrere kurze Tragestrecken), dann auf einer gut befahrbaren Waldpiste retour zur Hauptstraße (4 km) oder weiter via Karipääjärvi zum Solojärvi (ca. 6 km) an der Hauptstraße. Die Routen sind auf der o. g. Wanderkarte verzeichnet.

Anschlußwanderung: Vom Kivenjärvi nach Inari (5 km), was insbesondere für nichtmotorisierte Wanderer eine empfehlenswerte Alternative darstellt; der Weg ist ausgeschildert und markiert.

Ausgangspunkt der Wanderung ist der etwa 4 km südwestlich von Inari gelegene

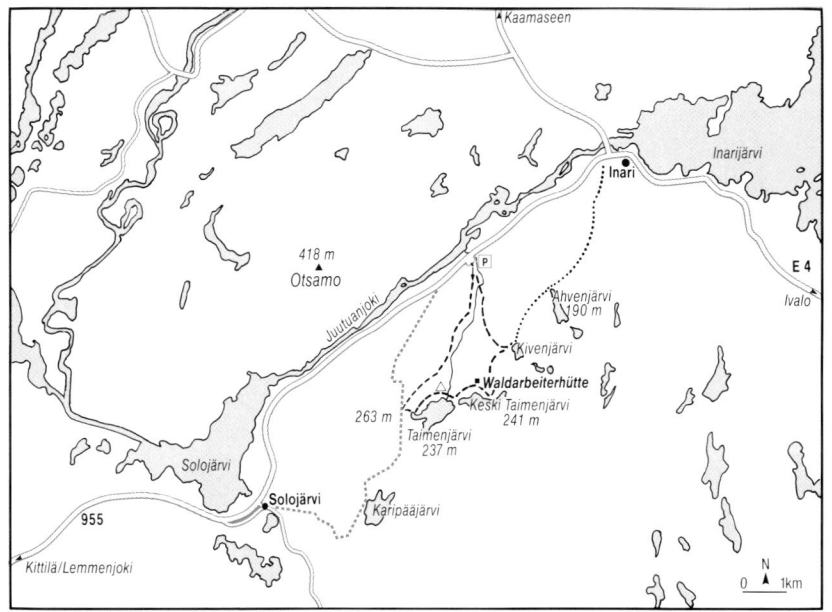

Route 18

Parkplatz an der V 955, die hier im Tal des Juutuanjoki verläuft. Am rechten Rand der Schotterfläche finden wir eine (nur auf Finnisch beschriftete) Infotafel sowie ein Holzschild (›Taimenjärvi 4,7 km‹, ›Kivenjärvi 2,9 km‹), das uns den, zuerst noch mit Holzkreuzen, dann mit gelben Farbbändern markierten Weg in den angrenzenden Kiefernwald weist. Nach etwa 15 Min. einfachen Laufens über erdigen und steinigen Waldboden (vereinzelte Dielenstege) biegen wir an einer mit Schildern versehenen Weggabelung nach halb rechts ab, Richtung ›Taimenjärvi 3,2 km‹. Weiter geht es – leicht aber konstant ansteigend – durch ständig lichter werdenden Kiefernwald zu einer Moorfläche, um die ein breiter Weg rechts herumführt. Rund 30 Min. sind wir jetzt unterwegs, und wer diesen breiten Weg wählt, geht wie wir in die Irre: Der markierte Pfad führt geradeaus am linken Moorrand weiter, passiert bald darauf den Maschenzaun eines Rentiergeheges.

Hoch gewachsene, alte Kiefern stehen Spalier, als wir nach insgesamt rund 60 Min. eine weitere **Weggabelung** erreicht haben, die mit ca. 263 m auch den höchsten Punkt dieser Wanderung markiert. Die für Mountain Bikes geeignete Strecke verläuft weiter geradeaus auf relativ breiter Waldpiste, wir hingegen folgen dem nach links weisenden Schild ›Taimenjärvi 0,5 km‹, das direkt an das Ufer eines etwa 500 × 150 m messenden, namenlosen Sees führt.

Nur 10 Gehminuten trennen uns noch vom **Taimenjärvi,** an dessen Westufer, direkt am Wegesrand, ein Lagerplatz mit Feuerstelle, Holzbänken, Grillrost, WC und Abfallkorb zu einer längeren Rast einlädt. Geschlagenes Holz liegt in einem Schuppen bereit, bald prasselt das Feuer, und wer sich mit Übernachtungs-Gedan-

ken trägt, der kann hier, auf dem weichen Moosboden, sein Zelt aufschlagen. Ein idyllischeres Fleckchen läßt sich kaum finden, zumal mitten im etwa 1 km langen Oval des von waldigen Anhöhen gesäumten Sees eine kleine Insel mitsamt Blockhaus ›Wildmark‹-Akzente setzt. Rentier- und Elchspuren finden wir zuhauf, und in guten Blaubeer-Jahren kann man reiche Ernte halten.

Ein Holzschild (›Keski Taimenjärvi 1,4 km‹) weist die Richtung. Leicht ansteigend geht es über eine kahle Fjellfläche in einen mit bemoosten Riesenkieseln gespickten ›Trollwald‹, in dem wir bald schon den in einer gewundenen Mulde gelegenen **Keski Taimenjärvi** erspähen. Eine Wegbiegung, und unvermutet stehen wir vor einer am Seeufer gelegenen Einödhütte, wohl für Waldarbeiter gedacht, aber für jedermann offen. Neugierig öffnen wir die schwere Tür und finden uns in einem vernachlässigten, aber bewohnbaren, lichtdurchfluteten Raum, der mit Tisch und Stühlen, Küchenschrank und Bollerofen sowie einer (für uns viel zu kurz geratenen) Bettstatt möbliert ist.

Ein paar Meter weiter stoßen wir erneut auf eine Feuerstelle – und sind verwirrt, denn von den bislang so zuverlässigen Markierungen scheint zunächst jede Spur zu fehlen. Dann, zwischen Holzschuppen und Klohäuschen, schimmert das vertraute Gelb, und jetzt werden wir auch des hölzernen Wegweisers gewahr (›Kivenjärvi 1,5 km‹), der in den Wald hineinzeigt. Einen Pfad kann man hier nicht mehr ausmachen, aber die alle 50 m an Baumstämmen befestigten Farbbänder geleiten uns für etwa 15 Min. sicher durch das leicht hügelige Terrain. Voraus jetzt mehrere hochgewachsene und schlanke Fichten: die

ersten, die wir auf dieser Wanderung zu sehen bekommen. Hier heißt es aufpassen und nicht blindlings der Spur folgen, die an den Bäumen vorbeiführt und von Elchen, nicht von Wanderern angelegt wurde. Der markierte ›Weg‹ verläuft rechts der Bäume den Hang hinauf, wo wir von locker stehenden Riesenkiefern auf einem Boden aus Flechten und tausend Moospolstern empfangen werden. Graue Steine liegen im Wald verstreut, und nach weiteren 10 Min. schimmert linkerhand ein schmaler, baumloser Moorstreifen, über dem weit hinten der kahle braune Fjellbuckel des 418 m hohen Otsamo aufragt. Der angrenzende **Kivenjärvi** versorgt das Moor mit der erforderlichen Feuchtigkeit.

Am Seeufer lädt noch einmal eine ausgebaute Feuerstelle zur Rast ein. Etwas erhitzt vom Auf und Ab der letzten Teilstrecke entscheiden wir uns für ein erfrischendes Bad und sind erstaunt über die (ab Juni) durchaus schon erträglichen Wassertemperaturen.

Ein Schild weist am Ufer vorbei Richtung Norden nach Inari, und wer dorthin möchte, der hat noch 5 km vor sich. Wir jedoch, die wir zum Parkplatz an der V 955 zurückwollen, finden zwar keinen Wegweiser, aber hinter dem Holzschuppen wieder die vertrauten Markierungen, die uns – z.T. über Holzplanken – am rechten Rand des angrenzenden Moores vorbeiführen. Es geht sanft bergab, und das Moor läuft in ein steiniges Flußbett aus, das wir etwa 15 Min. nach dem Aufbruch vom Kivenjärvi auf Planken queren müssen. Auf der anderen Seite stoßen wir dann wieder auf den Weg, dem wir zu Beginn Richtung Taimenjärvi gefolgt sind. Wir halten uns rechts, es sind noch 1,5 km oder rund 15 Min. bis zum **Parkplatz** zurück.

In guten Blaubeerjahren findet man reichlich Wegzehrung im Wald am Taimenjärvi

Relativ einfache, abwechslungsreiche Dreitageswanderung durch den größten Nationalpark Finnlands zu den Claims in der Umgebung des Lemmenjoki.

Dauer/Länge: ca. 11 Std., ca. 42 km; die meisten Wanderer setzen für diese Tour drei Tage an, auch in zweien wäre sie machbar, aber in vier Tagen ideal.

Wegverlauf/Entfernungs-/Höhenangaben:

1. Tag: Njurgalahti (190 m) – Kahlaamo-Zeltplatz (2 Std., 150 m) – Härkäkoski (1 Std., 150 m) – Ravadasjärvi-Hütte (45 Min., 150 m);

2. Tag: Kultasatama-Hütte (1 Std. 45 Min., 150 m) – Morgamoja-Hütte (1 Std. 30 Min., 322 m);

3. Tag: Pellisenlaki-Höhe (15 Min., 420 m) – Jäkälä-äytsi-Zeltplatz (1 Std. 15 Min., 300 m) – Maddib Râvadas-Zeltplatz (45 Min., 270 m) – Ravadasjärvi-Hütte (1 Std. 30 Min., 190 m) – Njurgalahti (30minütige Bootsfahrt).

Wegbeschaffenheit: Größtenteils Waldwege, bis Kultasatama meist eben verlaufend, bis Morgamoja konstant ansteigend, ab Maddib Râvadas abfallend. Zwischen Morgamoja und Maddib Râvadas dominieren steinige, z. T. etwas mühsam zu begehende Wege.

Orientierung: Die gesamte Strecke ist mit orangefarbenen Manschetten und Farbklecksen ausgezeichnet markiert – keinerlei Orientierungsprobleme.

Kartenmaterial: Wanderkarte Lemmenjoki, 1:100 000; erhältlich im Buchladen von Ivalo sowie in der Regel auch in den Supermärkten von Inari.

Mitternachtssonne/Wanderzeit: 24. 5.– 19. 7. Wir starteten zur Unzeit, nämlich Anfang Mai, mußten noch durch hüfttiefe Schneefelder robben, versanken bis zu den Knien im Schlamm und fanden mehrere Brücken demontiert, mußten häufig waten. – Es war eine Tortur, allerdings eine mückenfreie. Ende August kamen wir wieder, die Wanderung jetzt ein Spaziergang in einem schon leicht herbstlich gefärbten, bereits wieder mückenfreien Wald. Wir trafen Wanderer, die hier im Juli unterwegs waren, und man sah es ihnen an, denn ihre Gesichter waren von Hunderten Stech- und Kriebelmücken-Stichen vollkommen entstellt. Fazit: Anfang Mai ist zu früh, Anfang bis Ende Juni soll optimal (weil noch mückenfrei) sein, der Juli und halbe August ist die Hölle, und bis Ende September kann man sich wie im siebten Himmel fühlen.

Information/Angeln: Fremdenverkehrsamt Ivalo, Busbahnhof, Piiskuntie 5, ✆ 96 97/1 25 21; ganzjährig. Oder direkt in Njurgalahti: Aslak Jomppasen, ✆ 96 97/ 5 71 01; hier auch Angelinfos.

Ausrüstung: Grundausstattung plus Ausrüstung für eine mindestens zwei Tage dauernde Hütten- oder Zeltwanderung. Ski- oder Wanderstock kann hilfreich sein, Gummistiefel sind bis Anfang Juli zu bevorzugen, danach sind Trekkingschuhe sinnvoller. In Njurgalahti sind nur wenige Nahrungsmittel erhältlich (hauptsächlich Süßes und Trockennahrung), Supermarkt in Inari.

Hütten-/Zelttour: Mitte Juni bis Mitte September würden wir die Tour mit dem Zelt oder Biwaksack machen, denn dann

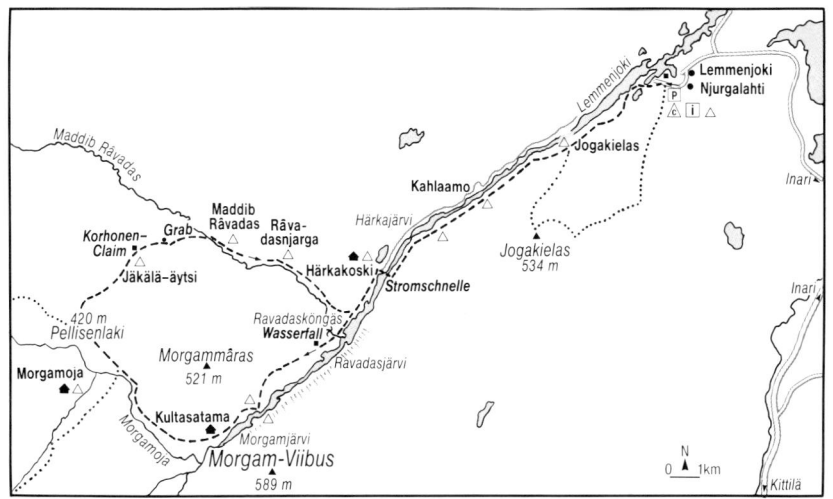

Route 19

ist halb Finnland wandernd auf den Beinen, die Hütten sind überbelegt. Brennmaterial mitzunehmen erübrigt sich, denn alle Zeltplätze – und nur da darf man im Nationalpark zelten! – sind mit Holz versehen, auch mit offenen Koch-/Grillstellen vor Picknicktischen. Die Hütten Ravadasjärvi (20 Pers.), Kultasatama (4 Pers.) und Morgamoja (10 Pers.) stehen allen Besuchern offen, sind schlicht mit Holzpritschen, Tisch und Ofen ausgestattet. Außerdem zwei verschlossene Hütten (je 4 Pers., Morgamoja und Härkäkoski), die komplett im Ikea-Stil eingerichtet sind; zur Härkäkoski-Hütte gehört ein Ruderboot. Die Schlüssel (aber wann sind die schon zu haben?) sind über die beiden Campingplätze in Njurgalahti zu beziehen.

Anfahrt: Am Ortsrand von Inari auf die V 955 Richtung Kittilä/Lemmenjoki abbiegen, und nach 35 km dem Schild ›Lemmenjoki‹ nach rechts folgen; noch 10 km. Inari besitzt Busverbindungen zu Ivalo und zahlreichen größeren Städten in der Region (s. auch S. 152); ab Inari mehrmals täglich per Bus nach Njurgalahti.

Unterkunft: In Njurgalahti stehen zahlreiche kleine Ferienhütten bereit (kaum Kapazitätsprobleme); außerdem zwei einfache, aber auch sehr günstige Campingplätze.

Für Kinder: Plant man genügend Zeit ein – mindestens vier Tage –, ist die Wanderung auch für Kinder machbar; dann aber möglichst das eigene Zelt mitnehmen.

Mountain Bike: Ungeeignet.

Anschlußwanderung: Rundwanderung von Njurgalahti zum Gipfel des 534 m hohen Jogakielas – 17,5 km; auch diese Strecke ist auf o. g. Wanderkarte eingetragen.

Kürzere Varianten: Abkürzungsmöglichkeiten auf 27 km oder 20 km – je nachdem, ob und auf welchen Abschnitten man das von Njurgalahti nach Kultasatama verkehrende Motorboot nutzt.

Schon 1836, also 62 Jahre vor dem männermordenden Treck der ›Ritter vom gelben Fieber‹ zum Yukon in Kanada, jagten in Finnisch-Lappland die ersten Glücksritter dem verfluchtesten und begehrtesten

Mit Kind und Kegel über den Lemmenjoki

pasen lassen wir uns ein letztes Fläschchen Bier schmecken, erstehen eventuell noch fehlende Ausrüstungsgegenstände (etwa Mückenschutz!) und informieren uns über die Fahrzeiten des Flußbootes, das zwischen Anfang Juni und Ende August mehrmals täglich (mindestens zweimal: morgens und abends) die Strecke Njurgalahti – Kultasatama – Njurgalahti bedient. Hier liegen auch Informationsbroschüren über den Lemmenjoki-Nationalpark aus, der mit 2800 km² der größte von ganz Lappland ist und – wieder mal – als eines der letzten Wildmarkgebiete des hohen Nordens gilt. Braunbären und Wölfe, Vielfraße und Polarfüchse, Adler und Otter sollen dem Prospekt nach die Kiefernurwälder und Hochfjell-Regionen bewohnen, die den größten Teil des Schutzgebietes bilden. Aber zumindest die Wölfe

aller Metalle nach: dem Gold. Es begann am Kemijoki – wo der Landgendarm Heikki Boucht zwei gelbglänzende Adern entdeckt hatte –, ging weiter in Kultala am Ivalojoki – wo 1871, im besten Jahr, rund 57 kg Gold geschürft wurden, – wechselte zum Lutto-Fluß – wo 1935 das mit 395 g größte Nugget Lapplands ausgegraben wurde – und endete schließlich am Lemmenjoki. Schon um die Jahrhundertwende wurde hier das erste Gold gewaschen, aber erst 1945 kam es nach spektakulären Funden zum eigentlichen ›Goldrausch‹ am Lemmenjoki, dem letzten in Lappland, und bis 1952 schufteten Hunderte Glücksritter in den mückenverseuchten Wäldern. Heute schürfen hier nur noch ein paar Oldtimer, deren Spuren die Wanderung folgen wird.

Ausgangspunkt zu dieser Tour ist das ca. 46 km von Inari entfernte Dorf **Njurgalahti.** Im kleinen Café der Familie Jomp-

Kurze Rast am Lemmenjoki

und Bären will man uns wohl aufbinden, wie wir von ein paar finnischen Wanderern aus Rovaniemi erfahren.

Die ›Wildnis ruft‹, so brechen wir auf und folgen dem Weg vom Café zurück bis an die Schotterstraße, von der links neben einer Informationstafel eine Erdpiste abzweigt. Der folgen wir ein paarhundert Meter, vorbei an einem kleinen Parkplatz bis zu einem Hinweisschild, das uns durch das Gatter eines Rentierzaunes in lockeren Kiefernwald führt. Wir passieren eine zum Jogakielas ausgeschilderte Abzweigung sowie einen rechts liegenden Arm des Lemmenjoki, umrunden einen kleinen See und laufen an einem mit Feuerstelle und WC ausgestatteten Zeltplatz vorbei. Der stark ausgetretene Weg ist vorbildlich mit orangefarbenen Bändern und Farbklecksen markiert und führt auf

1934 wurde noch mehr Gold geschürft

einen bewaldeten Rücken hinauf, dem wir für die nächsten 7 km bis Kahlaamo folgen werden.

Von den Ästen mächtiger Kiefern hängen lange Bartflechten herab, dumpfe Dämmerung legt sich über umgestürzte Bäume, ihr Wurzelwerk und den mit Flechten, Kraut und Moospolstern bewachsenen Boden. – Ein ›Geisterwald‹, der immer wieder mal Ausblicke auf den seeartig verbreiterten Lemmenjoki bietet. Mal geht es ein Stückchen hinab, mal wieder hinauf, der Weg ist breit und ausgetreten und ermöglicht ein zügiges Vorwärtskommen. So sind wir erst insgesamt wenig mehr als 1 Std. unterwegs, als wir auf ein Holzschild zulaufen, das den 200 m entfernten Zeltplatz Jogakielas anzeigt. Ein paar Minuten weiter folgt erneut ein Wegweiser: nach links führt ein (ebenfalls markierter) Pfad zum 4 km entfernten Gipfel des Jogakielas, und geradeaus, in unsere Richtung, sind es laut Schild noch 4 km bis zum nächsten Zeltplatz, an dem der bald zum Pfad verengte Weg in 300 m Abstand nach einer weiteren Stunde vorbeiführt.

Kahlaamo ist der Name dieses zum Zelten freigegebenen Areals, das nur wenige Meter oberhalb des jetzt wieder schmalen Lemmenjoki im Kiefernwald liegt. Hier soll man den Fluß auch überqueren können (der Weg läuft auf beiden Seiten weiter), aber das ist uns zu mühsam, und so bleiben wir dem alten Weg treu, der im folgenden mehrere Bäche quert (Bohlenbrücken), mal direkt an den Fluß heranführt, dann wieder zum Kiefernrücken ansteigt, auf dem 30 Min. nach Kahlaamo der nächste Zeltplatz ausgeschildert ist. Er erhielt seinen Namen vom Härkäjärvi (an dessem Ufer er liegt) und ist von allen Zeltplätzen auf der Route vielleicht der schönste, auf jeden Fall der einzige mit einem schneeweißen und feinsandigen Strand.

Noch 2 km oder ca. 30 Min. sind es bis zur ›Mini‹-Stromschnelle **Härkäkoski,** zu der der Weg steil und im letzten Abschnitt über eine Treppe absteigt. Unten befindet sich ein Bootssteg, der Pfad verläuft direkt am Ufer weiter bis oberhalb der Schnelle am Ravadasjärvi-See, wo er endet, um am 15 m entfernten, jenseitigen Ufer wieder zu beginnen. Dorthin gelangt man mit Hilfe eines Ruderbootes, das an einem quer zur Strömung verlaufenden Stahlseil befestigt ist. Aber das Rudern ist zeit- und kraftraubend, schneller und leichter ist es, sich ins Boot zu stellen und am Stahlseil hinüberzuziehen.

Nur eine Böschung trennt uns noch vom Härkäkoski-Zeltplatz und der gleichnamigen Hütte (für 4 Pers.), die idyllisch an einer Bucht unter Kiefern liegt und den unteren Ravadasjärvi überblickt. Der obere ist noch 2 km entfernt, und der Weg dahin führt nach kurzem Anstieg mit Blick auf einen rechts liegenden See erneut auf einem Kiefernrücken weiter. Wieder

Samenkåta in Kultasatama

vergeht eine halbe Stunde, und wieder laufen wir auf einen Wegweiser zu: links unter uns liegt die unverschlossene **Ravadasjärvi-Wanderhütte** (mit Zeltplatz), die die weitere Richtung markiert, während es rechts ab zur Morgamoja-Hütte geht, die noch 14,8 km entfernt ist, und von der wir übermorgen hierher absteigen werden, um das Motorboot nach Njurgalahti zu erreichen.

Von der direkt über dem Ufer gelegenen Blockhütte aus genießt man einen weiten Blick über den See, der auf der gegenüberliegenden Seite von einem steil aufragenden Fjellmassiv eingeschnürt wird. Die Schilder ›Kultasatama 6,5 km‹ sowie ›Ravadasköngäs 0,5 km‹ weisen die weitere Richtung. Es geht erst einmal wieder steil hangaufwärts, dann hinab, am Ufer entlang, bis zur etwa 4 m hohen Fallstufe des Ravadasköngäs-Wasserfalls, dessen Rauschen wir schon bald nach Aufbruch von der Hütte vernommen haben. Zwei Holzbrücken (die stets erst Anfang Juni gelegt werden) führen über eine am Fuß des Kataraktes gelegene Picknickinsel auf die andere Seite, und 200 m weiter strapazieren die 150 Stufen einer Treppe unsere Beinmuskulatur.

Der Weg wendet sich nach links, verläuft für etwa 3 km parallel zum Lemmenjoki, zu dem er schließlich, und vorbei am Morgamjärvi-Zeltplatz, wieder absteigt. Noch einmal müssen wir den Hang hinauf und wieder hinunter, und endlich, nach insgesamt 21,5 km oder 5½ Std. liegt die unverschlossene Hütte von **Kultasatama** voraus, die sich im Besitz des Lappländischen Goldgräberverbandes befindet und noch aus der Zeit des Goldrausches stammt, wie ihr Name – ›Goldhafen‹ – zeigt. Hier ist Endstation für das von Njurgalahti kommende Boot, und weil die meisten Passagiere nach ihrer Ankunft gleich zur 4,6 km entfernten Morgamoja-Hütte aufbrechen, hat man gute Chancen, noch einen der insgesamt vier Schlafplätze zu ergattern – je früher man ankommt, desto besser. Richtig romantisch ist es dann, abends in der benachbarten, mit Grassoden bedeckten Samenkåta ein Lagerfeuer zu entfachen, vielleicht auch einen der alten Digger zu treffen, die hier mit ihren Booten anlegen, bevor sie sich auf den Weg ins Morgamoja-Tal machen, in dem sie, dank einer Sonderregelung des Nationalparkamtes, noch immer den Boden nach Gold durchwühlen dürfen.

Mit Erreichen von Kultasatama endet auch das erste, dem Lemmenjoki folgende Teilstück dieser Wanderung. Der zweite Abschnitt ist 20 km lang und führt in einem weiten Bogen um das 521 m hohe Morgammåras-Fjellmassiv herum und zum Lemmenjoki zurück, der bei der Ravadasjärvi-Hütte wieder erreicht wird. Der Weg ist auch weiterhin gut ausgetreten sowie

deutlich markiert und steigt steil in die dicht mit Kiefern bewachsene Kerbe des Morgamoja-Tales auf, dem er bis zur Morgamoja-Hütte folgen wird. Nach rund 40 Min. und etwa auf halber Strecke zur Hütte passieren wir eine Ansammlung gewaltiger Kiefern, von denen einige bis zu 600 Jahre alt sein sollen. Wir ignorieren einen nach links abzweigenden Pfad (er führt zum Claim der Jomppasen-Familie, wo auch Touristen schürfen dürfen; Information in Njurgalahti), erkennen am Übergang vom Kiefern- zum Birkenwald, daß wir konstant Höhe machen, und genießen immer wieder die freie Aussicht auf vegetationslose Fjellbuckel, die links über dem Morgamoja-Tal aufragen.

Nach etwa 75 Min. kündigen Schutthalden einen direkt am Wegesrand liegenden Claim an, aber der Besitzer will seine Ruhe haben (wie ein Schild sagt), und so laufen wir weiter, auf die nur noch wenige Minuten entfernte **Morgamoja-Wanderhütte**

Goldgräber lieben es einsam

zu. Sie bildet den Mittelpunkt des alten Goldgräbergebietes und steht an der Stelle, wo die Glücksritter Ende der 40er Jahre eine große Gemeinschaftshütte errichtet hatten. Historischer Boden also, den viele der meist finnischen Wanderer noch immer nach gelben Klümpchen absuchen. Die Hütte bietet in ihrem allgemein zugänglichen Teil zehn Personen Platz, in dem zu reservierenden vier Personen, was aber bei dem herrschenden Andrang nur ein Tropfen auf heißem Stein ist. Das Gros der Wanderer übernachtet auf dem oberhalb gelegenen, auch mehr Panorama bietenden Zeltplatz und bleibt gleich mehrere Tage, um den anderen Goldbächen der Gegend – dem Puskuoja, Miessijoki und Jäkäläkuru – mit Waschpfannen zu Leibe zu rücken.

Im Verlauf des folgenden, rund 15 Min. währenden Aufstiegs zum ungefähr 420 m hohen **Pellisenlaki** ändert sich die Landschaft grundlegend. Geht es oberhalb der Hütten erst noch durch lichter werdenden Birkenhain, dann vorbei an vereinzelt stehenden, kleinwüchsigen Fjellbirken, so dominiert auf der von einem Holzpfosten gekrönten Anhöhe das nur noch mit Heidekraut, Moosen und Flechten bewachsene Fjell, durch das sich der jetzt steinig gewordene Weg hindurchschlängelt. Nach weiteren 15 Min. ist eine Weggabelung erreicht, an der wir nach rechts, Richtung ›Jäkälä-äytsi 2,8 km‹ abbiegen. Der Pfad folgt einem Bachlauf in eine sanft abfallende Fjellmulde hinein, passiert die Erdhütte eines Goldgräbers und damit die Grenze eines auch heute noch leidlich ergiebigen Schürfgebietes. Hier wird gebuddelt ›was das Zeug hält‹, selbst ein kleiner Bagger ist im Einsatz, und die zur Kerbe gewordene Fjellmulde ist mit Abraumhügeln bedeckt, zwischen denen hölzerne Rinnen verlaufen, die an den Bach angeschlossen sind. ›Long Tom‹ lautet der von den kalifornischen Goldfeldern übernommene Name dieser Rinnen, die gekerbte Einsätze tragen, in denen sich Sand und Kies und vielleicht auch ein paar winzige, stecknadelkopfgroße, goldgelbe Körnchen finden. Man wünscht ihnen Glück, den Diggern, aber würde sich auch wünschen, daß sie zumindest den Weg nicht mit ihrem Geröll verschütten. Immer wieder müssen wir uns über Gesteinsschutt mühen, und fast 1 Std. ist seit dem letzten Wegweiser vergangen, als wir den **Jäkälä-äytsi-Zeltplatz** am Goldbach erreichen.

Auch die folgende Strecke, das Flußtal hinab, ist landschaftlich arg strapaziert. Nach etwa 15 Min. wechselt der Weg auf die linke Bachseite hinüber und zieht direkt an den Hütten des Korhonen-Claims vorüber, die mit Holzskulpturen und Geweihen geschmückt und recht skurril anzuschauen sind. Ein paar Minuten später liegt eine verfallene Hütte am Weg, die auf das mit Schaufeln und Schürfutensilien geschmückte Grab des Goldgräbers Veikko Nevalainen blickt, hinter dem wir bald wieder auf die rechte Bachseite zurückkehren. Das Tal weitet sich jetzt zusehends, und kurz darauf kündigen vereinzelte Kiefern einen ›Trollwald‹ an, durch den wir auf den **Maddib-Râvadas-Zeltplatz** zulaufen. Knapp 100 m weiter stehen wir vor dem gleichnamigen und mehrere Meter breiten Fluß, der per Holzsteg zu queren ist. Der Weg verläuft, leicht zum Hang versetzt, parallel zum Fluß, der hier mehrere langgestreckte Moorflächen mit Wasser versorgt. Der Kiefernwald wird dichter, Dämmerlicht umgibt uns, und etwa 45 Min. vergehen, bis der nächste Zeltplatz (Râvadasnjarga) erreicht ist.

Die **Ravadasjärvi-Hütte** am Lemmenjoki ist noch 3,2 km entfernt, und der Weg dahin ist einfach und schnell zurückzu-legen, folgt dem jetzt stark angeschwollenen Maddib Ravadas. Am Ziel kann man übernachten und/oder das Boot zurück nach **Njurgalahti** besteigen, so man keine Lust hat, die 15 km lange und bereits bekannte Strecke zu Fuß zurückzulegen.

Noch ein abschließender Tip für Genießer: Die Holzhütte rechts neben dem Café von Njurgalahti beherbergt eine Sauna, und wer hier schwitzt, der kann sich hinterher direkt im See die verdiente Abkühlung holen. – Ein wahrhaft erfrischender Abschluß, dem ein Fläschchen Bier die Krone aufsetzt.

20   Die ›Bärenrunde‹ bei Kuusamo

Leichte Wanderung durch die Schluchten des Oulanka-Nationalparks.

Dauer/Länge: ca. 4 Std. 30 Min. (die die meisten Wanderer auf zwei Tage verteilen), ca. 16 km.
Wegverlauf/Entfernungsangaben: Kiutaköngäs – Campingplatz (10 Min.) – Runsulampi (1 Std.) – Taivalköngäs-Hütte (1 Std. 10 Min.) – Puikkokämppä-Hütte (50 Min.) – Ristikallio-Hütte (30 Min.) – Parkplatz (50 Min.); die Höhenunterschiede sind minimal.
Wegbeschaffenheit: Leicht zu begehende Waldwege.
Orientierung: Problemlos, denn der Wanderweg ist mit roten Farbpunkten vorbildlich markiert.
Kartenmaterial: Wanderkarte Rukatunturi-Oulanka, 1:50 000; erhältlich in Kuusamo (Buchladen) sowie in der Regel auch im Kiutaköngäs-Infozentrum.
Wanderzeit: Zwischen Mitte Juni und Mitte August kann es voll werden, und die Hütten sind nahezu stets überbelegt. Im Juli beißen die Mücken, und es ist oft so trocken, daß man mit jedem Schritt Staubwolken aufwirbelt. Der Herbst (bis Ende September) ist vielleicht die schönste Zeit, aber dann führen die Flüsse nur

wenig Wasser, und die Wasserfälle sind enttäuschend.
Information/Angeln: Informationszentrum des Oulanka-Nationalparks, Kiutaköngäs, ☎ 9 89/4 61 53 oder 4 61 52; geöffnet vom 1. Mai bis 30. September. Informationen auch im Karhuntassu-Touristenzentrum, Torangintaival 2, Kuusamo, ☎ 9 89/2 04 29 10. Angelinfos und Verkauf des Angelscheins bei *Kuusamon Lomat Oy*, Kitkantie 20, Kuusamo, ☎ 9 89/ 1 19 11.
Ausrüstung: Grundausstattung, evtl. Ski- oder Wanderstock. Gummistiefel sind unnötig (auch im Frühling), Trekkingschuhe ideal. Im Kiutaköngäs-Café werden kalte und warme Speisen serviert, auch ein paar Grundnahrungsmittel verkauft; der nächste Supermarkt findet sich in Juuma sowie Rukatunturi.
Hütten-/Zelttour: Beides ist möglich, denn immerhin wurden auf der Strecke vier Zeltplätze und gleich drei Wanderhütten eingerichtet. Die Hütten sind aber Mitte Juni bis Mitte August so stark frequentiert, daß die Mitnahme eines Zeltes dringend empfohlen wird. Zelten darf man nur auf den gekennzeichneten Plätzen; die Hütten stehen allen Wanderern offen.

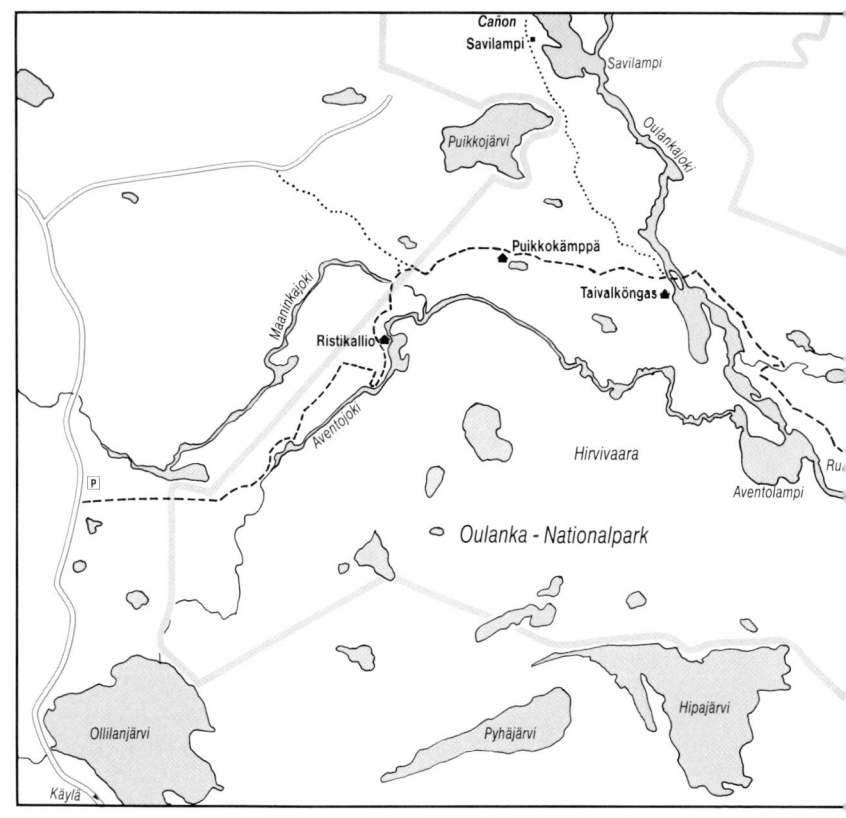

Route 20

Anfahrt: Der Oulanka-Nationalpark liegt direkt südlich des Polarkreises nahe der Grenze zur Sowjetunion und ist über den nördlich von Kuusamo gelegenen Ort Käylä zu erreichen, wo eine nach Kiutaköngäs ausgeschilderte Erdpiste nach Osten abzweigt (18 km). Parken direkt vor der Oulankajoki-Brücke beim Infozentrum des Parks. Kuusamo wird u. a. von Helsinki angeflogen. Busverbindungen bestehen von Rovaniemi, Kemi, Sodankylä, Savukovski und Tornio aus.

Rückfahrt: Start- und Endpunkt liegen etwa 30 km (Straße) auseinander, weshalb man einen Abholdienst organisieren oder etwa ein Fahrrad am Endpunkt abstellen sollte. Ansonsten per Bus oder trampend nach Käylä und von dort nach Kiutaköngäs weitertrampen (während der Saison relativ problemlos).

Unterkunft: Schöner Waldcampingplatz bei Kiutaköngäs, Ferienhäuser in Juuma oder Rukatunturi.

Für Kinder: Kaum Steigung, gute Wege, viel Abwechslung – die Bärenrunde ist ein idealer Weg für die ganze Familie.

Mountain Bike: Ungeeignet.

Anschlußwanderungen: Schön ist es, dem (nur auf Finnisch beschrifteten) Naturlehrpfad Hiidenlampi (5 km), der am Informationszentrum von Kiutaköngäs beginnt, zu folgen. Beliebt auch die Luontopolku-›Waldschleife‹ (5 km), die beim Campingplatz beginnt. Von Taival-

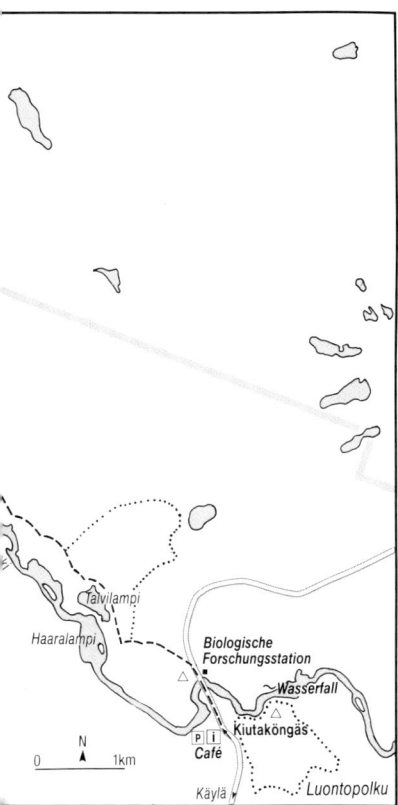

geben sollte, bis Mitte August (Ferien-ende) in die rund 10 km entfernte Sowjet-union verziehen. Man sollte sich also von den Finnen nicht erschrecken lassen, wenn sie in dieser schluchtenreichen Waldregion von großen Schatten und beunruhigendem Rascheln im Gebüsch berichten: es kann sich nur um Rentiere handeln oder um Elche, von denen man aber in der Regel nicht mehr als ihre Losung zu sehen bekommt.

Ausgangspunkt dieser Tour über den schönsten, weil abwechslungsreichsten Teil des insgesamt 75 km langen Karhun-kierros ist das bei **Kiutaköngäs** gelegene Informationszentrum des 206 km² großen Oulanka-Nationalparks, den wir während der folgenden 16 km durchwandern wer-den. Hier zeigt eine ständige Ausstellung Flora und Fauna des 1956 eingerichteten Parks, und bevor wir uns auf den Weg machen, kann man sich in diesem kleinen Naturkundemuseum, dem auch ein Café und eine Bibliothek angeschlossen sind, einstimmen.

Auch der knapp 1 km hinter dem Gebäude gelegene und über einen mar-kierten Wanderweg (Hiidenlampi) schnell erreichte Kiutaköngäs-Wasserfall ist einen Besuch wert, denn hier hat sich der wilde Oulankajoki eine 600 m lange Schlucht gegraben, durch die er sich donnernd in einen kleinen Waldsee ergießt.

Wir kehren nach Kiutaköngäs zurück, biegen nach rechts auf die Schotterpiste ein, überqueren den Oulankajoki auf einer Brücke, passieren das angrenzende Ge-bäude einer botanischen Forschungssta-tion und biegen auf einen breiten Weg ab, der nach links, Richtung ›Taivalköngäs 8,2 km‹ ausgeschildert ist. Er führt nach wenigen Minuten zu einem großzügig angelegten Natur-**Campingplatz** und so-dann zu einer Gabelung, wo ein nach

köngäs aus lohnt ein Abstecher zum Oulanka-Cañon, einer besonders ein-drucksvollen Schlucht (je Weg ca. 4 km). **Anmerkung:** Im Oulanka-Nationalpark ist es verboten, abseits der Zeltplätze zu campieren, abseits der besonders gekenn-zeichneten Stellen Feuer zu machen sowie Pflanzen zu zerstören bzw. zu sammeln.

Wohl keine Nation in Europa, bei der ›Urlaub im eigenen Land‹ einen derart hohen Stellenwert wie in Finnland hat, und ab Mitte Juni, wenn es Ferien gibt, dann ist auf dem Karhunkierros, wie der Bärenweg auf Finnisch heißt, wirklich der ›Bär los‹. Natürlich nicht der Braunbär, denn der wird sich, wenn es ihn denn noch

Der Oulankajoki verspricht reiche Beute

Querschluchten hinab und wieder hinauf, und das gewellte, jetzt auch mit vereinzelten Fichten durchsetzte Waldterrain erinnert durchaus an die niedrigen Lagen des heimischen Sauerlandes. Wir kommen zügig voran und queren 50 Min. nach Runsulampi einen kleinen Fluß auf einer Holzbrücke, hinter der eine halboffene Schutzhütte errichtet wurde. Es folgen mehrere morastige Abschnitte mit Dielenstegen, dann steigen wir auf in einen parallel zum Fluß verlaufenden und mit Kiefern und Birken gleichermaßen bestandenen ›Trollwald‹, bevor es steil und im letzten Abschnitt über Erdstufen zum Taivalköngäs hinuntergeht. Hier hat sich der Oulankajoki eine wildromantische Felsschlucht gegraben, einen regelrechten kleinen Cañon, der von einer 20 m langen und sehr stark schwankenden, aber sicheren Hängebrücke überspannt wird, die man einzeln betreten sollte. Wir befinden uns hier auf einer wüsten Felsinsel im

rechts ausgeschilderter Pfad Richtung Luontopolku abzweigt. Wir gehen geradeaus weiter durch lichten und von kümmerlichen Kiefern gebildeten Wald. Der Weg ist ausgezeichnet mit roten Farbklecksen markiert, passiert nach insgesamt etwa 30 Min. den links in einer Kluft liegenden Talvilampi-See und quert bald darauf einen kleinen Bach sowie eine Waldlichtung mit einer verfallenen Hütte und einem weiteren Wegweiser zum Luontopolku. Es folgen mehrere Feuchtstellen (Dielenstege), dann wird das Terrain zusehends hügeliger, Birken mischen sich zwischen die Kiefern und geben dem Wald ein wilderes, auch irgendwie natürlicheres Aussehen.

Nach rund 70 Min. laufen wir auf den vom Oulankajoki gebildeten **Runsulampi-See** zu, an dessen Flachufer ein idyllisch gelegener Zeltplatz eingerichtet wurde. Der Weg verläuft ständig in der Nähe bzw. oberhalb des Oulankajoki-Nordufers, steigt hier und da in kleine

Auf dieser Brücke ist das Schaukeln verboten

Der Wanderweg verläuft streckenweise parallel zum Oulankajoki

Strom. Eine zweite, kürzere Hängebrücke führt auf eine weitere Insel, von der sich eine dritte und letzte Hängebrücke zum Festland mit der **Taivalköngäs-Wanderhütte** spannt. Ihre Lage über dem Fluß ist eindrucksvoll, die Inneneinrichtung schlicht, aber gemütlich, und in der zweiten Etage finden etwa 15 Personen einen Platz zum Schlafen; aber dann herrscht schon drangvolle Enge.

Die Hälfte der Strecke liegt hinter uns, und die zweite Etappe beginnt mit Treppensteigen. Am Ende dieses gefährlichen, weil sehr rutschigen Aufstiegs gabelt sich der Weg, und wir folgen dem nach ›Ristikallio 4,4 km‹ ausgeschilderten, der durchs wellige und mit Strangmooren bedeckte Waldland zu einem langgezogenen See führt, an dessen flachem Badeufer wir auf die zehn Personen fassende **Puikkokämppä-Hütte** stoßen; auch zum Zelten ist es hier ideal, weil ziemlich eben. Eine halbe Stunde weiter, und größtenteils über Dielenstege, muß man sich an zwei nahe

hintereinander liegenden Weggabelungen beide Male nach links (Ristikallio) halten, quert sodann den birkengesäumten Maaninkajoki-Wildbach (Brücke) und erklimmt eine steile Anhöhe. Die Markierungen leiten durch bequem zu begehendes Kiefernterrain zur **Ristikallio-Wanderhütte,** die an einer seeartigen Verbreiterung des Aventojoki liegt und von etwa 20 m hohen Felswänden gesäumt ist. Zelten darf man hier auch, aber der Boden ist steinig, und man liegt nicht bequem.

Rund 5 km haben wir noch vor uns, und die ersten 100 m geht es sehr steil zur 50 m über Fluß und See gelegenen Ristikallio-Aussichtskanzel hinauf, dann durch sanft geneigtes Gelände zu einem kleinen Schilfsee hinab und durch einen recht wild anzuschauenden Kiefern- und Fichtenwald wieder zum Aventojoki hinunter, an dessen Ufer ein letzter Rastplatz zum Picknicken einlädt. 30 Min. später ist das Ziel, ein direkt an der Hauptstraße gelegener **Parkplatz,** erreicht.

Schweden

21 Eine Fjelltour im Grenzland

Sehr einfache und panoramareiche Wanderung durch eine der interessantesten Gebirgsregionen Lapplands.

Dauer/Länge: ca. 3 Std., ca. 10 km.
Wegverlauf/Entfernungs-/Höhenangaben: Parkplatz Riksgränsen (463 m) – Stora Sten (1 Std., 510 m) – Fagerviken (30 Min., 480 m) – Samenkåta (1 Std., 465 m) – Parkplatz Riksgränsen (20 Min.).
Wegbeschaffenheit: Gut ausgebaute, z.T. mit Dielen verstegte, manchmal felsige Wege.
Orientierung: Problemlos; die Strecke ist durchgehend markiert und ausgeschildert.
Kartenmaterial: Fjällkartan Abisko-Kebnekaise, BD6/30I (oder 30I), 1:100 000; erhältlich im Shop der Abisko-Fjällstation

sowie im Buchhandel bzw. Fremdenverkehrsamt in Kiruna, Gällivare und Jokkmokk; nicht unbedingt erforderlich.
Mitternachtssonne/Wanderzeit: 26. 5.– 18. 7. Anfang Juli bis Mitte September, ideal ab Ende Juli, Herbstfärbung ab Mitte August (dann auch Pilz- und Beerenzeit).
Information/Angeln: *Abisko Turiststation*, STF, ✆ 09 80/4 00 00, geöffnet vom 24. 2.–30. 9. Hier ist auch der Angelschein erhältlich. Weitere Informationen beim *Kiruna Turistbyrå*, Hjalmar Lundbohmvägen 42, Kiruna, ✆ 09 80/1 88 80.
Ausrüstung: Grundausstattung, evtl. Badebekleidung; Lebensmittelladen in Abisko. Bis Mitte August sind Gummistiefel sinnvoll, ansonsten Trekking- oder auch Turnschuhe.

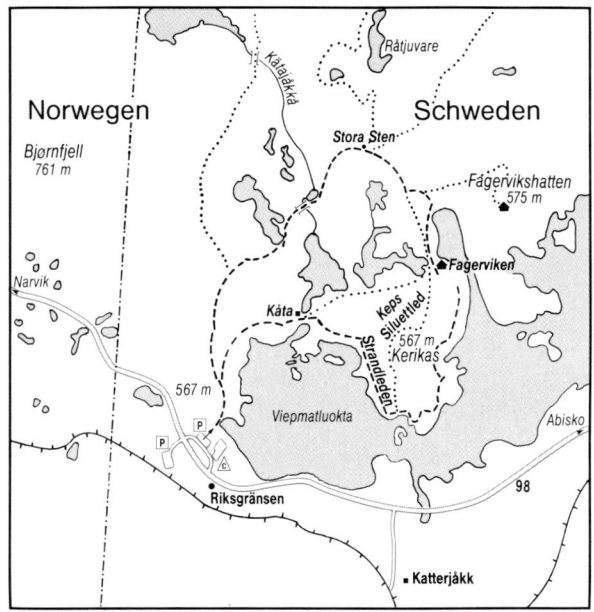

Route 21

Von Riksgränsen eröffnet sich ein phantastischer Blick auf das norwegische Bjørnfjellet

Hütten-/Zelttour: Keine Übernachtungshütten am Weg, aber mehrere ideale Zeltplätze (siehe Beschreibung im Text); kein Brennholz.

Anfahrt: Über die R 98 (Kiruna–Narvik) bis zum Touristenkomplex Riksgränsen direkt an der Grenze nach Norwegen (42 km ab Narvik, 35 km ab Abisko); Ausgangspunkt ist der unterhalb am See gelegene große Parkplatz. Flughafen in Kiruna und Narvik, Taxiflüge (Wasserflugzeug/Helikopter) von Kiruna aus mit *Heliflyg* (Kiruna, ✆ 09 80/8 30 55) und *Lapplandsflyg* (Kiruna, ✆ 09 80/5 10 30). Der Bahnhof Riksgränsen kann von Narvik und Kiruna aus (via Abisko) erreicht werden (zwei- bis viermal täglich); Fahrplanauskunft über das *Turistbyrå* in Kiruna (s. o.), die *Turiststation* in Abisko (s. o.) sowie über *Ofotbanen* in Narvik, ✆ 0 82/ 4 10 40. Busverbindungen bestehen mindestens zweimal täglich von Kiruna aus (via Flughafen, Abisko und Björkliden).

Unterkunft: Zimmer und Ferienhäuser in Riksgränsen und Björkliden (sehr teuer); hier auch asphaltierte Campingplätze. Zahlreiche ›Campbuchten‹ und ein Rastplatz (mit WC) an der Straße nach Abisko; in Abisko Zeltplatz (nur Zelte, hinter dem *Naturum*) sowie Zimmer in der Touristenstation und ein Parkplatz für Wohnmobile/Caravans am Ortsausgang Richtung Kiruna.

Für Kinder: Keine Steigungsstrecken, viel Abwechslung – eine Wanderung für die ganze Familie.

Mountain Bike: Nicht geeignet.

Anschlußwanderungen/Kürzere Varianten: Die Wanderung ist beliebig ausbaubar, kann verkürzt werden auf ca. 7 km bzw. auch 5 km (siehe Karte).

Schon die Fahrt nach Riksgränsen (Reichsgrenze) ist ein nicht alltägliches Erlebnis – egal, zu welcher Jahreszeit man ankommt, egal auch, ob aus Richtung Narvik oder

Kiruna, ob mit dem eigenen Fahrzeug oder der Eisenbahn. Per Schiene kann man schon seit 1902 durch die entrückte Felswildnis des Kaledonischen Gebirgszuges reisen. Die Eisenbahnverbindung verdankt ihren Bau dem Umstand, daß man für das Eisenerz aus den Gruben von Kiruna einen auch im Winter eisfreien Hafen benötigte, um das ›Graue Gold‹ zu den Stahlkochereien Mitteleuropas transportieren zu können. Dafür bot sich Narvik an, und noch heute donnern bis zu 30 Lorenzüge täglich mit je 2500 t des schiefergrauen Gesteins quer durch das Hochland zum Ofotfjord hinunter. Auch ein paar Personenzüge pendeln ständig zwischen den beiden Städten hin und her, und bis 1984 mußten sich alle Reisenden, die nach Riksgränsen wollten, dem Schienenstrang anvertrauen. Erst zu diesem Zeitpunkt nämlich wurde das letzte Teilstück der R 98 für den Verkehr freigegeben, wodurch – wie viele sagen – auch eines der letzten großen Wildnisgebiete Lapplands der Zerstörung durch den Tourismus preisgegeben wurde. Besonders bei den Samen stieß die umstrittene Baumaßnahme auf heftige Kritik. Aber nun ist sie da, die Straße, und man muß sie einfach mal befahren haben, denn die 62 km lange Strecke zwischen Abisko und dem Meer – mit Riksgränsen in der Mitte – sind 62 km voller ständig wechselnder Naturkulissen.

Der Herbst beginnt hier oben schon Mitte August, ab Anfang September ist mit Schnee zu rechnen, ab Mitte des Monats bleibt er liegen. Und das, obwohl man selbst Anfang Juli, also auch im Schein der Mitternachtssonne, noch Skilaufen kann. Riksgränsen gilt als das ›Schneeloch‹ von Lappland, verzeichnet fast 1000 mm Niederschlag pro Jahr, während Abisko – obwohl so nahe – nicht mal 300 mm erhält. Die Ursache für dieses Phänomen ist die Lage der Reichsgrenze im

Die Samenkåta als Alternative zum Hotel

Zentrum des Kaledonischen Gebirgszuges, der nicht nur Länder, sondern auch Luv und Lee trennt und damit eine Wetterscheide bildet. Die Wintersaison währt rund zehn Monate, die des Sommers nur zwei, und sie ist die Nebensaison. Dann ist alles, was den Ort ausmacht – ein Hotel, eine Ferienanlage und ein Campingplatz – relativ ausgestorben.

Auch an unserem Ausgangspunkt, dem unterhalb der Hotel- und Ferienanlage am Ufer des Viepmatluokta-Sees gelegenen, riesengroßen **Parkplatz,** sind wir wahrscheinlich die einzigen Gäste. So fahren wir gleich weiter bis zu einer hölzernen Infotafel, hinter der wir schon das rote Kreuz einer Wintermarkierung und auch den Weg selbst ausmachen können. Vorbei an einer alten Pumpstation stößt man nach wenigen hundert Metern auf eine

Weggabelung erneut für Stora Sten. Im Südwesten ragen die Gebäude der Riksgränsen-Zollstation auf, im Süden öffnet sich ein Hochtal über Katterjåkk, und unter uns breitet sich ein kleiner See aus, zu dem eine Holzleiter hinabführt. Wir überqueren seinen Ablauf auf einer Bohlenbrücke, erreichen eine Fjellmulde und einen darin gelegenen Picknickplatz mit ausgebauter Feuerstelle. Die Mulde verengt sich zu einer kleinen, teilweise von einem Teich ausgefüllten Schlucht, die wir der Länge nach durchwandern, um schließlich wieder ins offene Fjell und bis zu einem 6 m langen Findling – **Stora Sten** – aufzusteigen. Über ein gutes Dutzend kleiner Wasserflächen reicht der Blick bis Riksgränsen und Katterjåkk, fällt im Osten auf den trutzigen Ziegelbau des Bahnhofs von Vassijaure, reicht auf der anderen Seite weit über den Vássejávri hinweg und endet im Norden vor den Steilflanken des schon zu Norwegen gehörenden Gebirgszuges.

Nach links geht es zum Råtjuvare, aber der Weg ist miserabel markiert, oft kaum zu finden, und so folgen wir den roten Farbtupfen Richtung ›Vindskydd Fagerviken 1,5 km‹, die uns nach wenigen Minuten in einen Birkenwald geleiten. Wir ignorieren eine Weggabelung und laufen geradeaus weiter, den roten Markierungen nach, in eine langgestreckte Fjellrinne, die sich 5 Min. später in ein Birkental öffnet. Der Weg schwenkt nach rechts auf einen See zu, wir passieren einen links abzweigenden Pfad (Fagervikshatten) und können wenig später vom Kiesufer aus erkennen, daß der See durch einen nur wenige Meter breiten Sund mit dem Viepmatluokta verbunden ist. Im Rahmen des Felstores erscheint das zerfurchte Massiv des mit Schneewächten behangenen Vuoitasrita (1588 m), und zur Linken hängt ein rot getünchtes Ferienhaus am Birkenhang

Weggabelung, an der es nach links Richtung Stora Sten und Pajep Njuorajaure abgeht. Mit Flechten bewachsene Felsbuckel, Tümpel und verkrüppelte Birken säumen den Weg bis zu einer kahlen Anhöhe, von der man rund 5 Min. später einen offenen Blick über das Bjørnfjell genannte Land genießen kann, das so ganz anders aussieht als alles, was wir bisher in Lappland zu sehen bekommen haben. In einen Rahmen aus schwarzen Granitflanken im Norden, der blauen Weite des Vássejávri-Sees im Osten und dem von Geröllhalden geprägten Hochgebirge im Süden spannt sich ein Bild von archaischer Schönheit. Graue erratische Blöcke ragen wie Atolle in einem Meer aus Weiden, Birken und Moorflächen auf.

Diese Landschaft werden wir durchwandern, und nach insgesamt etwa 15 Min. entscheiden wir uns an einer weiteren über dem See, dessen rechtem Ufer wir bis nahe an den Sund heran folgen.

Rechts über uns sehen wir die Spitze eines Wegweisers. So steigen wir den 20 m hohen Felshang hinauf (im letzten Stück über eine kurze Leiter), der den Namen **Fagerviken** trägt und mit einem See und einer Schutzhütte (innen eine offene Feuerstelle) gekrönt ist. Hier muß man sich entscheiden: unten am Sund entlang (Strandleden, blau markiert) sind es noch 5,5 km bis Riksgränsen, der direkte Weg dorthin mißt 3 km, und einen anderen Weg gibt es, der mit ›Keps Siluettled‹ (weiß markiert) ausgeschildert ist und über den 567 m hohen Kerikas führt. Wir wählen den blau markierten Strandweg, steigen also wieder zum Sund hinunter und folgen dem gut ausgetretenen Uferweg durch einen Birkenwald (viele Blau- und Multebeeren, außerdem riesige Birkenpilze) bis zum Südzipfel der Kerikas-Halbinsel (35 Min.), wo der Keps Siluettled wieder auf den unteren Weg stößt. Bjørnfjell, Riksgränsen und Katterjåkk immer im Blick, geht es am Westufer weiter, das größtenteils steil in den See abfällt und immer wieder kurze Steigungs- und Gefällstrecken mit sich bringt.

5 Min. später ist ein Picknickplatz mit Feuerstelle (sowie See- und Bergpanorama) erreicht. Aber es lohnt sich nicht, hierzubleiben, denn nur 15 Min. trennen uns noch von einer direkt über dem Viepmatluokta an einem breiten Bach gelegenen Wiese (ein idealer Zeltplatz), auf der der schwedische Wanderverein eine originalgetreue **Samenkåta** als Schutzhütte errichtet hat. Die von der Form her an ein Indianerzelt erinnernde Schutzhütte ist außen mit Grassoden verkleidet und bietet, mit offener Feuerstelle und Pritschen versehen, ein Maximum an Gemütlichkeit. Knapp 20 Min. sind es bis zum Ausgangspunkt zurück, und es ist durchaus einer Überlegung wert, ob man mit Zelt etc. wiederkommen soll, um an diesem Rastplatz (der schöner ist als alle Campingplätze weit und breit) die Nacht zu verbringen.

22 Auf Höhen- und ›Blumenwegen‹ nach Abisko

Hochalpine Panoramatour zur höchstgelegenen bewirtschafteten Wanderhütte Lapplands und zum höchsten Punkt aller hier vorgestellten Wanderungen über z. T. sehr schwieriges Terrain.

Dauer/Länge: ca. 9 Std. 30 Min., ca. 26 km; als Zweitagestour zu empfehlen.
Wegverlauf/Entfernungs-/Höhenangaben:

1. Tag: Låktatjåkka (480 m) – Schutzhütte (1 Std. 10 Min., 840 m) – Låktatjåkkastugan (1 Std. 30 Min., 1230 m).

2. Tag: Felsplateau (1 Std. 30 Min., 1380 m) – Kåppatjåkkas-Schutzhütte (40 Min., 1160 m) – Klamm (1 Std. 30 Min., 950 m) – Weggabelung (1 Std., 1045 m) – Njulla (50 Min., 1169 m) – Bergstation (30 Min., 800 m) – Abisko-Touristenstation (45 Min., 341 m).
Wegbeschaffenheit: Über einen alten Fahrweg bis zur Wanderhütte; dann schmale Pfade, teils steinig und über Geröll, mehrere Bach- und Flußquerungen; beachtliche Steigungs- und Gefällstrecken.

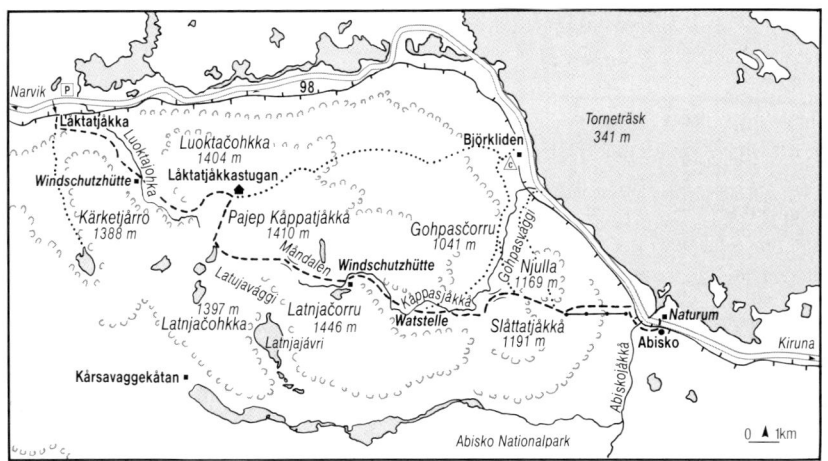

Route 22

Orientierung: Bis zur Wanderhütte problemlos; anschließend ist der Weg rot oder gelb, manchmal überhaupt nicht markiert und auch nicht immer sichtbar, aber mit Hilfe unserer Beschreibung sollte es bei schönem Wetter keine Schwierigkeiten geben. Bei schlechten Sichtverhältnissen ist Erfahrung im Umgang mit Karte und Kompaß erforderlich!

Kartenmaterial: Fjällkartan Abisko-Kebnekaise, BD6/30I (oder 30I), 1:100 000; erhältlich im Shop der *Abisko Turiststation* und im Buchhandel/Fremdenverkehrsamt von Kiruna, Gällivare, Jokkmokk.

Mitternachtssonne/Wanderzeit: In den Höhenlagen 24. 5.–22. 7. Wer vor Mitte/Ende Juli aufbricht, wandert meist über Schnee, hat mit größten Schwierigkeiten bei Flußdurchquerungen zu rechnen. Ideale Wanderzeit Anfang/Mitte August bis Mitte September.

Information/Angeln: *Abisko Turiststation*, STF, ✆ 09 80/4 00 00; geöffnet 24.2.–30. 9. Hier sind auch Angelscheine erhältlich. Weitere Informationen beim *Kiruna Turistbyrå*, Hjalmar Lundbohmvägen 42, ✆ 09 80/1 88 80.

Ausrüstung: Grundausstattung plus Zusatzausrüstung für hochalpines Gelände (sehr warme Kleidung, evtl. Handschuhe, Mütze etc.); unbedingt Kompaß, evtl. Höhenmesser; ein Wander- oder Skistock ist äußerst sinnvoll, außerdem Sonnenbrille (viele Schneefelder). Trekkingschuhe, möglichst gut einfetten; Gummistiefel könnten sinnvoll sein, sind aber zu gefährlich bei dem größtenteils steinigen Terrain. Lebensmittelladen/Ausrüstungsshop in Abisko; in der Låktatjåkkastugan werden kalte und warme Mahlzeiten serviert; außerdem Verkauf von Süßigkeiten, Getränken.

Hütten-/Zelttour: Die Låktatjåkkastugan (✆ 09 80/4 20 32) liegt auf 1228 m Höhe (höchstgelegene Wanderhütte in Lappland), ist 7 km vom Ausgangspunkt entfernt, von Mitte Juni bis Anfang September geöffnet und bietet 18 Zimmer (Doppel oder Einzel) für 250 oder 180 SEK, einen außerordentlich gemütlichen Kaminraum (mit der höchstgelegenen Bar Skandinaviens), Sauna, Restaurant. Angeschlossen eine einfache *kåta* für 2 Personen (Schlafpritschen, Ofen). Die Schutzhütte am Låktatjåkka (halbe Strecke zur Wan-

175

In der Låktatjåkkastugan befindet sich die höchstgelegene Bar Skandinaviens

derhütte) ist ebenfalls für Übernachtungen geeignet (2 Pers.), die Kåppatjåkkas-Rasthütte hingegen nur bedingt (keine Pritschen; Ofen, aber kein Holz). Mögliche Zeltplätze finden sich in allen Höhenlagen, im Abisko-Nationalpark (Njulla-Gebiet) ist Zelten verboten; Brennholz ist nirgends vorhanden.

Anfahrt: Ausgangspunkt ist Abisko an der R 98 (Kiruna – Narvik), wo sich im Bereich des *Naturum* (naturkundliches Museum) viele Parkplätze finden und die Wanderung auch enden wird. Mit der Eisenbahn von Abisko (oder Kiruna bzw. Narvik) zum Bahnhof von Låktatjåkka (ca. 15 Min., mehrmals täglich, Fahrplan-Informationen unter den o. g. Infostellen). Oder mit dem mehrmals täglich von Kiruna (via Abisko) nach Riksgränsen verkehrenden Bus; am Fußweg zum Låktatjåkka-Bahnhof aussteigen.

Unterkunft: Zimmer, Ferienhäuser und Campingplätze in Riksgränsen und Björk-

liden (sehr teuer); in Abisko Zeltplatz hinter dem *Naturum* und Zimmer in der Touristenstation; Stellplätze für Wohnmobile auch an der Hauptstraße (s. auch S. 171).

Für Kinder: Dies ist eine der wenigen Touren in Schweden, die für Kinder kaum geeignet scheinen – zumindest für die jüngeren nicht.

Mountain Bike: Möglich und spektakulär ist die 7 km lange Strecke vom Bahnhof Låktatjåkka bis zur Wanderhütte, die einem alten Fahrweg folgt; aber nur für ›alpenstarke‹ Mountain Biker. An mehreren Stellen ist Tragen oder Schieben unumgänglich.

Anschlußwanderungen/Kürzere Varianten: Das Gebiet um Abisko ist ein einziges Wanderparadies, und eine Informationsbroschüre der Abisko-Touristenstation listet allein neun (markierte) Tagestouren auf. Außerdem beginnt hier der Kungsleden, der über eine Länge von mehr als 500 km bis nach Hemavan, südlich des Polarkreises führt.

An der Låktatjåkkastugan Richtung Björkliden abbiegen – markierter und ausgeschilderter Wanderweg von 7 km Länge; in Björkliden Bahnanschluß nach Abisko. Oder im Gohpasvággi nicht den Kåppasjåkka Richtung Njulla queren, sondern dem markierten Weg weiter nach Björkliden folgen (5 km); dieser Weg ist auf der topographischen Karte noch nicht verzeichnet.

Anmerkung: Die Seilbahn vom Njulla nach Abisko verkehrt tgl. zwischen 9 und 16 Uhr (16 Uhr letzte Talbahn), vom 11. 6.–15. 7. außerdem von 22–1 Uhr; die einfache Strecke kostet 40 SEK, 30 SEK für Kinder. Das Restaurant der Bergstation ist von 10.30–15.30 sowie (Hochsommer) von 22.30–1 Uhr geöffnet.

Wenn hohe Niederschläge und grauer Himmel für Riksgränsen typisch sind, dann ist Sonnenschein und beständiges Wetter charakteristisch für Abisko, das im Regenschatten des Kaledonischen Gebirgszuges liegt und mit 300 mm Niederschlag pro Jahr zu den trockensten Regionen von Lappland und Skandinavien schlechthin gehört. Aber nicht dem ›besucherfreundlichen‹ Klima ist es primär zu verdanken, daß Abisko zur bestausgebauten Touristenstation von Schweden heranwuchs. Auch nicht dem Torneträsk, einem der größten Seen Lapplands, der sich auf fast 100 km Länge entlang der von Kiruna kommenden R 98 erstreckt und für seinen Fischreichtum bekannt ist.

Schon 1903 wurde in diesem geologisch interessanten Gebiet (kalkhaltiger Boden) eine wissenschaftliche Forschungsstation eingerichtet, und 1909, als die ersten schwedischen Naturschutzgesetze in Kraft traten, grenzte man den 75 km² großen Abisko-Nationalpark ab. Beabsichtigt

wurde »der Erhalt einer hochnordischen Gebirgslandschaft in ihrer natürlichen Beschaffenheit sowie die Schaffung eines Refugiums für die wissenschaftliche Forschung«. Gleichzeitig sollte Abisko, das ja seit 1903 ans Bahnnetz angeschlossen war, touristischer Anziehungspunkt werden. – So steht es im über 80 Jahre alten Pflegeplan, und so ist es gelungen: Die Fjellregion gilt heute als die besterforschte und am häufigsten besuchte von Lappland (hier beginnt/endet auch der Kungsleden-Fernwanderweg), und im großen und ganzen blieb die ungeheuer artenreiche Vegetation trotz der (relativ) hohen Besucherzahlen unversehrt.

Hauptattraktion des selbst nicht unbedingt sehenswerten Abisko ist die cañonartig eingeschnittene Schlucht des Abiskojåkka sowie (der Blick auf) das im Westen gelegene, gigantische Trogtal zwischen Tjuonatjåkka (1554 m) und Nissuntjårron (1738 m) – auch als ›Lappenpforte‹ be-

Wanderer im Kåppasdalen

kannt. Noch recht häufig frequentiert wird der südlich des Tales gelegene Paddustievva-Opferplatz der Samen. Und seit sich eine 2 km lange Seilbahn von Abisko bis auf 800 m am Njulla (1169 m) hinaufzieht, avanciert diese Höhe zur meistbesuchten von Nordschweden. Für uns markiert sie den Endpunkt dieser Wanderung. Aber wir werden nicht die Seilbahn nehmen, sondern dem an der Station beginnenden Naturlehrpfad folgen, der am *Naturum* endet, das neben der Fjällstation von Abisko eingerichtet wurde und sehr detailliert über Natur (auch ein wenig über Samen) informiert.

Ausgangspunkt der Wanderung ist das rund 5 km von Riksgränsen entfernte **Låktatjåkka,** wohin wir ab Abisko mehrmals täglich Bahnanschluß haben. Wer mit eigenem Fahrzeug dorthin will, muß an der R 98 parken: Rund 1 km westlich der Brücke über den Luoktajohka beginnt links am Straßenrand ein nach ›Låktatjåkka/Björkliden/Stugan‹ ausgeschilderter Weg, der nach 10 Min. zum ansonsten nur per Schiene erreichbaren Bahnhof führt.

Wir überqueren die Gleise und folgen dem Hinweisschild zur ›Låktatjåkkastugan 7 km‹, erreichen nach 5 Min. eine Gabelung, wo wir nach links zur ausgeschilderten *stuga* (Hütte) abbiegen (die jetzt nur noch 6,5 km entfernt sein soll). Der breite Weg folgt bald schon nicht mehr den Skimarkierungen (Alustangen mit einem roten Kreuz), sondern zieht sich unmarkiert, aber nicht zu verfehlen, am ansteigenden Weiden- und Birkenhang hinauf. Nach 15 Min. und auf ca. 600 m Höhe überschreiten wir die Baumgrenze und können zurück bis übers norwegische Bjørnfjell auf eine weit entfernte Doppelpyramide blicken, an der ein blendendweißer Gletscher hängt. Auf 700 m haben wir zusätzlich die riesige Seenplatte zwischen

Torneträsk und Riksgränsen im Blick, während sich voraus ein Hochtal öffnet, dem wir konstant näherkommen. Links am Hang begleiten uns die zur Wanderhütte führenden Stromleitungen, und auf 800 m Höhe sind wir auf beiden Seiten von schroffen Felswänden umgeben, denen ganz oben dicke Schneewächten aufgesetzt sind. Hier und da müssen Bäche, die über den Weg fließen, überquert werden, aber im großen und ganzen ist das Terrain bequem zu durchwandern.

Nach etwa 1 Std. rücken die Felsflanken näher zusammen, was in Verbindung mit vertikalen Gesteinsschichtungen den Eindruck einer unglaublich tief eingeschnittenen Schlucht hervorruft. Die ganze Landschaft hat einen alpinen Charakter angenommen und verleitet uns immer wieder zu langen ›Guckpausen‹. 10 Min. später stehen wir vor einer 20 m breiten Alubrücke, queren den wild rauschenden Luoktajohka und lassen uns zur Rast auf der Veranda einer kleinen **Schutzhütte** nieder, die mit Ofen und zwei Holzpritschen auch zum Übernachten geeignet ist. Die Höhe beträgt 840 m, so daß uns die säumenden Felsflanken noch immer um bis zu 600 m überragen. Rund 30 Min. benötigen wir von hier bis zu einem 960 m hoch gelegenen Sattel. Dann ist auch diese Hürde genommen, und wir stehen am Rand eines Hochtales, oder besser: Hochkessels. Vorne links klafft ein schmaler Felsdurchbruch, und in diese Richtung verläuft unser Weg, der uns 10 Min. später in die Kluft hineinführt.

Dünne Schieferplatten, zu Millionen übereinandergestapelt, bilden die Felswände, die an gigantische Baumkuchen erinnern. Jenseits des Durchbruchs aber, knapp 1050 m hoch, öffnet sich ein weiterer Felskessel, dessen offenliegende Gesteinsschichtungen es uns ermöglichen, im faszinierenden Buch der geologischen

Auf diesem Flughafen kann man nicht zollfrei einkaufen

Entwicklungsgeschichte zu lesen. Ein paar Minuten später zieht sich der Kessel nach links um einen Vorsprung herum, und an dieser Stelle verlassen wir den Fahrweg (der dort wohl ganzjährig unter Schneefeldern begraben ist) und folgen einem links abzweigenden und mit Wintermarkierungen gekennzeichneten Pfad. Fjellbuckel folgt auf Fjellbuckel, es geht steil auf das ›V‹ eines Passes zu, hinter dem bald eine Fernsehantenne und ein Dachfirst die **Låktatjåkkastugan** ankündigen.

Låktatjåkka Airport – empfängt uns ein knallig gelbes Schild. Unter zahlungskräftigen Bürgern Kirunas ist es üblich, sich hier mal für ein Wochenende mit dem Helikopter einfliegen zu lassen. Im Kaminzimmer des mehrgeschossigen (auch mit Sauna ausgestatteten) Baus lassen wir uns am prasselnden Feuer in einem Ohrensessel nieder und ordern an der höchstgelegenen Bar Skandinaviens, die übrigens ausgezeichnet bestückt ist, ein frisch gezapftes Bier. Wein gibt es aus vielen und auch edlen Lagen (und zu horrenden Preisen), auch kalte und warme Mahlzeiten sind erhältlich (70–250 SEK), und für 180 oder 250 SEK kann man hier die Nacht verbringen, was sich in Anbetracht der noch vor uns liegenden Wegstrecke anbietet. Wem das zu teuer oder zu ›unzünftig‹ ist, der findet hinter dem Haus eine auch für Übernachtungen eingerichtete Schutzkåta (2 Pers.) sowie ein paar mögliche Stellplätze fürs Zelt. Und wenn dann in den Nachtstunden der gelbe Lampion der Sonne die völlig kahle Felswelt rings herum beleuchtet, auch den tief unten liegenden Torneträsk – dann hat sich noch jeder dazu beglückwünscht, hier und nicht woanders die Nacht verbracht zu haben.

Rund 20 km liegen noch vor uns, und unser Weg ist der hinter dem Haus zur ›Kårsavaggestugan 9 km‹ ausgeschilderte.

Für ein paar Meter geht es steil bis zum Nordrand eines 300 m breiten Felsbalkones empor, der sich in gerader Linie gen Süden zieht und nach rechts in den Kessel abfällt, durch den wir aufgestiegen sind. Steinmännchen weisen den Weg nach Süden, und vorbei an riesigen Schneebrücken und permanent zugefrorenen Tümpeln laufen wir auf die Stelle zu, wo der Balkon in eine Schlucht abzufallen scheint. Nach rund 20 Min. haben wir diesen Punkt erreicht und blicken auf einen etwas tiefer gelegenen (auf der Karte nicht verzeichneten) See hinab. Wir folgen seinem rechten Ufer, um bald schon, geleitet durch Steinmännchen, auf die linke Seite seines Abflusses zu wechseln.

Grauschwarzes Gestein, kein Hauch von Grün, und wir freuen uns darauf, dieser lebensfeindlichen Welt wieder entkommen zu können, was aber noch mindestens 2 Std. auf sich warten lassen wird. Nach der Querung des Ablaufes verengt sich die Kluft und fällt unvermittelt zu einem zweiten See ab. Der unmarkierte Weg ist Richtung Kårsavaggestugan ausgeschildert. Unser ist auch weiterhin mit Steinmännchen gekennzeichnet, und nach ein bißchen Suchen sehen wir auch die Spur, die sich nach links einen niedrigen Felshang hochzieht, über dem das rote Kreuz einer Wintermarkierung wacht. 5 Min. später stehen wir oben in einer – so das möglich ist – vielleicht noch steinigeren Welt als der, die wir gerade verlassen haben. Ein paar Meter weiter öffnet sich ein monumentales Tal, das von schwarz, grau, braun, ocker, gelb, ja sogar grün schimmernden, völlig vegetationslosen Rücken eingekeilt und so tief eingeschnitten ist, daß die Sohle verborgen bleibt. Es ist das Latnjavággi, in das ein unmarkierter Pfad zur Kårsavaggestugan abzweigt.

Unser Weg wendet sich ab und steigt einen mit Steinplatten bedeckten Hang halb links hinauf. Das Weiß der Schneefelder blendet, und ohne Sonnenbrille kann es schwerfallen, Markierungen auszumachen, auf die man sich hier verlassen muß: Der Pfad ist oft als solcher nicht zu erkennen. Nach etwa 15 Min. konstanten Anstiegs ist eine Höhe von 1280 m erreicht, und ein breites Schneefeld muß nach rechts gequert werden. 10 Min. später, 1320 m hoch, laufen wir auf einen Sattel zu, und noch einmal gilt es, alle Kräfte zu mobilisieren, um bis zum höchsten Punkt dieser Wanderung und aller bisherigen Wanderungen vorzustoßen: einem 1380 m hohen **Felsplateau.** Wir stehen 1040 m über dem Torneträsk, den wir von unserem Panoramabalkon aus deutlich erkennen können.

Aber es ist kalt hier oben, rund 10 °C kälter als in Abisko, und schleunigst machen wir uns an den Abstieg ins schräg nach unten verlaufende Måndalen, dessen graue Flanken sich in einem See spiegeln. Die Steinmännchen geleiten uns sicher über ausgedehnte Schneefelder, wir kommen zügig voran, und sind schon 10 Min. später um über 100 m abgestiegen, können jetzt bereits mit bloßem Auge die Schutzhütte ausmachen, die am rechten Ufer des Kåpasjåkkås liegt. Auf 1200 m muß eine rutschige Felsbahn gequert werden, und langsam aber sicher kündigt sich die oberste Vegetationszone mit spärlichen Moospolstern an. In windgeschützten Lagen blühen schon Gletscherhahnenfuß und das quirlblättrige Läusekraut, die von allen Gefäßpflanzen in Schweden den höchsten Standort haben.

Rund 40 Min. sind seit der Paßhöhe vergangen, da stehen wir gegenüber der **Schutzhütte** (1160 m), von der uns nur noch der (ab August problemlos über Steine zu querende) Kåpasjåkkå trennt. Ein Ofen ist einziger Schmuck der *kåta*, wenn wir mal von dem Graffito absehen, mit dem sich Wanderer auf den Holzwänden verewigt haben. »Wer hier vor dem 20. Juli vorbeigeht, wie wir, der ist selber schuld« – so ist u. a. zu lesen, und wir möchten dem anonymen Schreiber unbedingt Recht geben, denn im Juli wird man für diese Wanderung wohl noch Schneeschuhe benötigen. Selbst Mitte August ist der See noch teilweise zugefroren, spannt sich eine mehrere Meter dicke Schneebrücke über seine schmale Stirnseite und sind die säumenden Steilflanken mit Schneewächten behangen, die ganz so aussehen, als wollten sie jeden Moment herabstürzen.

Lange halten wir es nicht aus in dieser Stein- und Schneeöde, und bald brechen wir wieder auf, dem Kåppasdalen entgegen, das 100 m unter uns als weite Talmulde nach rechts schwenkt. 20 Min. später und geleitet von ab jetzt gelb markierten Steinhäufchen betreten wir die Kies- und Wiesensohle des Tales, durch das sich der Kåppasjåkkå vielarmig schlängelt. Ein paar Meter nur, dann zwingt uns der Weg

eine (problemlose) Querung auf und führt in ein sanft gewelltes Wiesen- und Heideland, das in Sachen Flora alles in den Schatten stellt, was wir bisher in Lappland zu sehen bekommen haben. Es herrscht eine unglaublich üppige Vegetation, mit einem Artenreichtum und einer Schönheit, für die es im übrigen Schweden kein Beispiel gibt – und dies nur etwa 150 m unterhalb eines mit ewigem Eis und Schnee bedeckten Terrains. Wir befinden uns gewissermaßen auf einem ›Blumenweg‹, der gesäumt ist mit weiß blinkenden Matten von Silberwurz, der seltenen, spitzblättrigen Alpenlinse, in Büscheln stehendem Zwerg-Mastkraut, hellroten Alpenpechnelken, gelbem und weißem Hahnenfuß, rötlich blühenden Weidenröschen, Sandveilchen, Wintergrün, Alpenrose, Alpenheide, Händelwurz, Katzenpfötchen – um nur die gewöhnlichsten und am meisten ins Auge fallenden Gewächse zu nennen. Auch die Flechten sind reich vertreten, und die exotischsten Exemplare dieser eigenartigen Gruppe im Pflanzenreich finden wir auf

Die sogenannte Lappenpforte vom Gipfel des Njulla gesehen

kleinen Quarzitadern, mit denen herumliegende Felsbrocken gemasert sind.

Mühelos durchwandern wir das parallel zum Fluß verlaufende Wiesen- und Blumenland und erreichen eine halbe Stunde später die Stelle, wo der jetzt tiefer ins Tal eingegrabene Strom eine scharfe Linksbiegung macht, um durch das später cañonförmig verengte Gohpasvággi in den Torneträsk bei Björkliden zu münden. Wir passieren zwei Feuchtstellen, wo wir das knarrende Grunzen eines Alpenschneehuhns vernehmen und wo sich auch Wiesenpieper, Steinschmätzer und Schneeammer tummeln. Noch immer sind wir rund 1000 m hoch und sehen halb rechts über dem jetzt eine Kerbe bildenden Flußtal den braunen Buckel des Njulla, auf dessen Gipfel (1169 m) wir in rund 2 Std. stehen werden.

Das Problem ist nur, daß der markierte Weg, anders als auf der topographischen Karte verzeichnet, direkt in Richtung Björkliden führt, nicht aber zum Njulla, wie bald schon von einer Anhöhe aus offenbar wird. Jetzt ist es Zeit, den zum Fluß hin abfallenden und auf der anderen Seite wieder aufsteigenden Hang nach Wintermarkierungen abzusuchen. Aber selbst wenn man nicht fündig wird, ist das kein Problem (die hellen Holzpfosten sind hier nur sehr sporadisch gesetzt, oft auch aus der Ferne schwer auszumachen): dann steigen wir einfach zum Fluß ab (wenn man vom Weg aus schon den Torneträsk sehen kann, ist man rund 5 Min. über die nicht markierte Weggabelung hinausgewandert), der an jener Stelle zu queren ist, wo er oberhalb einer **Klamm** zwischen Felsen hindurchfließt; am anderen Ufer ›grüßt‹ der Pfosten einer Wintermarkierung.

Unsere Höhe beträgt noch knapp 950 m, und bis an den Fuß des Njulla sind noch etwa 2 km zurückzulegen, während derer der Weg (anders als auf der topographischen Karte verzeichnet) zumeist nicht sichtbar und auch nicht markiert ist. Aber das soll uns nicht stören, wir visieren einfach den Gipfel des Njulla an und halten auf ihn zu. Das Gelände ist von vielen Querrillen durchzogen, auch mit manchem Geröllfeld bedeckt, und schnell kommt man nicht voran. Bald können wir im Norden hinter der Kerbe des Gohpasvággi einen Zipfel des Torneträsk ausmachen, und suchen wir jetzt den Hang des Njulla nach einer Wegspur ab, erkennen wir deutlich eine schnurgerade aus dem Tal aufsteigende Linie von mit roten Kreuzen versehenen Alupfosten. Auf diese Wintermarkierung wandern wir in spitzem Winkel zu, erreichen sie auf rund 1000 m Höhe und folgen ihr über einen gut ausgetretenen Pfad hangaufwärts. Die Steigung ist beachtlich, aber nur von etwa 10 Min. kurzer Dauer.

Dann stehen wir auf einem Sattel zwischen dem Njulla und dem südlich angrenzenden Slåttatjåkka (1191 m) und lassen uns vom Fernblick in eine andere Welt entführen. Der Blick fällt auf das Hochgebirge südlich von Abisko, dessen Berge sich gleich Kathedralen bis über 1700 m erheben. Zwischen den verschneiten und teils vergletscherten Turmspitzen klaffen – wie man sagt – drei der schönsten geometrisch geformten Trogtäler Schwedens. Das am weitesten östlich gelegene ist die ›Lappenpforte‹, und jetzt wird auch verständlich, warum sie den Samen, die ihre Götter in sonderbaren Naturformationen verehrten, heilig war.

Knapp 5 Min. später überschreiten wir die durch Schilder markierte Grenze zum Abisko-Nationalpark, passieren einen Schilfsee, sehen zur Rechten immer mehr Trogtäler und Berge aufragen und laufen direkt auf eine **Weggabelung** mit Wegweiser zu. 15 Min. sind es von hier aus bis zur (noch nicht einsehbaren) Bergstation der Seilbahn. Die Nähe ist verlockend, aber wir widerstehen und biegen nach links Richtung Njulla ab, von dem uns noch genau 169 Höhenmeter trennen. Der Weg ist eindeutig, wenn auch spärlich markiert (Pfosten mit Schild, worauf ein gelber Tennisball abgebildet ist) und führt den erst sanft, dann steil, im letzten Abschnitt sehr steil ansteigenden grasbewachsenen Hang hinauf. Ab 1080 m Höhe können wir den Torneträsk und die nach Kiruna führende R 98 ausmachen, ab 1100 m haben wir auch Abisko im Blick, und vom Gipfel des **Njulla** selbst, der in rund 30 Min. erklommen ist, genießt man ein 360°-Panorama: die Felsgiganten im Süden, die nicht endende Seefläche im Osten, das norwegische Hochgebirge im Norden und ›unsere‹ 1380 m hohe Paßhöhe im Westen. Insbesondere die imposanten Berge ziehen ein ums andere Mal unseren Blick an, aber auch wenn man nicht oft auf einem Platz steht, der von einem halben Dutzend ›Riesen‹ umgeben ist, sehnen wir uns doch nach einem weniger monumentalen, blumenbestandenen Hügel.

20 Min. später stehen wir wieder an der Weggabelung und folgen dem Schild zur **Bergstation** der Seilbahn, die wir eine Viertelstunde später auf rund 800 m Höhe erreichen. 460 m tiefer schimmert der Torneträsk neben Abisko und dem *Naturum,* und so müde wir auch sind – vom Lift (letzte Verbindung um 16 Uhr) wollen wir uns doch nicht ans Ziel tragen lassen. Denn dieser Hang hier, den es noch zu bezwingen gilt, ist grasbewachsen, von Blumen bedeckt und genauso, wie wir es uns gerade noch auf dem Gipfel des Njulla erträumt haben.

Mühelos geht es links von der Seilbahn über einen Weg hinab, und das Ziel könnte problemlos in einer halben Stunde erreicht sein. – Wenn da nicht diese wirklich unglaubliche Blumenfülle wäre, die noch wesentlich dichter und artenreicher ist als die des Kåppasdalen. Die gelbblütige Trollblume, das Fingerkraut, das zweiblütige Veilchen und der Rosenwurz, der schneeweiße Knöllchen-Knöterich, der Steinbrech, Storchschnabel und Alpen-Tragant, der blaue Enzian, die Rote Nachtnelke und viele andere Pflanzen mehr stehen hier nicht vereinzelt, sondern in bunten Feldern kreuz und quer durcheinander. Je tiefer man kommt, desto bunter und üppiger wird die Pracht, und am Rand einer Birkenschneise auf 670 m Höhe (mittlere Bergstation), ist der Boden besonders kalkhaltig und läßt Blau-, Preisel- und Rauschbeere wachsen, aber auch wilde Johannisbeeren, Vergißmeinnicht, Engel- und Natterwurz, blaues und weißes Alpenfettkraut.

Auf 600 m dann beginnt das Reich der Vögel, die hier in der Birkenregion zu Tausenden nisten. Wir hören die Wacholder-, Rot- und Singdrossel, das Blaukehlchen und die wohlklingende Heckenbraunelle, den Polarbirkenzeisig, den Bergfink und Fitis, Trauerschnäpper, Gartenrotschwanz, Klein- und Dreizehenspecht und viele andere mehr, die wir nicht klassifizieren können. Es pfeift und zwitschert und tiriliert, und vor lauter Staunen stapfen wir mitten in eine der zahlreichen Feuchtstellen, die den jetzt mit Torf bedeckten Weg säumen. Dann ist die Talstation erreicht, damit auch eine Schotterstraße, die uns in wenigen Minuten zur **Turiststation** und dem *Naturum* zurückführt.

23 Lulep Kierkau – Balkon zum Sarek

Leichte Wanderung (abgesehen vom Aufstieg) zum Gipfel des Lulep Kierkau und an das Ufer des Pietsaure.

Dauer/Länge: ca. 5 Std. 30 Min., ca. 17 km.

Wegverlauf/Entfernungs-/Höhenangaben: Saltoluokta Fjällstation (377 m) – Schild ›Pietsaure‹ (20 Min., 460 m) – Grenze zum Stora Sjöfallet-Nationalpark (25 Min., 500 m) – Weggabelung (25 Min., 660 m) – Felswand (20 Min., 800 m) – Wiesensattel (15 Min., 900 m) – Lulep Kierkau (1 Std., 1139 m) – Paß (50 Min., 760 m) – Pietsaure und Sameviste (30 Min., 645 m) – Saltoluokta Fjällstation (1 Std. 30 Min., 377 m).

Wegbeschaffenheit: Bequem zu begehende Wege bis zum Fuß des Lulep Kierkau, Felspfade (teils Geröll) bis zum Gipfel, gute Wege zum Pietsaure und retour.

Orientierung: Problemlos, die Wege sind ausgeschildert, aber nicht markiert.

Kartenmaterial: Fjällkartan Stora Sjöfallet, 28I, 1:100 000; oder besser (weil auch für den gesamten Padjelantaleden zu verwenden) Fjällkartan Sarek-Nationalpark, BD10 (nicht Sarek 28H!), 1:100 000; erhältlich im Buchhandel/Turistbyrå in Jokkmokk, Gällivare und Kiruna, im Shop der Fjällstation von Kvikkjokk sowie im Shop der Saltoluokta Fjällstation. Karte ist nicht unbedingt erforderlich (sehr wohl aber – die gleiche – für Wanderung Nr. 24).

Mitternachtssonne/Wanderzeit: 7. 6.–5. 7. (Lulep Kierkau). Die Strecke zum Pietsaure ist ab Mitte Juni zu bewältigen, die zum Lulep Kierkau nicht vor Anfang Juli; Saisonende am 15. 9. (ab dann kein

regulärer Fährverkehr mehr von Kebnats zur Saltoluokta Fjällstation).

Information/Angeln: *Jokkmokk Turistbyrå,* Jokkmokk, ✆ 09 71/1 21 40; *Gällivare Turistbyrå,* Gällivare, ✆ 09 70/1 66 60; *Saltoluokta Fjällstation,* 09 73/4 10 10, geöffnet vom 15. 6.–15. 9. Angeln ist im Nationalpark Stora Sjöfallet verboten; möglich nur am Langas-See sowie am Südufer des Pietsaure, Angelscheine über die o. g. Infostellen.

Ausrüstung: Grundausstattung, Wasserflasche, evtl. Wander-/Skistock, Badesachen. Im Frühsommer könnten Gummistiefel angebracht sein, aber der Weg zum Gipfel ist steinig, Trekkingschuhe sind zu bevorzugen. Ausrüstungsgegenstände sowie Lebensmittel sind im Shop der Fjällstation erhältlich; hier werden auch kalte und warme Mahlzeiten serviert.

Hütten-/Zelttour: Es liegen keine Hütten am Weg; mögliche Zeltplätze unterhalb des Lulep Kierkau-Gipfelplateaus am See (ab Mitte August ausgetrocknet) sowie direkt am Sandufer des Pietsaure.

Anfahrt: Zwischen Jokkmokk und Gällivare Richtung Stora Sjöfallet abbiegen, rund 100 km; parken auf dem ausgeschilderten Platz von Kebnats, von wo aus zwei- bis viermal täglich ein Boot nach Saltoluokta verkehrt (50 SEK).

Zwischen dem 11. 6. und 15. 9. fahren täglich zwei Busse von Gällivare (Busverbindung mit Kiruna und Jokkmokk/Kvikkjokk) sowie Ritsem (Anschluß mit Padjelantaleden II, siehe dort) nach Kebnats (Bootsabfahrt nach Busankunft), und von Gällivare aus besteht die Möglichkeit,

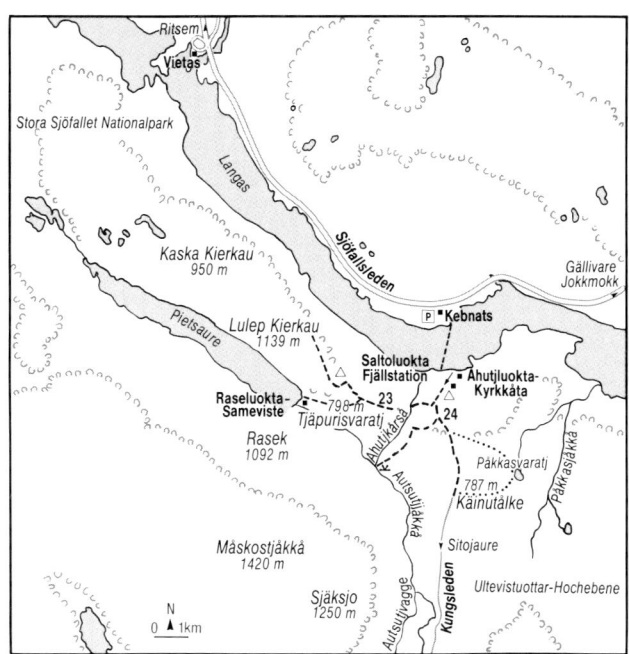

Route 23 und 24

per Taxiflug (Wasserflugzeug oder Helikopter) Kebnats zu erreichen (*Norrlandsflyg,* Gällivare, ✆ 09 70/1 40 65).

Unterkunft: Das Bett in der Saltoluokta Fjällstation kostet 90 bis 240 SEK (Sechsbzw. Zweibettzimmer), komplett eingerichtete Küchen sind angeschlossen; zum Komplex gehören u. a. Sauna, Restaurant, Shop, Kaminzimmer. Reservierung in der Hochsaison ist sinnvoll (auch telefonisch, s. o.). Im Bereich der Fjällstation darf man auch campen. In Kebnats (WC vorhanden) kann man im Caravan oder Wohnmobil übernachten.

Für Kinder: Die Gipfeltour zum Lulep Kierkau ist nur etwas für die ›Älteren‹, der Weg zum Pietsaure dagegen für Kinder jeden Alters geeignet.

Mountain Bike: Ungeeignet.

Anschlußwanderungen/Kürzere Varianten: In Saltoluokta beginnt der (mit vier Übernachtungshütten ausgestattete) nach Kvikkjokk (76 km) führende Abschnitt des *Kungsleden,* den man auch in Aktse (31 km) beenden kann (s. Wanderung Nr. 26). Abkürzungsmöglichkeiten bestehen, indem man nur zum Lulep Kierkau aufsteigt oder nur zum Pietsaure wandert.

Der Sjöfallsleden, der sich als gut ausgebaute Asphaltstraße für rund 140 km von der R 88 bei Porjus entlang dem Stora Lulevatten nach Westen zieht, wird im Volksmund treffend ›Der Weg nach Westen‹ genannt. Im Reiseprospekt taucht er unter der Bezeichnung ›Das Blaue Band Lapplands‹ auf, oder als ›Paradestraße‹, und auch der Skeptiker wird nicht umhinkönnen, diese Namen für gerechtfertigt zu halten. Der Sjöfallsleden erschließt eine ursprüngliche Landschaft, die mit sanfter Steigung aus der Nadelwaldregion in größere Höhen und schließlich ins Hochge-

Kåta am Pietsaure

birge führt. Der Nadelwald am Ufer des Stora Lulevatten und seiner westlichen Verlängerung, des Langas, gilt als ein 7000 Jahre alter, nach Westen vorgeschobener Teil der eurasischen Taiga und zeigt anschaulich, wie sich der stufenweise Wandel vom Tiefland zum Hochgebirge vollzieht. Wir können hier vom Autofenster aus einen jungfräulichen Wald kennenlernen, und gleichzeitig ein ständig wechselndes Panorama auf Seen und Berggipfel genießen.

Fahren wir gar bis zum Ende der Straße, an den nur wenige Kilometer von Norwegen entfernten See Sitasjaure, so wird das Panorama noch eindrucksvoller: Direkt links der Straße breitet sich der Akkajaure aus, dessen gewaltige Wasserfläche mehr als ein halbes Dutzend Gletscherberge des Sarek-Zentralmassivs widerspiegelt. Bei Ritsem stehen wir der ›Königin von Lappland‹ gegenüber – wie der ebenfalls verglet-

scherte Akka oft genannt wird –, während das letzte Wegstück durch eine Kältesteppe von imposanter Weite führt.

Aber eine Autofahrt kann nur Eindrücke vermitteln, kein solches Vergnügen, wie wir es zu Recht von unserer heutigen Wandertour erwarten. Ausgangspunkt ist die am Südufer des Langas-See gelegene **Saltoluokta Fjällstation,** die wir von Kebnats aus (Parkplatz) mehrmals täglich mit einem Boot erreichen können. Schon während der nur etwa 10 Min. dauernden Überfahrt genießt man einen atemberaubenden Ausblick auf den fast 700 m senkrecht neben dem See aufragenden und nahezu 8 km langen Felsrücken des Lulep Kierkau, den zu besteigen unser erklärtes Ziel ist.

Vom Anleger aus folgen wir dem hangaufwärts führenden Hauptweg, der innerhalb weniger Minuten zur Rezeption der

Touristenstation (mit Restaurant und kleinem Supermarkt) geleitet, wo man sich mit ein paar Leckerbissen für den in ca. 3 Std. anstehenden Gipfelschmaus eindecken kann. Ein Stück oberhalb des hölzernen Haupthauses der Bergstation beginnt der mit ›Sitojaure 20 km‹ und ›Pietsaure 6 km‹ beschilderte *Kungsleden* (Königsweg), dem wir für 1 km durch recht kräftig ansteigenden Birkenwald folgen. Schon nach 200 m gabelt sich der breite und ausgetretene Weg, und in beide Richtungen ist der Sitojaure ausgeschildert. Der nach rechts verlaufende ist der richtige und führt uns nach 20 Min. zu einem nach Westen weisenden **Schild** (›Pietsaure‹). Dem wollen wir folgen, und nach rund 5 Min. leichten Anstiegs durch ein Birkendickicht ist ein kleiner Felsbalkon erreicht. Wir ignorieren den nach links abzweigenden Pfad, steigen zu einem Bach ab, queren ihn und passieren nach insgesamt rund 40 Min. die deutlich markierte **Grenze zum Stora-Sjöfallet-Nationalpark;** der namengebende ›Große Wasserfall‹ bei Vietas, einst der imposanteste von Lappland, wird heute von einem Kraftwerk gebändigt, ist nicht mehr der Rede wert.

Ein weiterer Bach kommt in Sicht, er muß überquert werden, und bald klafft zur Linken die ca. 30 m tiefe Felsschlucht des Ahutjkårså (s. Wanderung Nr. 24). Nachdem wir unsere Wasserflaschen gefüllt haben (!), folgen wir dem Bach noch für eine Weile, bevor es kurz, aber steil, einen Birkenhang hinaufgeht. Oben, auf einer Höhe von nunmehr 600 m, haben wir bereits die Baumgrenze überschritten und genießen die freie Aussicht auf den tief unten liegenden See sowie insbesondere auf den vor uns liegenden, langgestreckten Lulep Kierkau, der uns noch um fast 500 m überragt und durchaus ein wenig Angst einflößen kann. Der Weg zieht sich als deutlich ausgetretene Spur

den mit Heidekraut bewachsenen Hang hinauf, und während der folgenden 15 Min. bis zu einer **Weggabelung** überblicken wir den Langas-See in seiner gesamten Länge, bald auch die Vietas-Halbinsel und den oberhalb sich anschließenden Kårtjejaure.

An der Gabelung folgen wir dem nach rechts abzweigenden Pfad (folgen also nicht dem zu einem Wiesensattel und später zum Pietsaure führenden), der in ziemlich gerader Linie und ohne noch groß Höhe zu machen, zu der dem See zugewandten Steilflanke des Lulep Kierkau führt. Nach 15 Min. und auf einer Höhe von etwa 800 m stehen wir im Schatten der **Felswand,** zu der wir noch ein kurzes Stück parallel laufen müssen, bevor der Pfad um 90° schwenkt, um über einen Wiesenhang direkt zum unüberwindbar scheinenden Hindernis hinaufzuklettern. Die Steigungsstrecke – obwohl beachtlich – ist in nur 15 Min. bewältigt und führt über einen Saumpfad, der von unten nicht einsehbar war, auf einen 130 m höher gelegenen **Wiesensattel.**

Rund 1½ Std. sind seit dem Aufbruch von der Fjällstation vergangen, und wäre hier schon das Ziel der Tour, so könnte man auch zufrieden sein, denn das Panorama ist selbst für Lappland-Verhältnisse von bestechender Schönheit: der Langas-See im Osten; die unendliche Fläche der Ultevistuottar-Hochebene im Südosten; das langgestreckte Trogtal des Autsutjjåkkå im Süden, das auf seiner ganzen Länge von einem über 1000 m hohen Felsriegel flankiert wird. Aber die Wanderung ist hier eben noch nicht zu Ende, und man sollte sparsam mit seinem Fotomaterial umgehen, denn während der folgenden Stunde bis zum Gipfel sind uns noch wesentlich dramatischere Ausblicke sicher. So schon vom rechts angrenzenden Felsbuckel aus, zu dem vom Sattel her zwei

Die Besteigung des Lulep Kierkau ist im wahrsten Sinne des Wortes ein Höhepunkt

Pfade aufsteigen, von denen der linke zu bevorzugen ist. Hier steht man nur 50 m höher, aber jetzt ist der Blick frei Richtung Nordwest, wo er vom vollkommen geometrisch geformten Kegel des 1279 m hohen Slugga gebannt wird. Dieser ›Zuckerhut‹-Berg wird überschattet von der weißen Zackenlinie des von mehr als zwei Dutzend Gletschern bedeckten Sarekjåkkå-Massivs. 350 m unter uns ergießt sich der Autsutjjåkkå durch ein weit verzweigtes

Delta in den langgestreckten Pietsaure. Ein Sandstrand weckt Reminiszenzen an den Süden, und schon jetzt denken wir voller Vorfreude daran, daß kaum mehr als zwei Wanderstunden vergehen werden, bis wir dort unten sitzen.

Der weitere Weg zum Gipfel ist von Steinmännchen markiert, steigt von einem Felsbuckel zum nächsten auf und passiert zwischenzeitlich einen weiteren Wiesensattel, in den ein kreisrunder Schmelzsee

paar Minuten vergehen, bis wir am Fuß eines solchen Gebildes stehen, das von einem abgeschnittenen Ofenrohr gekrönt wird, in dem das unvermeidliche Gipfelbuch zu finden ist.

Der **Lulep Kierkau** selbst macht nicht viel her. Aber das 360°-Panorama bietet eine fürstliche Entschädigung für die relativ geringe Mühsal. Den Ausblick nach Westen und Süden kennen wir schon, aber er ist jetzt unvergleichlich imposanter und umfaßt nun auch das 10-Gletscher-Massiv des Äpar im Südwesten, somit den größten Teil des Sarek. Man kann sich nicht sattsehen an diesen Bildern, ihren Farben und Farbtönen, die ›einem zu Hause kein Mensch glauben wird‹. Und wenn wir uns dann auf dem Gipfelplateau nach Norden wenden, dahin, wo der Felsriegel senkrecht über 760 m in den Langas-See abfällt, dann ist es endgültig um uns geschehen. Voller Euphorie lassen wir uns auf einer windgeschützten Kanzel über dem Abgrund nieder und schwelgen in Aussicht, die bei gutem Wetter bis zum fast 100 km entfernten Kebnekaise, dem höchsten Berg Schwedens (2111 m), reichen soll.

Für den Rückmarsch bis zum Wiesensattel, wo der Saumpfad absteigt, sind ca. 30 Min. anzusetzen, und nochmal 10 Min., dann steht man wieder unten vor der Felsflanke des Lulep Kierkau und muß sich entscheiden, ob die Wanderung zum Pietsaure angeschlossen oder vertagt werden soll. Im letzteren Fall folgen wir dem Weg, den wir auch gekommen sind. Im ersteren zweigen wir nach ein paar Minuten auf einen nach rechts weisenden Trampelpfad ab, der in spitzem Winkel auf den Paß zwischen Lulep Kierkau und Tjäpurisvaratj zuführt. Dort stößt er auf den von Saltoluokta kommenden Hauptweg, der ins Tal des Autsutjjåkkå führt.

(ab Mitte August ausgetrocknet) eingebettet ist. Etwas oberhalb gabelt sich der Weg erneut, wir wählen den linken, übersteigen die 1000 m-Marke und laufen auf einen Buckel zu, der wie ein Gipfel aussieht, aber keiner ist. Noch mehrere Male lassen wir uns so in die Irre führen, dann öffnet sich ein Hochplateau, aus der eine Handvoll niedriger Felskegel aufragt, von denen irgendeiner den Gipfel bilden muß. Steinmännchen weisen den Weg, und nur ein

Ein paar Minuten nur, dann kann man den ganzen Trog überblicken, der auf der einen Seite vom Pietsaure gefüllt ist, auf der anderen nach Süden abschwenkt, um sich bis zum Sitojaure hinzuziehen. In seiner Mitte schlängelt sich der (unaussprechliche) Fluß Autsutjjåkkå durch grünes Sumpfland, das an den Rändern in lichte Birkenhaine ausläuft, die bis zu uns heraufreichen. Der Weg ist ausgetreten und angenehm zu begehen, auch völlig eindeutig in seinem Verlauf, und endet rund 30 Min. nach Überquerung des Passes an der südöstlichen Stirnseite des 1 km breiten, aber rund 8 km langen Sees, den wir

bei der **Raseluokta-Sameviste** erreichen. Dieses, der Zivilisation doch recht nahe gelegene Samen-Sommerlager ist keineswegs von Modernismen geprägt (die den Reiz so vieler Samevisten zerstört haben), sondern besteht in der Hauptsache noch immer aus uralten und aus Wiesensoden ›gemauerten‹ *kåtas*, wie man sie schöner vielleicht nirgends mehr in ganz Lappland findet. Aber auch der mehrere Meter breite und weitgeschwungene Sandstrand des **Pietsaure** dürfte im hohen Norden seinesgleichen suchen, und wer sich eines stabilen Kreislaufs sicher ist, der wird vielleicht ein Bad einschieben wollen.

24 Rings um Saltoluokta

Einfache Wanderung durch eine abwechslungsreiche Landschaft.

Dauer/Länge: ca. 4 Std. 30 Min., ca. 15 km.
Wegverlauf/Entfernungs-/Höhenangaben: Saltoluokta Fjällstation (377 m) – Trogtal (1 Std. 10 Min., 720 m) – Käinutålke (10 Min., 787 m) – Påkkasvaratj (20 Min., 717 m) – Kungsleden (50 Min., 600 m) – Gabelung (10 Min., 550 m) – Ahutjkårså (40 Min., 640 m) – Fjällstation (1 Std., 377 m).
Wegbeschaffenheit: Gute Wege auf dem Kungsleden-Abschnitt sowie zum Cañon, wegloses Heideland zum Påkkasvaratj-See und retour.
Orientierung: Der Weg ist teilweise nicht markiert, aber die anzulaufenden Punkte sind so markant, daß die Orientierung problemlos ist.
Kartenmaterial: Fjällkartan Stora Sjöfallet, 28I, 1:100 000; oder besser (weil auch

für den gesamten Padjelantaleden zu verwenden) Fjällkartan Sarek-Nationalpark, BD10 (nicht Sarek 28H!), 1:100 000; erhältlich im Buchhandel/Turistbyrå in Jokkmokk, Gällivare und Kiruna, im Shop der Fjällstation von Kvikkjokk sowie im Shop der Saltoluokta Fjällstation.
Mitternachtssonne/Wanderzeit: 7. 6.– 5. 7. (Lulep Kierkau); Mitte Juni bis Mitte September verkehrt das Boot zwischen Kebnats und Saltoluokta.
Information/Angeln: *Jokkmokk Turistbyrå,* Jokkmokk, ✆ 09 71/1 21 40; *Gällivare Turistbyrå,* Gällivare, ✆ 09 70/1 66 60; *Saltoluokta Fjällstation,* ✆ 09 73/4 10 10, geöffnet vom 15. 6.–15. 9. Angeln ist nicht möglich.
Ausrüstung: Grundausstattung, Gummistiefel oder Trekkingschuhe.
Hütten-/Zelttour: Keine Hütten am Weg, zahlreiche mögliche Zeltplätze; kein Brennholz vorhanden.
Anfahrt: Zwischen Jokkmokk und Gälli-

Der Langas-See
im Februar

vare Richtung Stora Sjöfallet abbiegen, rund 100 km; parken auf dem ausgeschilderten Platz von Kebnats, von wo aus zwei- bis viermal täglich ein Boot nach Saltoluokta verkehrt (50 SEK).

Zwischen dem 11. 6. und 15. 9. fahren täglich zwei Busse von Gällivare (Busverbindung mit Kiruna und Jokkmokk/Kvikkjokk) sowie Ritsem (Anschluß mit Padjelantaleden II, siehe dort) nach Kebnats (Bootsabfahrt nach Busankunft), und von Gällivare aus besteht die Möglichkeit, per Taxiflug (Wasserflugzeug oder Helikopter) Kebnats zu erreichen (*Norrlandsflyg*, Gällivare, ✆ 0970/1 40 65).

Unterkunft: Das Bett in der Saltoluokta Fjällstation kostet 90 bis 240 SEK (Sechs- bzw. Zweibettzimmer), komplett eingerichtete Küchen sind angeschlossen; zum Komplex gehören u. a. Sauna, Restaurant, Shop, Kaminzimmer. Reservierung in der Hochsaison ist sinnvoll (auch telefonisch, s. o.). Im Bereich der Fjällstation darf man auch campen. In Kebnats (WC vorhanden) kann man im Caravan oder Wohnmobil übernachten.

Für Kinder: Problemlos.

Mountain Bike: Nicht geeignet.

Anschlußwanderungen/Kürzere Varianten: Von Saltoluokta führt der *Kungsleden* z. B. bis Kvikkjokk (76 km) oder Aktse (31 km; s. auch Wanderung Nr. 26). Abkürzung möglich, indem man die Strecke zum Cañon ausläßt.

Auch die zweite Wanderung, die die **Salto-luokta Fjällstation** zum Ausgangspunkt hat, folgt in ihrem ersten Abschnitt dem zum Sitojaure ausgeschilderten Kungsleden. Wir ignorieren die Abzweigung zum Pietsaure, mühen uns direkt danach einen steilen und rutschigen Sandhang hinauf und passieren nach rund 30 Min. einen nach rechts, mit ›Canjon‹ beschilderten Pfad (in den wir auf dem Rückweg einbiegen werden). Bis hierhin war die Steigung beachtlich, aber oberhalb der Baumgrenze flacht sich der Hang zusehends ab. Etwa 1 km weit voraus können wir die von Osten auf unseren Weg zulaufenden Wintermarkierungen (Holzpfosten mit roten Kreuzen) erkennen, und 20 Min. später sind wir mit ihnen auf gleicher Höhe, ignorieren einen nach rechts abzweigenden Weg (ausgeschildert zum Pietsaure) und folgen dem Kungsleden noch für etwa 15 Min. (1 km) bis zu der Stelle, wo man ins weit nach Süden geöffnete **Trogtal** des Autsutjjåkkå blicken kann.

Auch Eisangler brauchen ein Dach über dem Kopf

Die Höhe beträgt 720 m, so daß der links aufsteigende Fjellhang des **Käinu-tålke**, unser nächstes Ziel, nur knapp 70 m höher liegt. Nach 10 Min. über einfach zu begehendes, aber ab jetzt wegloses Heideland ist die Höhe genommen, und wir genießen das schönstmögliche Panorama auf den Lulep Kierkau, der sich als brauner Riesenkörper zwischen dem Langas-See zur Rechten und dem Pietsaure zur Linken aufwölbt, während er im Westen vom Sarek-Massiv umrahmt wird. Richtung Süden öffnet sich das Trogtal, dem der Kungsleden folgt, und stünden wir nur 50 m höher, so könnten wir sogar die Sitojaurestugorna am Sitojaure ausmachen. Um aber die unendliche Fläche des leicht gewellten Hochplateaus von Ultevistuottar Richtung Südwesten überblicken zu können, stehen wir hoch

genug, und es gibt nur wenige Plätze, wo man die grenzenlose Weite Lapplands in so ausgeprägter Eindringlichkeit erleben kann wie hier. Gerne schenken wir den Prospekten Glauben, die davon berichten, daß in dieser alpinen Wildnis nicht nur Elche, sondern auch Wölfe zu Hause sind.

Doch wenden wir den Blick dem kleinen See von **Påkkasvaratj** zu, der etwa 1 km nordöstlich im Schilfsaum liegt. Ihn wollen wir erreichen, und 20 Min. später stehen wir an seinem (teilweise sehr sumpfigen) Ufer, wo sich der ornithologisch interessierte Wanderer in die ›Büsche schlagen‹ kann, um die Odins-Hühnchen, die Alpen-Strandläufer, Gold- sowie Mornellenregenpfeifer und Spornammern zu beobachten, die hier im Feuchtland zu Hause sind. Ein Blick nach Norden bietet andere Reize, denn dort erstreckt sich eine über 20 km lange Spiegelfläche, die vom Langas, Kårtjojaure und Suorvajaure gebildet wird, und über der majestätisch und wie ein Göttergruß der gewaltige Nieras-Gletscher im Nordwesten thront.

Im Westen verläuft der Kungsleden, und ihn visieren wir an. Als Richtungsweiser dient der Rücken des Lulep Kierkau, und nachdem wir vergeblich nach der Spur des auf der topographischen Karte eingezeichneten Pfades gesucht haben, machen wir uns über problemlos zu begehende Hochheide auf den Weg. Nach 20 Min. etwa kann man rechts unten bereits wieder die Fjällstation erkennen, von der ein breiter Birkengürtel den Hang hinaufsteigt, dessen oberen Rand wir weitere 20 Min. später ebenso passieren wie die kreuzenden Wintermarkierungen. Ein paar hundert Meter noch, dann ist der **Kungsleden** an der Stelle erreicht, wo ein mit Dielen verstegter Pfad über einen Bach führt. Wir biegen rechts auf den Wanderweg ab und folgen ihm etwa 10 Min. bis zu der nach links, Richtung ›Canjon‹, ausgeschilderten **Gabelung,** die auf dem Hinweg ignoriert wurde.

Jetzt zweigen wir ab und blicken 15 Min. später in die 40 m tief eingeschnittene Schlucht von **Ahutjkårså.** Der Weg folgt ihr nach links, und eine Viertelstunde später stehen wir an der Stelle, wo der in gerader Linie auf den Langas-See ausgerichtete Cañon seinen Anfang nimmt. Warum er hier klafft, ist nicht eindeutig belegt, aber man nimmt an, daß die Kluft das Resultat eines Erdeinbruchs in einen einst unterirdisch verlaufenden Fluß ist, der das Wasser des Pietsaure zum 310 m tiefer gelegenen Langas geführt haben soll. Für diese Theorie spricht, daß der Pietsaure auch heute noch teilweise in den Langas abläuft, wie durch Einfärbung des Seewassers nachgewiesen werden konnte.

An dieser Stelle endet die Entdeckungs-Wanderung ins Umland von Saltoluokta, und der bereits bekannte Rückweg wird uns innerhalb von 1 Std. zur **Fjällstation** zurückführen. Bevor wir uns von dort wieder Richtung Kebnats aufmachen, können wir noch kurz die *kyrkkåta* (Kirchenkåta) am rechten Rand der Ahutjluokta-Sameviste besichtigen und uns im Samenlager mit frischem und geräuchertem Fisch sowie mit selbstgebackenem Brot eindecken.

25   Auf dem Muddusleden durch Schwedens urigsten Urwald

Einfache Dreitageswanderung durch den Muddus-Nationalpark mit seinen Wasserfällen, Schluchten und Mooren und artenreichem Tierleben.

Dauer/Länge: ca. 12 Std. 30 Min., ca. 42 km; als Zweitagestour möglich, als Drei- oder auch Viertagestour ideal.
Wegverlauf/Entfernungs-/Höhenangaben:

1. Tag: Parkplatz Skaite (220 m) – Muddusfallet/Wanderhütte (2 Std., 325 m) – Muddusluoppal-Wanderhütte (2 Std. 30 Min., 380 m).

2. Tag: Manson-Wanderhütte (1 Std. 15 Min., 400 m) – Tjuorrevare-Rastplatz (45 Min., 480 m) – Nammates-Wanderhütte (1 Std. 15 Min., 410 m).

3. Tag: Nammajaure (40 Min., 380 m) – Pårkaljaure (40 Min., 380 m) – Måskos-

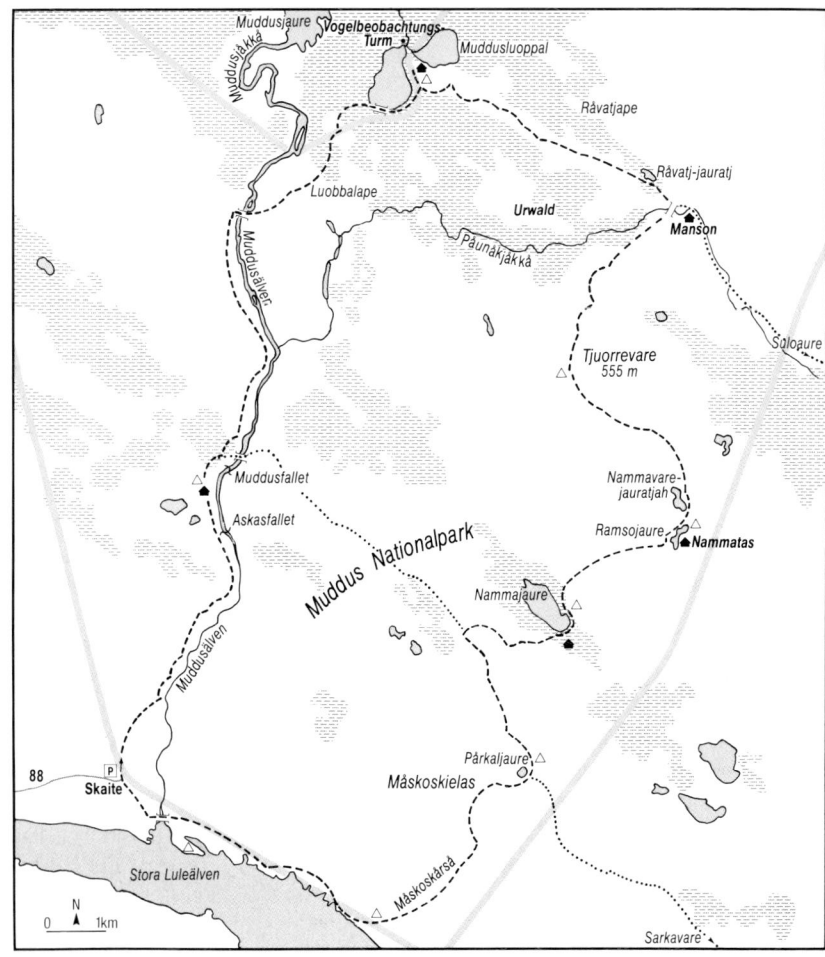

Route 25

kårså (15 Min., 380 m) – Stora Luleälven/
Rastplatz (2 Std., 164 m) – Skaite-Parkplatz
(1 Std. 15 Min., 220 m).

Wegbeschaffenheit: Außerordentlich bequem zu begehende Waldwege, teils steinig, teils mit Dielen verstegt, und nur die
Strecke entlang der Måskoskårså-Schlucht
kann als strapaziös empfunden werden
(viel Geröll).

Orientierung: Der Wanderweg ist gut
markiert und ausgeschildert, die Orientierung problemlos.

Kartenmaterial: Den Wanderweg gibt es
schon seit vielen Jahren, eine Karte erst seit
1989 – sie ist also nicht unbedingt nötig.
Topographische Karte Muddus-Nationalpark, 1:50 000; erhältlich im Buchhandel
sowie im Turistbyrå von Jokkmokk und
Gällivare.

Mitternachtssonne/Wanderzeit: 9. 6.–
4.7. Da die Wege vorbildlich markiert, ausgeschildert und ausgebaut sind, kann man
die Wanderung durchaus schon Mitte Mai
machen. Aber das wäre schade, denn erst

Ende Juni erblüht die Wald- und Moorflora, die sich ab Ende August in ihrer Herbstfärbung zeigt; auch Anfang Oktober kann man hier noch wandern. Die Mücken sind nirgends in Schweden so zahlreich und aggressiv wie hier, ihre Saison beginnt nach Mittsommer, Anfang bis Ende Juli ist es ›zum wahnsinnig werden‹, Mitte August kann man es aushalten, und erst Ende August sind die Plagegeister verschwunden.

Information/Angeln: *Jokkmokk Turistbyrå*, Jokkmokk, ✆ 0971/12140; *Gällivare Turistbyrå*, Gällivare, ✆ 0970/16660 (vor dem 15.5. und nach dem 15.9. sind hier die Hüttenschlüssel erhältlich). Angeln ist verboten.

Ausrüstung: Grundausstattung, möglichst Fernglas (Vogelbeobachtung) sowie Ausrüstung für Hütten- oder Zelttour. Vor Anfang August mögen Gummistiefel sinnvoll sein, ansonsten Trekkingschuhe.

Lebensmittelladen in Porjus sowie Jokkmokk.

Hütten-/Zelttour: Den Wanderhütten sind stets auch Zeltplätze (mit Feuerstelle, Tischen, Bänken, Brennholz) angegliedert, und nur dort darf man im Nationalpark sein Zelt aufschlagen. Die Hütten sind vom 15.5.–15.9. geöffnet (sonst Schlüssel in Gällivare im Turistbyrå), mit Bettzeug, Geschirr, Gas etc. ausgestattet und kosten 90 SEK pro Person und Nacht. Die Summe ist per Zahlschein (in jeder Hütte) im nachhinein zu überweisen.

Die Muddusfallet-Hütte besteht aus zwei Zimmern (6 Pers., 2 Pers.), ein paar Min. weiter findet sich eine für 4 Pers. eingerichtete *kåta* (nur Pritschen, offene Feuerstelle, viele Mücken, sehr rauchig). Die Muddusluoppal-Hütte besteht aus einem Raum (6 Pers. plus 3 Notpritschen), die Manson-Hütte bietet nur zwei Personen Platz (plus 2 Notpritschen), ebenso

Gelegentlich machen die Mücken den Aufenthalt in der Kåta zur Qual

die Nammates-Hütte (plus 1 Notpritsche). Aber trotz der geringen Kapazität kommt es kaum je zu Engpässen, denn wie die Gästebücher zeigen, werden die (Manson- und Nammates-)Hütten nur sehr selten zum Übernachten genutzt.

Anfahrt: Von der R 88 rund 20 km nördlich von Jokkmokk (13 km südlich von Porjus) am Liggadammen (Staumauer) Richtung Muddus abbiegen. 12 km der Schotterstraße zum Ausgangspunkt der Wanderung (Park/Wendeplatz) folgen. Auf der Piste ab Liggadammen verkehren keine öffentlichen Transportmittel. Anfahrt nach Liggadammen mit dem Bus von Jokkmokk und Gällivare, der mehrmals täglich verkehrt.

Unterkunft: Jugendherberge in Jokkmokk, dort auch billige Zimmer, Campingplatz, Hüttenvermietung; in Porjus nur Hotelzimmer. Auf dem Skaite-Parkplatz Übernachtungsmöglichkeit im Caravan/Wohnmobil, zelten ist am Ufer des Stora Luleälven möglich (siehe Karte).

Für Kinder: Diese lange Tour ist, wenn man sich Zeit läßt, für Kinder aller Altersstufen problemlos machbar.

Mountain Bike: Nicht geeignet.

Kürzere Variante: Viele Touristen wandern nur bis Muddusfallet oder bis Muddusluoppal, verbringen dort die Nacht und gehen den gleichen Weg wieder zurück.

Der 1942 gegründete und mit dem Naturschutzdiplom des Europarates ausgezeichnete, rund 500 km² große Muddus-Nationalpark gilt als größtes Urwald-Refugium von Schwedisch-Lappland und liegt in einer mit Moränen bedeckten Senke östlich des Kaledonischen Gebirgszuges, der zur einen Hälfte aus verschiedenartigen Mooren – insbesondere Strangmooren –, zur anderen aus eindrucksvollen Kiefernwäldern besteht. Bär, Luchs und Vielfraß,

Elch und Auerhahn sind hier noch zu Hause, und im zentralen Schutzgebiet rings um den Muddusjaure sind über 115 Vogelarten heimisch. Hier brüten u. a. Kraniche und Singschwäne, aber auch Bruchwasserläufer und Prachttaucher sowie ein gutes Dutzend verschiedene Entenarten. Auf den Kiefernheiden nisten Habicht- und Rauhfußkauz sowie die Sperbereule, und im Walddickicht leben Rot- und Singdrossel, Buch- und Bergfink, Zitis, Waldammer, Gartengrasmücke und viele andere mehr. Auch die Flora ist sehr artenreich: Auf den Seen blühen Seerose und Wasserhahnenfuß, in Bachnähe Alpenscharte und Korallenwurz, an den Moorrändern erfreut die Multebeere, und an feuchten Hängen bilden Mädesüß und Erdglöckchen, Schattenblume und Goldrute bunte Felder, während unter den Kiefern die Rentierflechte und Nordische Nierenflechte sowie zahlreiche Beerensorten für Abwechslung sorgen.

Wir beginnen unsere Wanderung auf dem **Parkplatz Skaite,** dessen Verlängerung zur etwa 100 m entfernten Wasserstelle führt, wo ein Wegweiser die möglichen Richtungen angibt: rechts geht es zur ›Måskokårså 5 km‹, und links ist der ›Muddusfallet 7 km‹ ausgeschildert. Wir wenden uns nach links, passieren die Nationalparkgrenze und betreten einen breiten Weg, der sich durch ein Meer aus Blaubeeren und einen kümmerlichen Nadelwald schlängelt. Auf dem ersten Viertel der Strecke bis zum Muddusfallet steigt der Weg leicht an und führt uns auf einen Höhenzug über dem Muddusälven, dem wir bis zum Wasserfall folgen werden. Der lichte Kiefern- und Fichtenwald besteht aus relativ dünnen, aber hochgewachsenen Bäumen, und nach insgesamt

Die Nammates-Hütte

etwa 45 Min. können wir direkt vom bequem zu begehenden Weg aus einen ersten Blick in den etwa 40 m tiefen Cañon des Muddusälven werfen. Nach einer weiteren halben Stunde durch den recht eintönigen Wald stoßen wir auf einen nach rechts abbiegenden, zum Askasfallet ausgeschilderten Pfad, der nach kurzem Abstieg zu einer Aussichtskanzel führt. Von diesem Standpunkt etwa 70 m über der steilen Muddus-Schlucht blickt man direkt auf den Askas-Wasserfall, der vom gegenüberliegenden Waldrand eine schmale Felsrinne hinabstürzt.

Ein würziger Duft kündigt eine Moorfläche an, und wer Mitte August unterwegs ist, der kann hier reichlich Multebeeren ernten. Schließlich ist das Wahrzeichen des Nationalparks erreicht: der 42 m hohe, zweistufige Muddusfallet, auf den wir von einem umzäunten Felsvorsprung (mit Picknicktischen und Feuerstellen) einen Blick werfen können. 600 m weiter dann die **Muddusfallet-Wanderhütte,** die von lichtem Nadelwald umgeben ist und an einer Weggabelung liegt: rechts geht es nach ›Sarkavare 14 km‹, geradeaus nach ›Muddusluoppal 9 km‹ sowie zu einer *kåta*, die sich als zeltförmiges Holzgebäude mit einer offenen Feuerstelle in der Mitte und vier Holzpritschen rings herum entpuppt; hier befindet sich auch der Zeltplatz.

Wir folgen weiterhin der bewaldeten Hochfläche, die parallel zum Muddusälven verläuft. Die verkrüppelten Bäume machen Riesenkiefern Platz, von deren Ästen lange Bartflechten herabhängen, was dem ganzen Wald ein trauriges Aussehen verleiht. Nach 20 Min. markiert die ausgeschilderte ›Odlingsgräns‹ (Zuchtgrenze) die Linie, südlich der keine Rentierhaltung erlaubt ist, und wenig später zieht eine rechts des Weges aufragende ›Monster‹-Kiefer unsere Blicke an. Nach

In der Nähe des Muddusluoppal

insgesamt rund 3½ Std. muß der jetzt ruhig dahinströmende Muddus auf einer Holzbrücke überquert werden. Die Steine eines Geröllfeldes sind mit Netzwerken aus Flechten bedeckt, und wer an dieser Gruppe des Pflanzenreiches interessiert ist, findet hier, direkt oberhalb des Flusses, ein reiches Forschungsfeld.

Nach etwa 15 Min. tritt der Wald völlig unerwartet zurück und gibt den Blick frei auf einen gelb, braun und grün schimmernden, viele Quadratkilometer großen Moorteppich, in dem kreisrunde Tümpel wie 1000 Aquarelle das Himmelblau reflektieren. Vereinzelte grasbewachsene Inseln mit Krüppelkiefern darauf runden das Bild ab, ein atemberaubend aromatischer Duft liegt über der Landschaft und Scharen neugieriger Libellen schwirren auf uns zu. Verschiedene Seggenarten, das schieferblaue Pfeifengras, der Teilschachtelhalm, das Schlanke Wollgras, der Fieberklee und unzählige Moospflanzen gehören jetzt zu unseren ständigen Begleitern, und ab und an durchschneidet ein merkwürdiges Geräusch die vollkommene Stille. Es hört sich an, als würde jemand auf einer Trompete ein lautes ›aangööh‹ blasen, und es ist der Schrei der Singschwäne *(Cygnus cygnus)*, die den nahegelegenen See Muddusluoppal zu Hunderten bevölkern. Ein Fischotter huscht vorüber, und immer wieder stoßen wir auf dem jetzt durchgehend mit Dielen verstegten Pfad auf die Losung von Fuchs und Marder, Elch und Ren. – Ein Weg also für Mensch und Tier, der uns etwa 30 Min. nach Verlassen des Waldes ans Südufer des Muddusluoppal führt, wo Schilder darauf hinweisen, daß es vom 15. 3. bis zum 31. 7. verboten ist, den Pfad zu verlassen (Vogelschutzgebiet). Wir umrunden den See und stoßen schließlich auf einen Querweg, dem wir nach links, zur ausgeschilderten **Muddusluoppal-Wanderhütte** folgen.

So müde wir auch sein mögen, lockt uns doch vor allem anderen ein etwa 20 m hoher Vogelbeobachtungs-Turm (300 m hinter der Hütte), von dem aus sich ein unvergeßlicher Ausblick auf den Muddusluoppal und den nordwestlich angrenzenden Muddusjaure genießen läßt. Wir sehen Singschwäne und Kraniche, lauschen ihren melancholischen Rufen und erfreuen uns an kleinen, schwalbenähnlichen Vögeln, die das dargebotene Müsli direkt aus der Handfläche picken und sich sogar anfassen lassen. Unter uns stapft ein kapitaler Elchbulle vorbei, aber ein ohrenbetäubender Lärm läßt uns wieder zum See hinabblicken, wo eine Vogelschar von der Wasseroberfläche aufsteigt. Die Hütte bietet Behaglichkeit, auf die wir aber bei guter Wetterlage gerne verzichten, um hier oben – auch relativ fern der Mücken – im Schlafsack die Nacht draußen zu verbringen.

Ein nur wenige Meter breiter und durchgehend bewaldeter Moränenrücken zieht sich als natürlicher Steg von 3 km Länge vom Muddusluoppal durchs Moor zur ausgeschilderten Manson-Hütte. Der Weg ist nicht mehr ganz so ausgetreten wie der

Auf Moore stößt der Wanderer immer wieder

vorige, aber deutlich markiert und dank eines weichen Humusbelages außerordentlich angenehm zu begehen. Der Rücken wird breiter, schließlich endet das Moor, und wir betreten einen Kiefernwald, wie man ihn schöner und urwüchsiger wohl nirgends in Lappland zu sehen bekommt. Gigantische Kiefern, so erhaben und gerade wie die Säulen einer gotischen Kathedrale, ragen 20 m und mehr empor und bilden einen Baldachin, den nur hier und da ein paar einzelne Sonnenstrahlen durchdringen können. Der Boden darunter ist mit einem dicken, elastischen Teppich aus Nadeln bedeckt, die ohne Unterlaß von den Ästen herabrieseln. Zwischen den Bäumen öffnen sich verschwommene Ausblicke auf skurril verdrehte und weiß schimmernde Baumleichen sowie auf einzelne, grün bemooste Findlinge, die seit der Eiszeit hier liegen und dem ganzen Wald eine urzeitliche Note verleihen. Dazu die dramatische Stille, vereinzelt durchbrochen vom rhythmischen ›telak, telak‹ eines Auerhahns *(Tetrao urogallus)*. – Stundenlang möchte man hier sitzen, lauschen und beobachten, und wer ein bißchen Zeit mitgebracht hat, der sollte in der **Manson-Wanderhütte,** die nach insgesamt etwa 75 Min. erreicht wird, die Nacht verbringen.

Hinter dem ›Hexenhäuschen‹ gabelt sich der Weg; wir wählen den mit ›Nammatesvare 7 km‹ beschilderten Pfad und passieren nach rund 15 Min. einen mitten im Wald gelegenen Schilfsee, der eine perfekte Kulisse für ein Nymphenmärchen abgeben würde. Feuchtstellen und kleine Moore schließen sich an, und später wandert man im Schatten von Fichten, Birken und Espen, deren rauschende Blätter uns glauben machen, wir gingen an einem Bach spazieren. Sanft und unmerklich steigen wir etwa 80 m auf und erreichen nach ca. 45 Min. den **Tjuorrevare-Rastplatz,**

der Fernblick bis zum Muddusjaure bietet. Die folgenden 2 km stehen im Zeichen eines sanften Abstiegs. Wir passieren eine große Moorfläche, das links liegende Oval eines kleinen Sees, bald das rechts liegende eines größeren und laufen dann direkt auf den türkisfarbenen Ramsojaure zu, an dessen Südrand wir nach rund 1½ Std. (ab Manson) das kupferrot gestrichene Holzhäuschen der **Nammates-Wanderhütte** erreichen. Weiße Fensterkreuze, helles Kiefernmobiliar, draußen Feuerstellen, Tisch und Bänke und ein Ufer, von dem man sich problemlos zum Bad ins Wasser gleiten lassen kann. – Hier möchte man nicht übernachten, hier möchte man wohnen.

Der Muddusfallet

Die letzte Etappe auf der Muddusschleife nimmt etwa 5 Std. in Anspruch und beginnt mit einem 40minütigen Auf und Ab zum etwa 1 km² großen **Nammajaure.** An dessen verschilftem Ostufer stoßen wir auf einen Rastplatz mit einer etwas verwahrlosten Schutzhütte, die mit offener Feuerstelle und ein paar Holzpritschen ausgestattet ist. Wir umrunden den See auf einem mehrere hundert Meter langen Dielensteg und erreichen nach 40 Min. Wanderung durch schönes Wald- und Moorland und vorbei an einem nach rechts, Richtung Muddusfallet abzweigenden Pfad den kreisrunden **Pârkaljaure** mit Rast- und Zeltplatz und idealen Bademöglichkeiten. Wir füllen unsere Wasserflaschen auf (!), und müssen 2 Min. später, an einer Weggabelung, nach rechts abbiegen – auch wenn kein Hinweisschild in diese Richtung zeigt (geradeaus geht es nach ›Sarkavare 9 km‹).

Jetzt verändert sich das Landschaftsbild grundlegend. Erst geht es über feuchten Boden durch dichten Birkenwald, und nach diesem etwas mühsamen Zwischenspiel präsentiert sich das Land trocken und mit Steinen bepackt, zwischen denen äußerst dünn geratene Birken aufragen. Dann, nach rund 15 Min., klafft vor uns eine 100 m tiefe Felsschlucht, deren Grund mit haushohen Gesteinsbrocken und abgestürzten Bäumen übersät ist. Es sieht aus, als hätte an dieser Stelle ein Riese die Erde mit einer Axt gespalten, und wenn es irgendwo in Lappland noch Trolle geben sollte, dann hier – so wild, ja archaisch, zeigt sich die **Mâskoskârsâ.**

Der Weg verläuft parallel zur Schlucht, und hier muß man ein wenig achtgeben, um die roten Markierungen nicht aus den Augen zu verlieren; die gelben Farbpunkte kennzeichnen die Grenze zu einem Vogelschutzgebiet, das vom 15. 3. bis 31. 7. nicht betreten werden darf. Ein paar Minuten später können wir von einer (mit Kette abgesicherten) Aussichtskanzel weit in die langgezogene Schlucht hinabsehen und erkennen im Süden einen Zipfel des Stora Luleälven-Stausees, an den es später abzusteigen gilt. Erst einmal aber geht es weiter am Rande des Cañons entlang, und während der folgenden 2 km darf man schon mal den Weg verfluchen, der größtenteils über Geröllfelder führt. Dann wird er abschüssig – der See liegt verlockend unter uns, das Schlimmste hinter uns –, passiert bald eine ausgeschilderte Stelle, an der man nach rechts in die Schlucht einsteigen kann und erreicht schließlich das flache Waldland, das sich ans Seeufer anschließt.

10 Min. später übersteigen wir einen Rentierzaun (Brücke), hinter dem ein Rast- und Zeltplatz direkt am Ufer des **Stora Luleälven** liegt. Nach rund 38 km mit landschaftlichen Superlativen können bei einer 5 km langen Seeufer-Wald-Strecke (mit vielen Moränenwällen) keine Höhepunkte mehr erwartet werden. Nach 1 Std. queren wir den Muddusälven nahe seiner Mündung auf einer Brücke (links ein Zelt- und Picknickplatz an einem schmalen Sandstreifen), und 15 Min. später ist der **Skaite-Parkplatz,** Endpunkt unserer Wanderung, erreicht.

Spaziergang zum Kuolleluoppal, einem Ausläufer des Sees Laitaure an der Grenze zum Sarek-Nationalpark.

Dauer/Länge: Mit Rückweg ca. 5 Std., ca. 20 km.

Wegverlauf/Entfernungs-/Höhenangaben: Brücke über den Sitoätno – Bootsanleger am Kuolleluoppal (10 km, 2 Std., 30 Min., kein nennenswerter Höhenunterschied).

Wegbeschaffenheit: Durchschnittlich 2 m breiter Weg, der völlig problemlos zu begehen ist.

Orientierung: Problemlos.

Kartenmaterial: Keine Karte notwendig, sehr wohl aber für die Anschlußwanderungen am Rande des und im Sarek. Fjällkartan Sarek-Nationalpark, BD10, auf der auch ein Teil des hier vorgestellten Weges eingetragen ist, und die gleichermaßen für den gesamten Padjelantaleden (s. Wanderung Nr. 28 und 29) sowie für Wanderung Nr. 23 und Nr. 24 geeignet ist. Achtung: nicht die Fjällkartan Sarek, 28 H, kaufen (schlechter Ausschnitt). Die Karte ist erhältlich im Buchhandel sowie Turistbyrå von Jokkmokk, Gällivare und Kiruna sowie in der Kvikkjokk-Fjällstation und im dortigen Supermarkt.

Mitternachtssonne/Wanderzeit: 8. 6.– 4.7. (Skierfe). Die Wanderung ist zwischen Anfang Juni und Anfang Oktober problemlos, aber das Boot nach Aktse verkehrt nur Ende Juni bis Anfang September.

Information/Angeln: *Jokkmokk Turistbyrå*, Jokkmokk, ✆ 0971/12140; hier auch Angelschein für den Tjaktjajaure, Kuolleluoppal und Laitaure.

Information die Bootszeiten betreffend: Bootsführer Lennart Läntha, Aktse, ✆ 0971/22019 (Ton abwarten, dann) 575931, täglich von 8–9, 12–13 und 19–20 Uhr; an der Rezeption des Feriendorfes Årrenjarka kann man sich ebenfalls informieren.

Ausrüstung: Grundausstattung, eventuell Fernglas (Vogelbeobachtung), Ski-/Wanderstock (für Skierfe-Besteigung) sowie Ausrüstung für Zelt- oder Hüttentour. Informationen über die Anschlußwanderungen ab Aktse (Skierfe etc.) erhält man beim Wirt der Wanderhütte.

Hütten-/Zelttour: Die Hütten von Aktse (ein paar Gehminuten oberhalb des Boots-

Route 26

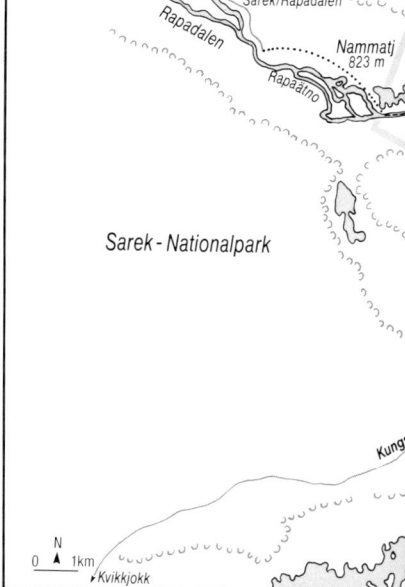

stegs am Laitaure) sind ganzjährig geöffnet, vom 15. 6. bis 15. 9. verkauft ein Hüttenwirt Proviant. 37 Betten zu 90 SEK stehen zur Verfügung, und wer im Bereich der Hütte zeltet, kann die Küche etc. mitbenutzen (kostet 30 SEK).

Anfahrt: 2 km östlich von Tjåmotis (an der Straße Jokkmokk–Kvikkjokk) nach Seitevare abbiegen, immer geradeaus bis zur Staumauer am Tjaktjajaure, aber nicht auf den Damm, sondern geradeaus weiter auf einer Schotterpiste fahren, nach insgesamt 14 km links ab bis zum Parkplatz vor der Brücke. Die zwischen Jokkmokk und Kvikkjokk verkehrenden Busse (zweimal täglich) halten auch in Tjåmotis (s. auch Wanderung Nr. 27 und 28), wo man unter ✆ 09 71/2 00 12 ein Taxi ordern kann.

Das Boot vom Anleger am Kuolleluoppal nach Aktse fährt täglich um 11 Uhr außer montags (!), in der Hochsaison auch zweimal täglich.

Rückfahrt: Ein bis zwei Bootsfahrten täglich (außer montags!) von Aktse nach Kuolleluoppal. Außerdem Taxiflüge mit *Lapplandsflyg* (Kvikkjokk, ✆ 09 71/2 10 40; Kiruna, ✆ 09 80/5 10 30) nach Kvikkjokk (900 SEK) und Kiruna (2130 SEK).

Unterkunft: Ferienhaus-Vermietung und Campingplatz in Årrenjarka. Jugendherberge, Campingplatz, Hütten- und Zimmervermietung in Kvikkjokk (s. Wanderung Nr. 28).

Für Kinder: Völlig problemlos, aber die Anschlußwanderung zum Skierfe ist zu extrem; die Bootsfahrt ins Rapadelta schon eher zu empfehlen.

Mountain Bike: Die Wanderung vom Ausgangspunkt zum Kuolleluoppal ist mit dem MTB ohne Schwierigkeiten in ca. 40 Min. zu bewältigen, und wir trafen zwei Schweden, die ihre Räder auf dem Boot nach Aktse transportieren ließen (wissen aber nicht, ob/wie es von da weitergeht).

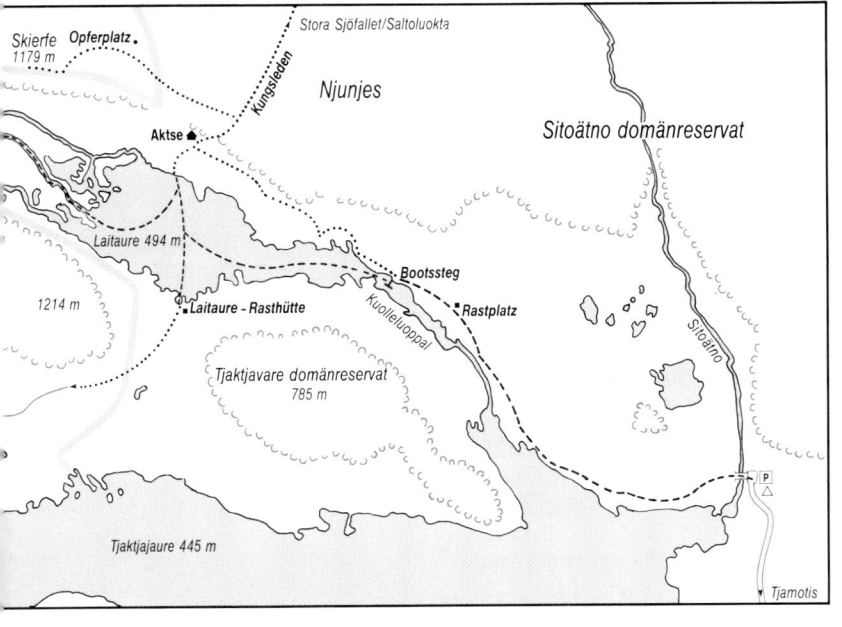

Anschlußwanderungen: Vielfältige Möglichkeiten ab Aktse. Sehr beliebt ist die rund 6 Std. dauernde Besteigung des 1179 m hohen Skierfe, ein weiterer ›Heiliger Berg‹ der Samen (Opferhöhle am Fuß). Keinesfalls auslassen sollte man die Bootsfahrt ins einzigartige Rapadelta. Weitere Anschlußmöglichkeiten über den bestens ausgeschilderten *Kungsleden:* etwa nach Kvikkjokk (41 km, Wanderhütte am Weg) oder nach Saltoluokta (31 km, Wanderhütte am Weg).

Anmerkung: Ohne die Bootsfahrt nach Aktse ist diese Wanderung relativ uninteressant.

Der bereits im Jahr 1909 eingerichtete Sarek-Nationalpark (1950 km²) gilt als die ursprünglichste Hochgebirgslandschaft Schwedens und soll – so steht es im Pflegeplan – eine Region bleiben, in der nichts unternommen wird, um eine Wanderung zu erleichtern. Wer eine vollkommen weglose Wildnis erleben will, für den stellt der Sarek eine besondere Herausforderung dar. Auch eine gefährliche, denn es vergeht kaum ein Jahr, in dem dort nicht Wanderer zu Tode kommen: sei es, daß sie von Schnee- oder Steinlawinen verschüttet werden, abstürzen oder beim Queren eines Stromes abgetrieben werden. Heute hat sich ein Mythos um den Sarek gerankt, eine Wanderung in dieser Region ist mittlerweile zum Statussymbol geworden, und jedes Jahr wächst die Zahl derer, die sich von der konservierten Urwildnis anziehen lassen, ohne daß sie den damit verbundenen hohen Anforderungen an Erfahrung, Ausdauer und Ausrüstung genügen würden.

Dies als Mahnung vorweg, denn die heutige Wanderung soll in den Sarek führen. Aber nicht in die vielzitierte Wildnis, sondern vielmehr zur Sameviste und zu der Wanderhütte in Aktse am Rand des Nationalparks. Hier kommt auch der ›Normaltourist‹ auf seine Kosten, indem er etwa den nördlich angrenzenden Skierfe besteigt, auf dessen Gipfel (1179 m) man mehr als 600 m senkrecht über dem weit verzweigten Rapaätno steht. Dieser Fluß wird von über 30 Gletschern gespeist und gilt als der letzte große ›Urstrom‹ unseres Kontinents. An seiner Mündung in den Laitaure hat er ein Delta gebildet, das in Europa ebenfalls beispiellos ist. – Ein Traum für jeden Ornithologen, wie auch für jeden Liebhaber unberührter Natur. Aber ein Traum, den man sich erfüllen kann: im Boot, das von Aktse aus nach Fahrplan und Verabredung ins Delta fährt.

Ausgangspunkt ist der Park- und Rastplatz vor der Brücke über den **Sitoätno,** der rund 15 km nördlich von Tjåmotis am Ende der nach Seitevare führenden Straße liegt. Wir passieren eine Infotafel (Abfahrzeiten des Bootes nach Aktse) und betre-

Über Aktse erhebt sich der Skierfe

Sein Rad braucht man hier nicht abzuschließen

ten die aufwendige Stahlkonstruktion, die sich über die schäumenden Fluten des wilden Stromes spannt. Auf der anderen Flußseite beginnt ein 2 m breiter Weg, der nach 200 m zunächst zum Gatter eines Rentierzaunes und, begleitet von einer Telefonleitung, zum rund 10 km entfernten Bootssteg am Kuolleluoppal führt.

Das Terrain ist dicht mit Fichten, Kiefern und Birken bestanden und – von wenigen Bodenwellen abgesehen – völlig eben und kann deshalb entsprechend zügig durchwandert werden. Viel mehr als 2 Std. wird man für die Distanz nicht benötigen, und nach etwa 1 Std. haben wir die Stelle erreicht, wo der (durchgehend breite und stets gut ausgebaute) Weg nahe an den Ablauf des Kuolleluoppal in den riesigen Stausee Tjaktjajaure heranführt. Hier und da kann man durchs Laub- und Nadeldickicht einen Blick auf den rauschenden Strom werfen, aber in der Hauptsache gewährt der Weg nur Aussicht auf

Birken, Fichten und graue Felsblöcke, die im Wald verstreut liegen. Nachdem wir den etwa 2 km langen Ablauf passiert haben, gewahren wir zunächst die Felsnase des schon im Sarek liegenden Skierfe, dann taucht ein isoliert stehender Tafelberg auf – der 823 m hohe Nammatj, der das Rapadelta um 400 m überragt –, und bald können wir im Westen auch deutlich das weiß verschneite Zentralgebirge des Nationalparks ausmachen.

Eine letzte Bodenwelle, dann lassen wir den Wald hinter uns zurück. Der Weg zieht sich in geradem Verlauf zum Kuolleluoppal hinunter, der nichts als ein mehrere Kilometer langer Arm des Laitaure ist. Wir passieren die zwei Toilettenhäuschen eines links gelegenen kleinen Rastplatzes sowie den nach halb rechts abzweigenden und mit Holzkreuzen markierten Winterweg nach Aktse (nicht zum Wandern geeignet: sehr sumpfiges Terrain, Weidedickicht). – Am **Bootsanleger** angekommen, können wir einem Aushang entnehmen, zu welchen Zeiten Verbindung nach Aktse und ins Rapadelta besteht, das 8 km westlich von uns ein über 16 km² großes Netzwerk aus Wasserläufen und Tümpeln, Schilf-, Seggen- und Wollweideinseln bildet. Das Delta erstreckt sich etwa 2 km breit bis zum Tjakkeli (1162 m) zur Linken sowie zum rechts liegenden und an einen abkippenden Plateauberg erinnernden Skierfe, wodurch der Eindruck eines monumentalen Felstores entsteht. Im Zentrum dieses Tores aber erhebt sich der wie ein Wachturm geformte Nammatj, hinter dem wir in eine Märchenwelt aus anthrazitfarbenen und schwarzgrünen Stufenpyramiden, Kegeln und Bergdünen blicken, deren obere Lagen von Schnee und Eis bedeckt sind.

Das Rapadalen präsentiert sich uns wie der geöffnete Rachen einer Sphinx, die über eine magische Welt wacht. Plötzlich bricht die Sonne durch, was schwarz war, schimmert orange, was braun, ocker, beige war wird gelb, und der Kuolleluoppal, angereichert mit Gletschersedimenten, nimmt die Farbe eines Türkises an.

27   Von der ›Eichhörnchen-Insel‹ zum Kuossaure

Einfache Wanderung durch Kiefern- und Fichtenwald zu einem idyllisch gelegenen See.

Dauer/Länge: Mit Rückweg ca. 4 Std. 30 Min., ca. 18 km.
Wegverlauf/Entfernungs-/Höhenangaben: Årrenjarka (302 m) – Schutzhütte (1 Std. 30 Min., 500 m) – Kuossaure (45 Min., 535 m).
Wegbeschaffenheit: Einfache Waldwege, mehrere Feuchtstellen, z. T. mit Dielen verstegt.
Orientierung: Problemlos; bis zur Schutzhütte markiert.
Kartenmaterial: Fjällkartan Kvikkjokk, 27H, 1:100 000. Oder Kvikkjokk-Wanderkarte, 1:50 000, in der zwar die mögliche Anschlußwanderung eingetragen ist, nicht aber der Weg von der Schutzhütte zum Kuossaure; beide Karten sind erhältlich in Årrenjarka sowie Kvikkjokk und Jokkmokk, die Fjällkartan auch in Gällivare und Kiruna (Buchhandel/Turistbyrå).

Mitternachtssonne/Wanderzeit: 15. 6.–1.7. (Kuossaure). Die Wanderung ist möglich von Mitte Juni bis Ende September; im Juli sind die Mücken eine ausgesprochene Plage, der August ist der Beeren- und Pilzmonat und ab Ende August (spätestens) beginnt die Herbstfärbung.
Information/Angeln: *Jokkmokk Turistbyrå*, Jokkmokk, ✆ 0971/121 40; dort auch Angelkarte. Weitere Infos im Feriendorf Årrenjarka, wo auch Boote verliehen werden.
Ausrüstung: Grundausstattung, evtl. Badesachen. Gummistiefel sind bis Ende August ideal, aber auch mit Trekkingschuhen kommt man durch. Lebensmittel in Årrenjarka sowie (billiger) in Kvikkjokk oder (am günstigsten) in Jokkmokk.
Hütten-/Zelttour: Keine Übernachtungshütten am Weg, Zeltmöglichkeiten eigentlich nur im Bereich der Schutzhütte; am See ist es zu morastig.
Anfahrt: Nördlich von Jokkmokk auf die nach Kvikkjokk ausgeschilderte Straße bis

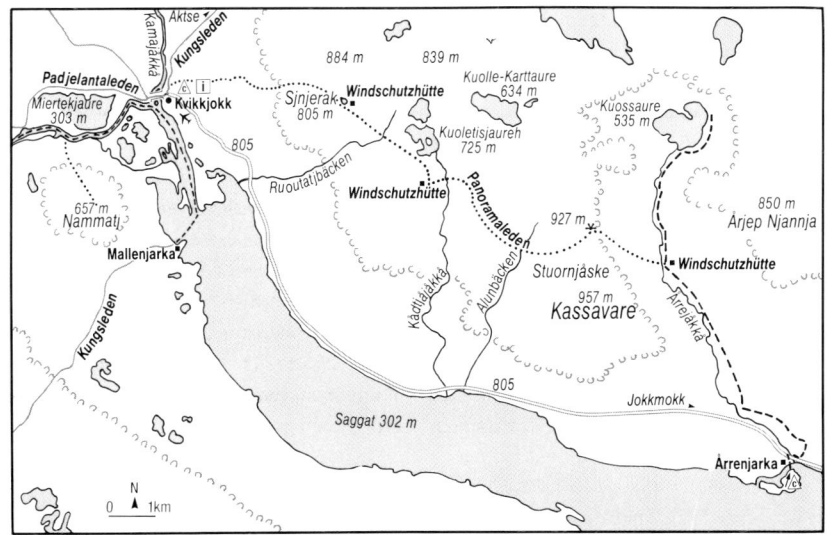

Route 27

Årrenjarka (ca. 100 km), wohin auch zweimal täglich ein Bus von Kvikkjokk und Luleå sowie Jokkmokk (Anschluß mit Gällivare, Ritsem, Kebnats und Kiruna) verkehrt. Außerdem Taxiflüge (Helikopter/Wasserflugzeug) mit mehreren Gesellschaften.

Unterkunft: Im Årrenjarka Semesterby werden Ferienhäuschen vermietet; außerdem gibt es einen Campingplatz. Jugendherberge, Fjällstation, Campingplatz und Ferienhausvermietung auch in Kvikkjokk.

Für Kinder: Völlig problemlos, der Strand am Kuossaure ist für Kinder ideal.

Mountain Bike: Nicht geeignet.

Anschlußwanderung: Seit dem Sommer 1991 führt ein *Panoramaleden* (Panoramaweg) von der Schutzhütte am Årrejåkkå bis zum Gipfel des Sjnjerak und weiter nach Kvikkjokk (ca. 10 km).

Ausgangspunkt der Wanderung ist **Årrenjarka,** die im Saggat-See gelegene und über einen Damm mit dem Festland verbundene ›Eichhörnchen-Insel‹. Helle, hier und da sogar weiße Sandstrände sowie schwimmende Badeplattformen säumen das ungefähr 1 km lange Ufer, an dem mehrere offene Schutzhütten und Feuerstellen errichtet wurden. Das ganze von Kiefern beschattete Areal ist ein riesiger Naturcampingplatz, auch Ferienhäuser werden vermietet, und die Infrastruktur mit Restaurant, Lebensmittelladen, Spielplatz, Bootsverleih, Sauna sowie ausgezeichneten sanitären Einrichtungen läßt keine Wünsche offen. Kvikkjokk mit seinen zahlreichen Ausflugsmöglichkeiten ist nur 15 km entfernt, ebenso das Einöddorf Njavve (wo der Saggat über Stromschnellen in den Tjåmotisjaure abläuft), nach Tjåmotis (s. Wanderung Nr. 26) fährt man 30 km, und der mehrmals täglich verkehrende Bus von Kvikkjokk nach Jokkmokk und weiter nach Luleå an der Ostsee oder nach Gällivare, Stora Sjöfallet, Kiruna etc. hält auch in Årrenjarka. Hier stimmt einfach alles, und weil es auch zur

Hochsaison nie überlaufen ist, möchten wir dem Semesterby (Ferienort) das Prädikat ›schönstes Campingparadies in Schwedisch-Lappland‹ verleihen.

Wir wandern über den schmalen Fahrdamm zum Festland hinüber und blicken nach links auf die sechs Holzhäuser des Dorfes **Årrenjarka**. Sie sind mit Kupfervitriol gestrichen, stehen dunkelrot auf grüner Wiese und zaubern mit weißen Fenstereinfassungen und Tragbalken ein bißchen klassizistischen Charme in den zeitlosen Wald. Auf der Hauptstraße halten wir uns rechts, um schon nach ein paar Metern bei einer hölzernen Tafel auf einen links in den Wald abzweigenden Schotterweg einzuschwenken. Nach rund 5 Min. endet diese von Holzfällern angelegte Piste, und am Ende eines Wendeplatzes können wir eine deutlich sichtbare Traktorspur ausmachen, deren Markierung (rote Punkte) uns sicher durch das sanft ansteigende Waldland führen wird.

Nach ca. 15 Min. verengt sich die Spur zum Pfad, die Markierungen bleiben, und rückblickend kann man jetzt die Hauptstraße, den Saggat sowie die Årrenjarka-Insel erkennen. Links versperrt die Steilwand des 957 m hohen Kassavare die Aussicht auf das Bergland hinter Kvikkjokk, und voraus bildet der sanft geschwungene Kabla die Kulisse. Der Wald zeigt noch immer deutliche Spuren menschlicher Aktivitäten, aber 5 Min. später betreten wir einen mit Birken und einzelnen Espen durchmischten Nadelwald, der aussieht, als wäre in ihm noch nie ein Baum gefällt worden. Insbesondere Kiefern erreichen hier eine eindrucksvolle Größe, und der Boden ist ein knisternder Untergrund aus Islandmoos und Rentierflechte. In lichteren Abschnitten begleitet uns ein ›Meer‹ aus Blau- und Preiselbeeren, während eine bald in Sicht kommende Moorfläche von Multebeeren übersät ist. Den Waldboden bedecken bemooste Findlinge, und die Landschaft wird immer urwüchsiger, je höher man gelangt. Ameisenhaufen von beachtlicher Größe runden das Bild ab, das nur hier und da von kleinen Rodungsflächen beeinträchtigt wird.

Die Bodenwellen mehren sich, manchmal geht es etwas steiler hinauf, und nach insgesamt etwa 50 Min. sehen und hören wir den links vorbeirauschenden Årrejåkkå, über den hinweg wir in gerader Linie auf den Kassavare blicken. An der Weggabelung folgen wir dem deutlich markierten Pfad und laufen auf eine kreisrunde Moorfläche zu, die auf einem Dielensteg überquert wird. Bald ist der Wald mit seltsam verdrehten und grau-weiß schimmernden Kiefernleichen übersät, und schließlich geht er unmerklich in einen Birkendschungel über, in dem sich nach insgesamt 1½ Std. eine zweite ausgedehnte Moorfläche öffnet. Wir folgen ihr

Badeplatz am Kuossaure

208

am rechten Ufer, stoßen schon nach wenigen Metern auf den Årrejåkkå, passieren ein WC-Häuschen und ein Stückchen weiter eine offene **Schutzhütte** mit Feuerstelle, Sitzbank, Tisch und möglichen Zeltplätzen.

Der markierte Weg (›Panoramaleden‹) zweigt nach links ab, quert eine Brücke über den Årrejåkkå und erreicht nach rund 4 km einen auf 900 m gelegenen Aussichtspunkt zwischen den beiden Gipfeln des Kassevare. Der Weg führt weiter bis zum Sjnjerak-Gipfel, der sich über Kvikkjokk erhebt, wohin man in etwa 1 Std. problemlos absteigen kann.

Wir folgen vom Rastplatz aus nicht den Farbmarkierungen, sondern nehmen vielmehr den Weg, der direkt oberhalb des WC-Häuschens beginnt und für die folgenden 10 Min. an einem weiteren Moor entlangläuft, das schließlich durchwatet werden muß; besser ist es, die Feuchtstelle auf einem kleinen Trampelpfad zu umrunden. Die Spur ist stets klar ersichtlich, macht unmerklich Steigung und führt durch immer hügeligeres, bald auch wieder mit Kiefern bewachsenes Terrain.

Engelwurz und Eisenhut, Christophskraut und Weidenröschen, aber auch Bergveilchen und Trollblumen bilden große Farbflecken am wieder näherrückenden Ufer des Årrejåkkå, der ein Stück weiter oberhalb eine seeartige Verbreiterung mit einem Schilfsaum bildet, hinter dem wir nach insgesamt rund 2 Std. und 15 Min. den **Kuossaure** überblicken.

Die Wasserfläche schmiegt sich malerisch in eine mit dichtem Fichten- und Kiefernwald bestandene Mulde, die über sanft geschwungene Fjellflanken in die kahlen Höhen des Njanjja und des Kabla ansteigt. Schilfbestandene Einbuchtungen unterstreichen das stimmungsvolle Bild, das von Stockenten belebt wird. Wir folgen dem teilweise steinigen Ufer nach rechts, passieren mehrere Feuerstellen, auch ein paar an Land gezogene Boote, und erreichen nach 10 Min. das eigentliche Ziel der Wanderung: einen rund 100 m langen und 2–3 m breiten, braungelben Sandstrand, der sanft in den See abfällt und ideale Bademöglichkeiten (auch für Kinder) bietet. Hier läßt es sich trefflich rasten, Multebeeren pflücken und Watvögel beobachten.

28   Padjelanta I – So weit die Füße tragen

Sechstägige, einfache Wanderung von Kvikkjokk durch schöne Täler und unwirtliche Tundra zum Gebirgssee Virihaure.

Dauer/Länge: ca. 22 Std., ca. 77 km plus 4 km Bootsfahrt; die meisten Wanderer setzen fünf bis sechs Tage an.
Wegverlauf/Entfernungs-/Höhenangaben:
1. Tag: Kvikkjokk (315 m) – Bootsfahrt nach Bobäcken (15 Min., 315 m) – Bäcken

(2 Std., 380 m) – Njunjes (30 Min., 400 m) – Njunjestugan (30 Min., 460 m).
2. Tag: Felsbalkon (30 Min., 560 m) – Tarrekaisestugan(2 Std., 512 m).
3. Tag: Abzweigung zur Pieskehaurestugan (1 Std., 520 m) – Såmmerlappastugan (2 Std. 30 Min., 530 m).
4. Tag: Nationalparkgrenze (1 Std. 10 Min., 640 m) – Baumgrenze (1 Std., 740 m) – Zeltplatz (1 Std. 30 Min., 700 m) – Tarraluoppalstugorna (20 Min., 740 m).

5. Tag: Tuottar-Hochebene (1 Std. 10 Min., 1000 m) – Tuottarstugorna (2 Std., 900 m).

6. Tag: Alubrücke/Watstelle (3 Std., 675 m) – Abzweig zu den Staddajåkkastugorna (1 Std. 30 Min., 640 m) – Staloluoktastugorna (30 Min., 580 m).

Wegbeschaffenheit: Ausgezeichnet präparierte Wege, die zu gut einem Drittel mit Dielen verstegt sind.

Orientierung: Völlig problemlos, der Weg ist durchgehend rot markiert und an jeder Gabelung ausgeschildert.

Kartenmaterial: Fjällkartan Sarek-Nationalpark, BD10 (nicht 28 H, gleicher Titel), 1:100 000, auf der der ganze Padjelantaleden (auch der nördliche Abschnitt, s. Wanderung Nr. 29) verzeichnet ist. Erhältlich in Kvikkjokk (Supermarkt, Fjällstation), in Årrenjarka sowie im Buchhandel und Turistbyrå von Jokkmokk, Gällivare, Kiruna.

Mitternachtssonne/Wanderzeit: ca. 7. 6.– 5. 7. (Tuottarstugorna). Die Hüttenwirte werden Ende Juni eingeflogen, und Anfang Juli beginnt die Wander- und auch Mückensaison; ab 20. Juli kann man die Tour empfehlen, ab Mitte August ist sie ideal (ganz leichte Herbstfärbung, die Mücken sind verschwunden), und Ende August zeigt sich der Herbst in seiner ganzen Pracht. In den Höhenlagen kann ab Anfang September der erste Schnee liegenbleiben, und die Hüttenwirte werden ausgeflogen. Bis Mitte September kann man aber durchaus noch wandern (jetzt ist es vielleicht am schönsten), im Prinzip auch bis Ende September, aber dann ist der Flugverkehr von und nach Staloluokta eingestellt.

Information/Angeln: *Kvikkjokk Fjällstation,* Kvikkjokk, ✆ 09 71/2 10 22; außerdem die Touristenbüros in Jokkmokk (✆ 09 71/1 21 40) und Gällivare (✆ 09 70/ 1 66 60). Informationen über die Wetterlage in Staloluokta: *Staloluokta Fjällstation,* ✆ 09 73/4 10 10.

Der Padjelanta ist kein Fischfangparadies, nur Saiblinge kommen in Flüssen und Seen vor. Angelkarten für 1–3, 4–7 oder 8–15 Tage (gelten für den gesamten Nationalpark) über die Touristenbüros in Jokkmokk und Gällivare, in der Kvikkjokk-Fjällstation sowie bei den Hüttenwirten von Tarraluoppal, Tuottar und Staloluokta.

Ausrüstung: Grundausstattung und warme Zusatzkleidung, Pullover, Hemd, Hose zum Wechseln, Ski- oder Wanderstock, Kompaß, eventuell Höhenmesser, Sonnenbrille, Badebekleidung, Fernglas, Wasserflasche. Sinnvoll auch ein Paar Schuhe zum Wechseln sowie Hüttenschuhe und mehrere Paar Socken. In der Literatur werden Gummistiefel empfohlen, aber wir schwören auf Trekkingschuhe (Schuhcreme nicht vergessen!). Zusätzlich Ausrüstung für Zelt- oder Hüttenwanderung.

Lebensmittel am besten schon in Jokkmokk einkaufen, denn der Supermarkt in Kvikkjokk hat z. T. stark überhöhte Preise. An der Wanderroute gibt es keine Möglichkeit, Proviant nachzukaufen (nur sporadisch in der Såmmarlappastugan), und erst in Staloluokta sind wieder Lebensmittel erhältlich: Der Shop ist ausgeschildert, das Angebot besteht in der Hauptsache aus Schokolade und Trockennahrung.

Hütten-/Zelttour: Jeder Wanderhütte sind Zeltplätze angeschlossen, und wer dort campiert (auch sonst überall erlaubt; Hinweise im Text) genießt den Vorteil, die Einrichtungen der Hütten mitbenutzen zu können. Die Gebühren betragen 90 SEK in STF-Hütten (außerhalb des Nationalparks) und 70 SEK in den SNV-Hütten (innerhalb des Nationalparks); wer als Camper die Hütten mitbenutzt, muß

30 SEK bzw. 10 SEK bezahlen. Alle Hütten sind komplett mit Geschirr, Besteck, Kocher, Gas und Bettzeug sowie mit einer Trockenkammer (für Kleidung und Schuhe) ausgestattet:

Njunjesstugan (STF): Zwei Aufenthaltsräume mit je zwei Schlafzimmern (20 Betten). *Tarrekaisestugan (STF):* Zwei Hütten, drei Aufenthaltsräume, sechs Schlafzimmer (28 Betten). *Såmmarlappastugan (STF):* Aufenthaltsraum, drei Schlafzimmer (20 Betten). *Tarraluoppalstugorna und Tuottarstugorna (SNV):* Jeweils sechs Hütten, sechs kombinierte Aufenthalts-/Schlafräume (36 Betten). *Staloluoktastugorna (SNV):* Zwei Hütten, zwei Aufenthaltsräume, sechs kombinierte Aufenthalts-/Schlafräume (36 Betten).

Anfahrt: In Jokkmokk auf die nach Kvikkjokk ausgeschilderte Straße abbiegen (ca. 115 km), in Kvikkjokk zum Bootsanleger, von wo drei- bis fünfmal täglich das Boot nach Bobäcken verkehrt (40 SEK); Information über die Abfahrtszeiten durch die Bootsführer Björn Sarstad (✆ 09 71/2 10 12) oder Gösta Svanberg (✆ 09 71/2 10 33).

Kvikkjokk wird zweimal täglich mit dem Bus von Luleå via Jokkmokk (Anschluß mit/nach Kiruna, Ritsem, Kebnats, Gällivare) angefahren. Regelmäßige Flugverbindungen bestehen von Ritsem (Ende Padjelantaleden II) und Staloluokta (Ende Padjelantaleden I) aus (je Strecke 400 SEK), Taxiflüge u. a. auch von Aktse: Flugauskunft über *Lapplandsflyg* (Kvikkjokk, ✆ 09 71/2 10 40; Kiruna, ✆ 09 80/5 10 30) und *Norrlandsflyg* (Ritsem, ✆ 09 73/ 4 20 32).

Rückfahrt: Padjelanta II anschließen (s. Wanderung Nr. 29) oder das mindestens einmal täglich (Anfang Juli bis 15. September) verkehrende Wasserflugzeug von Staloluokta nach Kvikkjokk oder nach

Am Virihaure, dem »See, der vom Wind gekräuselt wird«

Der Tarraluoppal, Paradies für Watvögel und Mücken

Ritsem nehmen (je 30 Min. Flugdauer, 400 SEK).

Unterkunft: In Kvikkjokk gibt es zwei Campingplätze (einer für Caravans/ Wohnmobile, einer für Zelte) außerdem die Kvikkjokk-Fjällstation (58 Betten) und Hüttenvermietungen; schöner wohnt man allerdings in Årrenjarka (s. Wanderung Nr. 27).

Für Kinder: Die Strecke ist lang, aber sehr gut ausgebaut, und wer sich Zeit läßt, kann durchaus mit (älteren und lauffreudigen) Kindern wandern.

Mountain Bike: Nicht geeignet.

Anschlußwanderungen: Es bietet sich an, von den Hütten aus eintägige Abstecher zu machen – die Hüttenwirte informieren. Sehr lohnenswert auch der Anschluß des Padjelanta II (s. Wanderung Nr. 29).

Die drei aneinandergrenzenden Nationalparks Padjelanta, Sarek und Stora Sjöfallet bilden mit rund 5500 km² das größte

zusammenhängende Naturschutzgebiet Europas, und obwohl alle drei Reservate typische Gebirgsregionen umfassen, so zeigt doch jedes Gebiet eine ausgeprägte Eigenart. Der Padjelanta-Nationalpark (mit annähernd 2000 km² der größte in Schweden) besteht im wesentlichen aus einer weiten, baumlosen Hochebene mit großen Seen sowie einigen hochragenden Berggipfeln und wird durch seinen samischen Namen, den man am besten mit ›Hochland‹ übersetzt, treffend charakterisiert. Er gilt als eine der interessantesten Florenregionen Lapplands: über 500 gefäßbildende Pflanzen sind hier beheimatet, darunter auch viele – etwa der Gold-Enzian *(Gentiana aurea),* das Arktische Fingerkraut *(Potentilla hyparctica)* oder das Kriechende Sandkraut *(Arenaria humifusa)* –, die auf dem europäischen Festland nirgends sonst zu finden sind. Auch die Vogelwelt wartet mit seltenen Gästen auf, und insbesondere das Sumpfland rings um die großen Seenplatten ist für seinen Artenreichtum bekannt. Aber der Wanderer wird auf dieser Tour nicht nur mit Landschaft, Flora und Fauna konfrontiert werden, sondern auch mit den Samen, die die saftigen Sommerweiden des Padjelanta schon von alters her nutzen, und deren Rechte durch die Abgrenzung des Nationalparks nicht beeinträchtigt wurden.

Ausgangspunkt für den 81 km langen, südlichen Teilabschnitt des Padjelantaleden ist die im 17. Jh. gegründete Samensiedlung Kvikkjokk, die wir am Ende einer 115 km langen, bei Jokkmokk beginnenden Stichstraße erreichen. Sie wurde erst 1960 fertiggestellt, und bis dahin konnte das pittoreske Holzhausdörfchen nur nach einer zeitraubenden Bootsfahrt über den endlos langen Saggat erreicht werden. Diesen Weg nahm 1732 auch der schwedische Naturforscher und Biologe Carl von Linné, der sich aufgemacht hatte,

»um die Natur dreier Länder zu studieren«, weshalb die Straße – eine der Panoramarouten Schwedens – auch den Namen *Linnéleden* erhielt. Das Delta der Flüsse Tarraätno und Kamajåkkå am Nordufer des Saggat lockte schon zu Beginn unseres Jahrhunderts zahlreiche Naturliebhaber in das zwischen See und Gebirge gelegene Einöddorf, und ab den 50er Jahren entwickelte es sich zu einem Wanderzentrum, das heute neben Abisko und Saltoluokta zu den am stärksten frequentierten und am besten ausgebauten Fjällstationen von Schwedisch-Lappland zählt. Den Ausflugsmöglichkeiten zu Fuß, per Boot, Wasserflugzeug und Helikopter sind keine Grenzen gesetzt, und im Ort selbst, einst wichtiger Vorposten bei der Missionierung der Samen, lohnt ein Besuch der schlichten Holzkirche, die, obwohl sie erst 1907 errichtet wurde, doch deutliche Einflüsse der mittelalterlichen Kirchenarchitektur Schwedens zeigt. Sehenswert ist auch das der Poststation angeschlossene *Naturum* mit Informationen über Geologie, Flora und Fauna des Sarek- und Padjelanta-Nationalparks.

Doch jetzt reizt uns die Wanderung, und so machen wir uns, geleitet vom Wegweiser ›Padjelantaleden‹, auf den Weg zum Bootsanleger von **Kvikkjokk,** den wir schnell erreichen. Es schließt sich eine 4 km lange Bootsfahrt durch das nur unter großen Mühen zu durchwandernde Delta des Tarraätno an, und während der rund 15 Min. dauernden Passage genießen wir das mühelose Dahingleiten über den in zahlreiche Arme geteilten Strom, der sich durch einen regelrechten Birkendschungel schlängelt. Unser Ziel ist **Bobäcken,** ein am rechten Ufer des Flusses gelegener Steg, wo ein Hinweisschild die Marschrichtung zur Njunjesstugan anzeigt. 13 km trennen uns noch von dieser Übernachtungshütte. Der Pfad dahin ist breit und ausgetreten, einfach zu begehen und mit zahlreichen Brücken und Plankenwegen ausgestattet. Er führt in der Hauptsache durch ein von Birken und Espen, Silberweiden, Ebereschen und Farnkraut gebildetes Dickicht, das desto lichter wird, je weiter man in das sanft geschwungene Muldental des Tarradalen nach Westen vorstößt.

Nach etwa 40 Min. zweigt ein Trampelpfad zum Kaskaivo ab, auf dessen zerfurchtes Felsmassiv (1322 m) wir von jetzt an immer wieder einen Ausblick haben werden. Zweimal – und gelegentlich über

Route 28 (1. und 2. Tag)

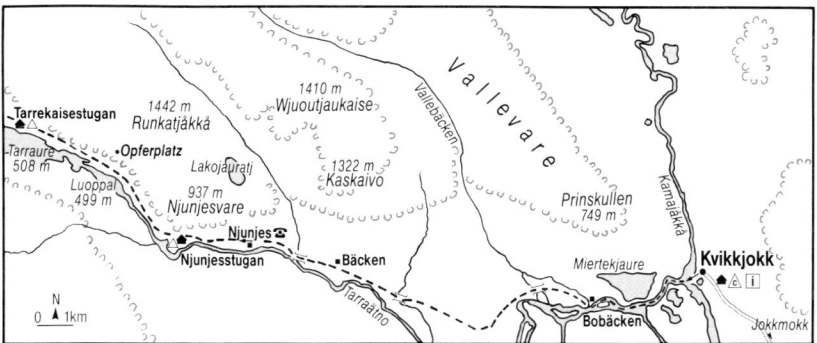

213

Stock und Stein – führt der deutlich markierte Weg ans Ufer des Tarraätno heran, und nach insgesamt 2 Std. 15 Min. ist die verlassene Einödsiedlung **Bäcken** erreicht, die von idyllischen und zum Zelten gut geeigneten Waldlichtungen umgeben ist. 15 Min. später befindet sich ein Telefon am Weg (über das die aus Westen kommenden Wanderer den Bootsführer von Kvikkjokk nach Bobäcken bestellen können), und nach einer weiteren Viertelstunde liegen die Gehöfte von **Njunjes** vor uns. Diese Siedlung wurde schon im 18. Jh. von dem Samenmissionar Olof Holmbom errichtet und ist noch immer im Besitz seiner Nachkommen, die allerdings nur noch die Wochenenden hier verbringen.

Der weitere Weg führt durch Wiesen, in die ein vollständiges Ensemble lappländischer Gebirgsflora eingestickt ist. Dann steigt er sanft bis auf 460 m an und verläuft entlang der von Mooren gesäumten Fels-flanke des Njunjesvare (937 m) zu der oberhalb des Tarradalen auf einem Felsband gelegenen **Njunjesstugan,** die nach insgesamt etwa 3 Std. 15 Min. erreicht ist.

Der Blick ins von Bergen umrahmte und nur noch spärlich bewaldete Stromtal ist zwar beeindruckend, aber nichts im Vergleich zu dem, das wir eine (anstrengende) halbe Stunde später Richtung Tarrekaisestugan von einem 560 m hoch gelegenen **Felsbalkon** aus genießen können. Ein Stückchen weiter noch, dann breitet sich die rund 5 km lange Seefläche des Tarraure aus, der gen Westen von der 1794 m hohen und teilweise vergletscherten Staika-Pyramide begrenzt wird, die auf der anderen Seite im 1824 m hohen Tarrekaise-Trapez ihr Gegenstück findet. Der Weg fällt sanft zum von Birken und Wiesen gesäumten Seeufer ab und passiert mehrere romantisch gelegene Zeltplätze. Nach etwa 1 Std.

Die ersten 4 km nach Kvikkjokk sind die einfachsten – dank Ruderboot

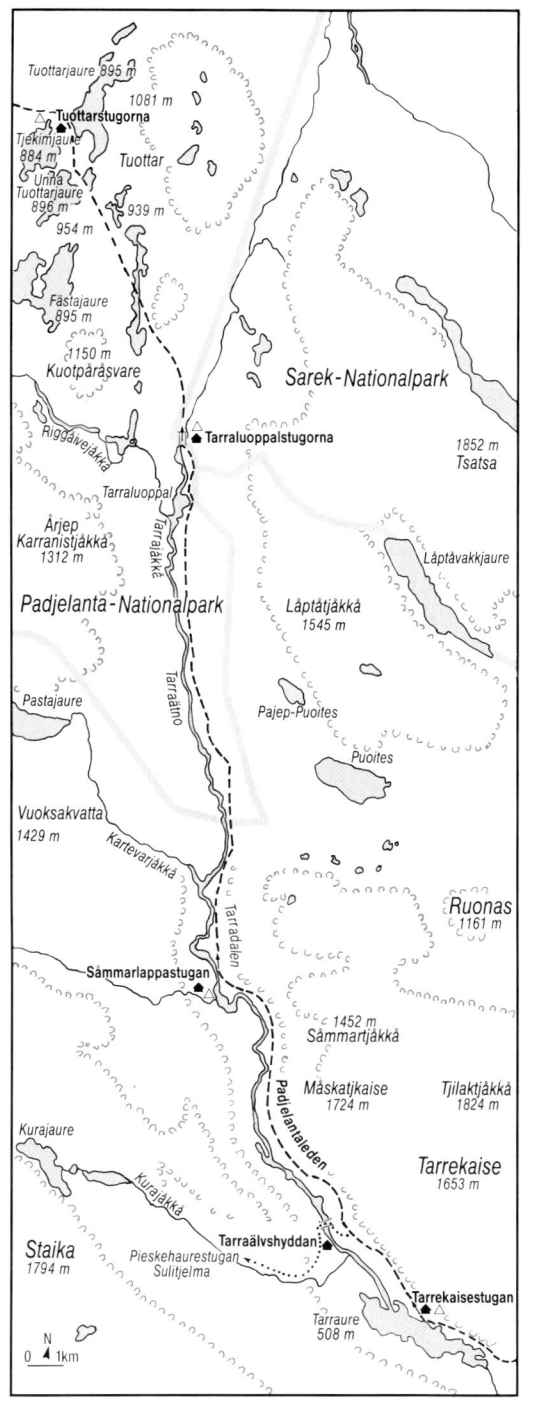

Route 28
(3., 4. und 5. Tag)

liegt rechts über uns ein von einem dreistufigen Wasserfall gebildeter Felstrichter, der von den Samen als ›heilige Pforte‹ (Passeuka) verehrt wurde und eine ehemalige Opferstätte markiert. Der Weg bleibt dem Ufer treu und quert noch mehrere Geröllbänder. Dann tauchen wir in einen dichten Birkenwald ein, der sich schließlich öffnet und den Blick auf eine Waldlichtung mit der **Tarrekaisestugan** in ihrer Mitte freigibt.

Rund 2½ Std. sind seit unserem Aufbruch von der Njunjes-Wanderhütte vergangen, und es bietet sich an, hier die Nacht zu verbringen. Der See ist nur ein paar Gehminuten entfernt, und vom steinigen Ufer aus blickt man Richtung Westen direkt zum Staika hinauf, der von hier aus wie der Aschenkegel eines gigantischen Vulkans anmutet. Anstatt der Lavaströme ziehen sich radial verlaufende Schneebahnen ins Tal, und wenn zwischen 20 und 22 Uhr – je nach Sommermonat – die Sonne auf einem Felssattel im Nordwesten ruht, dann glüht der Kegel, als ob er von Magma erleuchtet wäre.

Die Distanz zur Såmmarlappastugan, der nächsten Übernachtungshütte, beträgt 13 km, für die man aber kaum mehr als 3 Std. veranschlagen muß, denn der Weg kennt keine nennenswerten Steigungen, ist leicht zu begehen und an schwierigen Passagen durch insgesamt etwa 5 km lange Plankenabschnitte ›entschärft‹. Oberhalb des Tarraure ist das Tarradalen mit lichten Birkenhainen bestanden und wird von der braunen Felsmasse des Måskatjkaise (1724 m) überschattet, von der sich mehrere Schuttströme über unseren Weg ergießen. Nach etwa 1 Std. zweigt links ein zur **Pieskehaurestugan** (36 km) ausgeschilderter Weg ab, der nach 1 km den Tarraåtno auf einer Brücke quert und nach einem weiteren Kilometer die Tarraälvshyttan

passiert – die im Jahre 1883 erbaute, älteste Wanderhütte in Schwedisch-Lappland.

Wir ignorieren die Gabelung, queren bald darauf mehrere schmale Bachbetten, steigen bis auf 540 m an und genießen das deutliche Zurückweichen des Birkenwaldes und die damit verbundene Fernsicht in das voraus liegende Tarradalen, das mehr und mehr die Form eines Trogtals annimmt. Wir kommen zügig voran und stoßen etwa 2½ Std. nach Aufbruch zum ersten Mal wieder an das Ufer des Tarraåtno, der hier eine Kiesinsel umspült. Dann wendet sich der Weg vom Fluß ab (viele kleine Zeltplätze) und einem ausgedehnten Geröllfeld zu, das zu queren höchste Konzentration erfordert: Die Steine sind glitschig und keineswegs so fest eingekeilt, wie es den Anschein hat. Zwei Alubrücken müssen noch überstiegen werden, dann liegt die **Såmmarlappastugan** (mit Nottelefon) voraus und direkt am Wiesenufer des hier ruhig dahinströmenden (und auch zum Baden geeigneten) Tarraåtno.

Auch die Strecke zu den Tarraluoppalstugorna, den nächsten, am Ende des Tarradalen gelegenen Übernachtungshütten, ist fast ein Spaziergang. Zum einen macht der Weg nur unmerklich Steigung und zum anderen ist er so häufig mit Dielen verstegt (insgesamt auf etwa 8 km Länge), daß es fast schon übertrieben wirkt. So auch auf dem ersten Abschnitt zwischen der Såmmarlappastugan und einer rund 1 km entfernten alten *kåta* (nach links ausgeschildert), wohin wir nahezu ausschließlich über Plankenwege wandern. Nach insgesamt rund 40 Min. können wir von einer 630 m hohen Anhöhe aus das ganze Tarradalen überblicken, und da, wo im Norden der Talschluß durch einen Fjellriegel gebildet wird, liegen die Tarraluoppalstugorna, die von hier aus allerdings noch nicht einsehbar sind. Der Weg führt vorübergehend durch einen von Schädlingen verwüsteten Birkenwald an den Slitajåkkå heran, quert ihn auf zwei, etwas groß geratenen Alubrücken und steigt dann kurz aber steil auf eine Fjellhöhe hinauf, die die **Grenze zum Padjelanta-Nationalpark** markiert. Große Infotafeln rufen die besonderen Vorschriften in Erinnerung, die für dieses Schutzgebiet erlassen wurden, und voraus- sowie zurückblickend genießt man ein eindrucksvolles Bild vom Tarradalen, in dem sich der Tarraätno wie ein breiter Silberfaden ausnimmt.

Während der folgenden Stunde bleibt der Weg und auch das Landschaftsbild unverändert. Mal geht es sanft bis 720 m hinauf, dann ebenso sanft wieder hinunter, meist aber wandern wir über ebenes Terrain, in dem sich große Moorflächen mit kleinen, immer lichter werdenden Birkenhainen abwechseln. Dann, etwa 1 Std. nach Betreten des Nationalparks, überschreiten wir die auf rund 740 m Höhe gelegene **Baumgrenze** und betreten eine Zwergstrauch-Heide, die mit einem dichten Bewuchs von Krähenbeeren, Alpen-Bärlapp und schwarzen Alpenbärentrauben bedeckt ist. Das Bild stimmt melancholisch und harmoniert mit dem traurig tönenden Ruf des Goldregenpfeifers, der für diese Vegetationszone charakteristisch ist. Lange dauert es nicht mehr, bis der Gebäudekomplex der Tarraluoppalstugorna weit hinten am Talschluß auftaucht. Aber die klare Luft täuscht Entfernungen vor, und 1 Std. wird man bestimmt noch unterwegs sein, bis das so nahe scheinende Ziel erreicht ist. Bald kommt auch der Tarraluoppal-See in Sicht, dem der Tarraätno als breites Band entspringt, und immer wieder müssen ausgedehnte Moorflächen überquert werden (Dielenstege), die von undurchdringlichen Weidegehölzen wie von Hecken umgeben sind.

Vom Felsbalkon überblickt man das Tarradalen

Schließlich macht ein an eine samische *kåta* erinnerndes WC-Häuschen auf einen **Zeltplatz** aufmerksam, und rund 20 Min. danach sind die aus sechs Blockhütten bestehenden **Tarraluoppalstugorna** (mit Nottelefon) erreicht.

Hier, vom Ende des Tarradalen aus, genießen wir einen eindrucksvollen Blick auf den unter uns liegenden und von zwei Flüssen gespeisten Tarraluoppal (samisch: ›Der See, wo man beim Fischfang listenreich sein muß‹), der bei Ornithologen weitbekannt ist. Zahlreiche Watvögel kommen dort vor: Bekassinen, Odinshühnchen und Temminck-Strandläufer, Flußuferläufer, Rotschenkel und Bruchwasserläufer, dazu einige Entenarten. Auch der Prachttaucher zählt zu den Besuchern des Sees, ebenso wie Sperlingsvögel, Fischadler, Rauhfußbussard, Sturmmöwe und Moorschneehuhn.

Der Weg zu den 11 km entfernten Tuottarstugorna beginnt mit der Querung

Rentierkälber warten auf ihre Markierung

den Himmel ziehen und gelblich-schwarz die Berge umhüllen, kann einem schon mal eine Gänsehaut über den Rücken laufen.

Rund 1000 m sind wir jetzt hoch, und bis zur Wanderhütte, die noch etwa 2 Std. entfernt ist, werden keine nennenswerten Anstrengungen mehr zu bewältigen sein. Der Weg ist angenehm weich und nachgiebig und kennt nur noch sanftes Auf und Ab durch ein Labyrinth von Tümpeln und Weihern, kleinen und großen Seen, die alle irgendwie miteinander verbunden sind. Bald öffnet sich im Norden ein weiter Horizont, aus dem einsam und wie ein Schichtvulkan geformt, der Alatjåkkå (samisch: ›großer Berg‹) 1572 m hoch in den Himmel ragt. Dann schrumpft die Welt wieder zusammen, Hügel reiht sich an Hügel, bis endlich die in einer Senke über dem Tjekimjaure gelegene **Tuottarstugorna** erreicht sind. Wer in einer der sechs Hütten übernachtet, darf bei Schönwetter nicht versäumen, den nördlich angrenzenden Hang zu besteigen, von wo aus man einen der schönsten Sonnenuntergänge der Wanderung erleben kann.

des Vassjajåkkå auf einer abenteuerlich schwankenden Hängebrücke. Es folgt ein etwa einstündiger 3 km langer Anstieg bis hinauf zur 1000 m hohen **Tuottar-Hochebene** (Tuottar, samisch: ›ausgedehnter Berg‹), die den höchsten Punkt der gesamten Wanderung markiert. Die Aussicht wird schöner, je höher man kommt, und das Panorama, das sich dem Wanderer schließlich vom Rand des Hochlandes aus eröffnet, ist dramatisch: Im Osten reicht der Blick bis an die eisgepanzerten Felsbarrieren im Herzen des Sarek-Nationalparks heran, im Westen erstreckt sich der gigantische Rücken des schwarz gemaserten Kierkevare-Massivs, und voraus dehnt sich ein mit ›tausend‹ Hügeln und ›tausend‹ Seen übersätes Heideland, das mit Moosen und Flechten, Geröllbändern und nackten Felsplatten bedeckt ist. Bei Sonnenschein fällt es schwer, sich einen schöneren Anblick vorzustellen, doch bei schlechtem Wetter, wenn zerfaserte Wolken über

Vor Aufbruch von den Tuottarhütten sollte man noch einmal seine Bergstiefel einfetten, denn nach kurzem Abstieg zum Tjekimjaure muß erst sein Zufluß und bald darauf auch sein Abfluß durchwatet werden. Dann stehen wir am oberen Rand einer sanft nach Westen geneigten, hügeligen Heidemulde von mehreren Kilometern Breite, die beidseitig von hohen Felsrücken ummauert ist. Erratische Blöcke liegen wild verstreut, das Land ist zerfurcht und wird im Osten von einem guten Dutzend Kegelberge überragt, während es weit im Norden den Blick auf einen Zipfel des gewaltigen Virihaure freigibt, dessen Ufer wir heute noch erreichen werden.

Der Boden ist nachgiebig, das Wandern eine reine Lust, zumal ein konstant wehender Westwind dafür sorgt, daß der ›Lappland-Fluch‹, der hier bis Mitte August über das Land fliegt, erträglich bleibt. Je weiter man absteigt, desto gigantischere Ausmaße nimmt das Kierkevare-Massiv an, an dessen senkrechter Felsflanke unzählige Wasserfälle wie kalligraphische Muster kleben. Unvorstellbar, daß dort oben, auf über 1500 m Höhe, schon im 17. Jh. Silbererz abgebaut wurde, das mühsam bis nach Kvikkjokk geschleppt werden mußte, wo man es in einer Schmelzhütte verarbeitete.

Etwa 1 Std. 30 Min. sind insgesamt vergangen, da scheint das Land wie mit tausend Schneehäufchen bedeckt, die sich aus der Nähe betrachtet als Quarzitblöcke entpuppen und der ganzen Gegend eine unwirkliche Note verleihen. Später erblicken wir eine kleine Seenplatte und die zerfaserte Fläche des Kieddaure in der weiten Ebene. Ein ›einsamer‹ Wegweiser teilt nach wenig mehr als 2 Wanderstunden

mit, daß bereits 9 km bewältigt sind, und kurz darauf erreichen wir einen Fjellrücken, der auf beiden Seiten steil in ein Flußtal abfällt. Plötzlich ist das Land wie in Gold und Gelb getaucht, und es vergeht eine Zeitlang, bis wir erkennen, daß die uns umgebenden Hügel nichts als teilweise begrünte Dünen sind, ja, daß der ganze Boden hier mit hellem und feinkörnigem Sand bedeckt ist. Dieses fast schon unwirkliche Bild steht in starkem Kontrast zu der braunroten Felswand des Kierkevare-Rückens, von der der schäumende Pållaurjåkkå in spitzem Winkel auf uns zuläuft. Der Weg erreicht das Felsufer des Wildflusses und endet vor den bizarr aufgefalteten Streben einer völlig deformierten **Alubrücke** (Hochwasser im Frühling 1989). Eine Umleitung ist ausgeschildert und führt an den Fuß eines kleinen Kataraktes, nach dem der Strom gemächlich und breit dahinfließt. Ein paar hundert Meter noch, dann steigen wir zu einer Furt hinunter (rechts ein kleiner See: idyllische Zeltplätze) und durchwaten das im August

Route 28 (6. Tag)

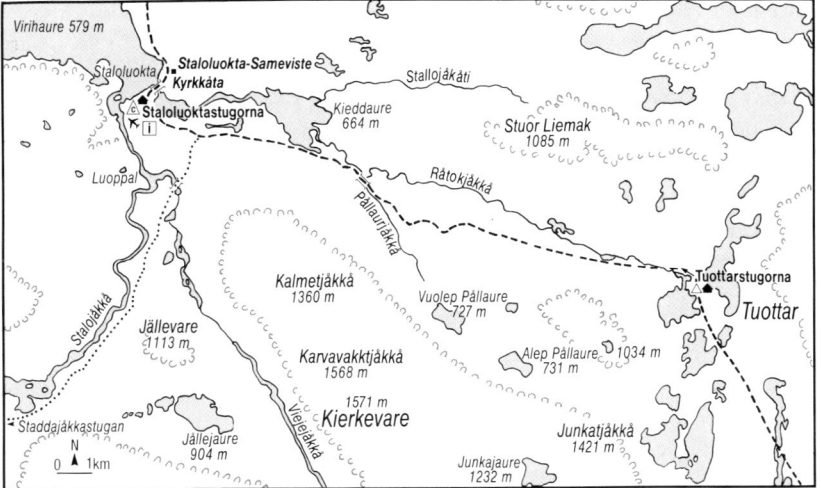

durchschnittlich wadentiefe und etwa 30 m breite Gewässer, um auf der anderen Seite ein von Wiesen durchsetztes Weidengehölz zu queren, das sich bis ans Ufer des Kieddaure erstreckt.

Nach etwa 500 m zweigt der Weg vom See ab und erklimmt eine Anhöhe, von der aus nicht nur der Virihaure überblickt werden kann, sondern auch eine anmutige Landschaft, die alle Abstufungen von Braun und Grün kennt. Irgendwie fühlen wir uns an die Provence erinnert, auch ein bißchen an die Toskana, und unwillkürlich suchen wir die Gegend nach Kirchen und Burgen ab. Ein paar Minuten später sehen wir auch den lagunengleichen Luoppal-See, dem ein Sandgrund seine blaugrüne Färbung verleiht, und der nur durch einen schmalen Fjellriegel vom Virihaure getrennt ist. Bei genauerem Hinsehen erkennt man zahlreiche Holzhütten an seinem Nordufer, und der Anblick beflügelt die Schritte. Es ist Staloluokta, was so nahe scheint und doch noch gut 40 Min. entfernt ist. Noch einmal geht es steil eine Höhe hinauf, dann passieren wir eine (auf der topographischen Karte falsch eingetragene) **Weggabelung** (links ist ›Staddajåkkåstugan 11 km‹ ausgeschildert). Es folgt ein steiler Abstieg durch Birkendickicht zum grauen Sandufer des Luoppal. Wir wandern zum Virihaure hinüber und erreichen über eine Hängebrücke (vor der es nach links zum Zeltplatz am See ausgeschildert ist) die heiß ersehnten **Staloluoktastugorna,** Ausgangspunkt der nachfolgend beschriebenen Wanderung.

29 Padjelanta II – Ein Panoramaweg

Zweiter Teil des Padjelantaleden von Staloluokta nach Ritsem; schwieriger, aber auch spektakulärer als der erste Abschnitt.

Dauer/Länge: ca. 18 Std., ca. 66 km. Ideal als Vier- oder Fünftagestour.
Wegverlauf/Entfernungs-/Höhenangaben:

1. Tag: Staloluokta (562 m) – Stuor-Titer (2 Std., 820 m) – Arasluoktastugorna (1 Std. 30 Min., 560 m).
2. Tag: 720 m Höhe (20 Min.) – Hängebrücke (1 Std., 600 m) – Paßhöhe (1 Std. 30 Min., 900 m) – Låddejåkkåstugan (1 Std. 30 Min., 600 m).
3. Tag: Oberes Rentiergehege (1 Std. 10 Min., 740 m) – Mündungsgebiet des Varka (2 Std. 10 Min., 545 m) – Kutjaure

Sameviste (2 Std. 10 Min., 530 m) – Kisurisstugan (1 Std. 10 Min., 580 m).
4. Tag: Wiese unterhalb Akka-Gletscher (2 Std. 10 Min., 500 m) – Vuojatätno (15 Min., 460 m) – Akkastugorna (30 Min., 450 m) – Bootsanleger (30 Min., 440 m) – Bootsfahrt nach Ritsem (ca. 45 Min.).
Wegbeschaffenheit, Orientierung, Kartenmaterial, Mitternachtssonne/Wanderzeit: s. Wanderung 28.
Information/Angeln: s. Wanderung 28. Die Abfahrtszeiten des Bootes über den Akkajaure (Änonjalme-Ritsem) können unter ✆ 09 73/4 20 30 abgerufen werden; aktueller Fahrplan in den Akkastugorna sowie am Anleger. Informationen über die Wetterlage in Staloluokta: *Staloluokta Fjällstation,* ✆ 09 73/4 10 10.

Ausrüstung: Grundausstattung und warme Zusatzkleidung; s. auch Wanderung 28. Lebensmittel aus Kvikkjokk oder Gällivare mitbringen, an der Strecke keine Möglichkeit, Proviant nachzukaufen. Lediglich in Staloluokta gibt es einen kleinen Laden mit hauptsächlich Schokolade und Trockennahrung (liegt am Wanderweg; Mo–Sa 9–12 und 15–20 Uhr, So 13–20 Uhr geöffnet); ebenso in der Kutjaure-Sameviste, aber darauf sollte man sich nicht unbedingt verlassen.

Hütten-/Zelttour: Jeder Wanderhütte sind Zeltplätze angeschlossen, und wer dort campiert (auch sonst überall erlaubt; Hinweise im Text) genießt den Vorteil, die Einrichtungen der Hütten mitbenutzen zu können. Die Gebühren betragen 90 SEK in STF-Hütten (außerhalb des Nationalparks) und 70 SEK in den SNV-Hütten (innerhalb des Nationalparks); wer als Camper die Hütten mitbenutzt, muß 30 SEK bzw. 10 SEK bezahlen. Alle Hütten sind komplett mit Geschirr, Besteck, Kocher, Gas und Bettzeug sowie mit einer Trockenkammer (für Kleidung und Schuhe) ausgestattet:
Arasluoktastugorna (SNV): Sechs Hütten mit je einem kombinierten Aufenthalts-/ Schlafraum (36 Betten); *Låddejåkkåstugan (SNV):* Eine Hütte mit kombiniertem Aufenthalts-/Schlafraum, eine Hütte mit großem Aufenthaltsraum und sechs abgetrennten Schlafzimmern mit je vier Betten (30 Betten); *Kutjaure-Sameviste:* In diesem Samen-Sommerlager werden Privatzimmer/-hütten vermietet (mit Sauna, Bootsverleih, Shop); *Kisurisstugan (SNV):* Zwei Hütten mit kombinierten Aufenthalts-/ Schlafräumen, eine Hütte mit großem Aufenthaltsraum und sechs abgetrennten Schlafzimmern mit je vier Betten (34 Betten); *Akkastugorna (STF):* Zwei Hütten mit insgesamt vier Aufenthaltsräumen und acht Schlafzimmern (40 Betten).

Anreise: Entweder per pedes über den Padjelantaleden I (s. Wanderung Nr. 28) oder per Flugzeug von Kvikkjokk oder Ritsem aus (400 SEK, mindestens einmal täglich). Informationen über *Norrlands-* oder *Lapplandsflyg* in Kvikkjokk, ✆ 0971/ 2 10 40 oder über *Norrlandsflyg* in Ritsem, ✆ 0973/4 20 32. Lapplandsflyg bietet außerdem Taxiflüge von Kiruna nach Staloluokta an (2970 SEK).

Rückfahrt: Die Ankunft des Bootes und die Busabfahrt von Ritsem nach Gällivare via Kebnats und Ritsemvägen (Umsteigen in den Bus nach Jokkmokk mit Anschluß nach Kvikkjokk; tgl. außer So) sind zeitlich aufeinander abgestimmt, so daß man in der Regel noch am gleichen Tag Gällivare, Jokkmokk oder auch Kvikkjokk erreichen kann. Täglich auch mindestens ein Flug zu 800 SEK von Ritsem nach Kvikkjokk mit *Norrlandsflyg* (s.o.), außerdem Taxiflüge von Ritsem nach Gällivare oder Kiruna *(Norrlandsflyg).*

Unterkunft: In Kvikkjokk gibt es zwei Campingplätze (einer für Caravans/ Wohnmobile, einer für Zelte) außerdem die *Kvikkjokk Fjällstation* (58 Betten) und Hüttenvermietungen; Übernachtung in Ritsem in der STF-Station (40 Betten), ✆ 0973/4 20 30 (Ende Juni bis Anfang September geöffnet).

Für Kinder: Die Strecke ist lang, aber sehr gut ausgebaut, und wer sich Zeit läßt, kann durchaus mit (älteren und lauffreudigen) Kindern wandern.

Mountain Bike: Nicht geeignet.

Anschlußwanderungen: Ab Ritsem Bus Richtung Gällivare nehmen, in Kebnats aussteigen, zur *Saltoluokta Fjällstation* übersetzen lassen und von dort aus Wanderung Nr. 23 und 24 anschließen oder dem gut ausgebauten und markierten Kungsleden von Saltoluokta zur Aktsestugan (31 km, Wanderhütte liegt am Weg) folgen und weiter nach Kvikkjokk (41km,

Der Akka, in ein unwirkliches Licht getaucht

Wanderhütte liegt am Weg) oder Kuolleluoppal; für Aktse und Kuolleluoppal s. Wanderung Nr. 27.

Die Gebirgsregion Schwedisch-Lapplands wird, vereinfacht gesagt, durch sechs Seen, die sich von Osten nach Westen erstrecken, gegliedert: den Saggat im Süden, den Torneträsk im Norden und den Viri-, Vasten-, Sallo- und Akkajaure in der Mitte. Mit den vier letztgenannten werden wir es während des zweiten, rund 64 km langen Wegabschnitts des Padjelantaleden hauptsächlich zu tun haben, und an allen vier Seen werden wir auch ständig auf Samen treffen, die Anfang Juni mit ihren Herden ins Sommerland ziehen, nachdem die Kälber im Mai im Frühlingsland östlich des Padjelanta-Nationalparks geboren wurden. Die Frauen und Kinder treffen Ende Juni oder Anfang Juli in den *Samevisten* (Samen-Sommersiedlungen) ein und blei-

ben bis Ende August. Die Männer harren noch mehrere Wochen aus, um Saiblinge zu fischen, die im Herbst am besten beißen. Die Hauptarbeit der Rentierzüchter aber, die Kälbermarkierung, findet im Juli statt. Dazu müssen die Herden gesammelt und in Gehege getrieben werden, wo die Kälber, die ihren schon markierten Müttern folgen, mit dem Lasso gefangen und mit Schnitten an den Ohren gekennzeichnet werden. In jeder Sameviste finden drei bis vier Markierungen pro Sommer statt, und wer als Tourist die Möglichkeit hat, an einer solchen teilnehmen zu können (die Hüttenwirte kennen die Termine), der sollte es sich nicht entgehen lassen.

Staloluokta, unser Ausgangspunkt, ist die größte Samen-Sommersiedlung im Padjelanta-Nationalpark, und einen Tag sollte man mindestens einplanen, um diese malerisch am Virihaure (samisch: ›See, der vom Hauch gekräuselt wird‹) gelegene

›Bucht des Samenfeindes‹ näher kennenzulernen. Die Schönheit der Ufer, die grandiose Bergkulisse und die gewaltige Größe des Sees vor den Holzhütten, iglu-förmige Grassoden-Kåtas und an Indianerzelte erinnernde Gabelstangen-Kåtas – dies alles ergibt ein Bild von zauberhaftem Reiz.

›Änonjalme 64 km‹ – so ist auf einem Wegweiser vor den **Staloluokta-Wanderhütten** zu lesen, und vier Tage sind ein Minimum für diese einzigartige Panoramatour, auch wenn sie in drei Tagen problemlos zu bewältigen wäre. Nicht die Distanzen sind es auf dieser Route, nach denen man seine Wanderzeit bemessen sollte. Die Landschaft ist von solcher Vielfalt und die Ausblicke von solcher Schönheit, daß man einfach immer wieder stehenbleiben muß und letztlich vielleicht kaum mehr als 2 km pro Stunde bewältigt. So auch auf

dem ersten Wegabschnitt zu den Arasluoktastugorna, der zwar nur 12 km lang ist, aber durchaus einen ganzen Tag in Anspruch nehmen kann.

Der Weg führt am schmalen Sand- und Kiesstrand des Virihaure vorbei, passiert kurz nach der Wanderhütte den Grassodenbau der *Kyrkkåta* (Kirchenkåta) und zweigt nach ca. 10 Min., noch immer im Bereich der Sameviste, nach rechts ab. Es geht steil am Hang des **Stuor-Titer** (1036 m) hinauf, Birkendickicht und Weidengehölz säumen den immer wieder mit Dielen verstegten Pfad (der z. T. sehr rutschig sein kann) bis auf eine Höhe von 650 m, die nach 15minütigem Aufstieg erreicht ist. Die Hangneigung wird geringer, die Vegetation von Heidekraut dominiert, und etwa 1 Std. nach Aufbruch von der Wanderhütte stehen wir auf 750 m, also knapp 200 m über dem Virihaure, der als einer der schönsten schwedischen Ge-

Route 29 (1. und 2. Tag)

Vor uns liegt der glitzernde Akkajaure

birgsseen gilt. Weit hinten im Westen wölbt sich die Zackenlinie des Grenzgebirges über den Horizont, und die Lichtspiele über den endlosen Schnee- und Gletscherfeldern können uns glauben machen, daß es ein Kunstwerk aus zerknitterter Alufolie ist, was wir erblicken. Der zum Virihaure abfallende Fjellhang hingegen erinnert mit seinen Braun- und Grüntönen in unzähligen Abstufungen eher an verwilderte Terrassenfelder.

Das Panorama ist überall faszinierend, aber am eindrucksvollsten scheint es uns vom Wiesenufer eines kleinen Sees aus (idealer Zeltplatz), an dem wir bald schon entlangwandern. Es schließt sich ein regelrechtes Labyrinth aus Tümpeln und Seen, Moorflächen und Hügeln an, das als Vogelparadies bekannt ist. Hier brütet die Singdrossel, sogar Gimpel und Nebelkrähe haben hier heraufgefunden; ebenso die Gartengrasmücke und der seltene Raubwürger, der eigentlich im Sarek beheimatet ist. Dann steigt der Weg steil bis über 800 m an, und wir blicken hinunter auf den Seearm von Arasluokta. Am Ostrand geht das Blaugrau des Wassers in eine zartgrüne Moorebene über, die mit den Hütten der Arasluokta-Sameviste getupft ist. Ein paar Minuten später erblicken wir auch die Wanderhütten, queren die (gefährlich rutschige) Felsbahn eines Bachbettes und steigen dann für eine ¾ Std. an der von zahlreichen Einschnitten durchfurchten Nordflanke des Berges mühsam zu Tal, das wir auf 600 m Höhe betreten. Bald stehen wir am Ufer des Arasjåkkå, der von einer Hängebrücke überspannt wird, betreten danach ein Rentiergehege (das die Grenze zwischen den Weidegebieten der Tuorpon- und Jåkkåkaska-Samen markiert) und müssen uns anschließend noch für etwa 15 Min. über teilweise morastige Wiesen ›quälen‹, bis die auf einer großen Heidefläche gelegenen **Arasluoktastugorna** erreicht sind. Das Tal ist auf drei Seiten vom Arasjåkkå umgeben und eine einzige Feuchtstelle, entsprechend schlimm kann die Mückenplage sein.

Im etwa 1 km von den Hütten entfernten Samendorf gibt es mitunter frischen und geräucherten Fisch, auch selbstgebackenes Brot. Diesen zusätzlichen Proviant kann man gut gebrauchen auf dem 16 km langen Weg zur Låddejåkkåstugan, der immerhin fast 6 km Steigung beinhaltet, und auch sofort recht steil beginnt. Etwa 20 Min. lang geht es konstant hangaufwärts bis auf ca. 720 m Höhe, wo nach links ein Trampelpfad zur Sameviste zurückführt, der die höher gelegene *Kyrkkåta* passiert. Anschließend müssen wir uns ein paar Minuten lang durch ein dichtes Weidengehölz mit sperrigen Gerten mühen, dann schwenkt der Weg ein Stück nach Osten und präsentiert ein überwältigendes Panorama. Der Blick fällt auf eine geschwun-

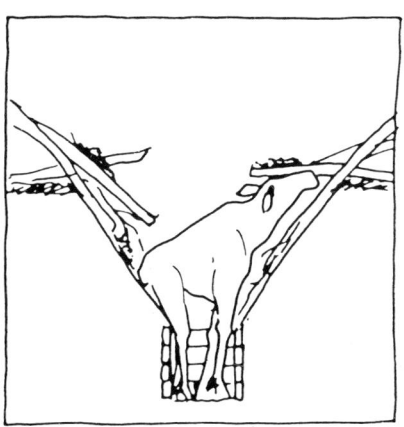

So fing man Elche und Rentiere früher

4 km zu bewältigen. Das Panorama erweitert sich von Meter zu Meter. Erschöpft erreichen wir die **Paßhöhe,** queren ein Bachbett und folgen einem nach rechts weisenden Pfeil, keinesfalls aber dem geradeaus verlaufenden Pfad, der einen kilometerlangen Umweg beschreibt, bevor er das Tal des Låddejåkkå erreicht.

Welches Panorama sich am Paß und beim Abstieg erschließt, vermögen wir nicht zu sagen, denn als wir Mitte August hier wanderten, tobte ein heftiger Schnee- und Hagelsturm, der die Sichtweite auf 5 m begrenzte. Über den weiteren Wegverlauf können wir nur berichten, daß es nach der Paßhöhe für etwa 15 Min. über ein Fjellplateau geht, auf dem – kurz bevor der konstante Abstieg zum Låddejåkkå beginnt – ein bizarr geformtes Steingebilde aus schneeweißem Material aufragt, das an ein hockendes Wesen erinnert. Es geht steil ins Kerbtal hinunter, und nach insgesamt etwa 4 Std. ist noch einmal eine Hängebrücke zu queren, die das ausgewaschene und von sogenannten ›Riesentöpfen‹ durchhöhlte Felsbett des Låddejåkkå überspannt. Jetzt sind es nur ein paar Minuten bis zu den zwei Wanderhütten der **Låddejåkkåstugan,** die auf einem schmalen Wiesenbalkon am Fluß liegen und von wo aus man das Delta und den Vastenjaure im Blick hat.

gene Talmulde, durch die sich der Miellätno als ›amazonasbreites‹ Band, gesäumt von Sumpfwiesen schlängelt, um sich schließlich als Delta in den Virihaure zu ergießen, der uns von hier aus an ein Meer erinnert. Nördlich des Stromes steigt ein gewaltiger Fjellriegel an, der von zwei geometrisch geformten Kegelbergen gekrönt ist und nach Westen eine schmaler werdende Zunge bildet, die den Virihaure vom oberhalb gelegenen Vastenjaure trennt – dem ›See, der scheußlich ist, wenn der Wind hart weht‹.

Der Weg verläuft in gerader Linie auf den Miellätno zu, und bald kann man auch die **Hängebrücke** erkennen, die ihn überspannt. Nach insgesamt rund 1¼ Std. stehen wir vor der über 100 m langen Stahl-Konstruktion, die sich in diesem archaischen Urstromtal wie ein Anachronismus ausnimmt. Auf der anderen Seite der leicht wippenden Brücke zweigen Pfade nach rechts und links ab, die allesamt Zeltplätze zum Ziel haben. Der ausgetretene Weg führt in gerader Linie an dem Fjellriegel empor, der sich direkt nördlich anschließt, und innerhalb der nächsten 1½ Std. sind 300 Höhenmeter auf einer Distanz von

War die letzte Etappe wegen ihrer Steigungs- und Gefällstrecken recht mühsam, so ist es die vor uns liegende aufgrund ihrer Länge. 24 km sind es laut Hinweisschild bis zur Kisurisstugan, und zumindest Hüttenwanderer müssen diese Distanz in einem Tag bewältigen, so sie nicht in Kutjaure (ca. 4 km vor der Kisurisstugan) Quartier nehmen wollen (unseres Wissens die einzige Sameviste, in der Zimmer vermietet werden). Aber wie auch immer: Man braucht die Strecke nicht zu scheuen,

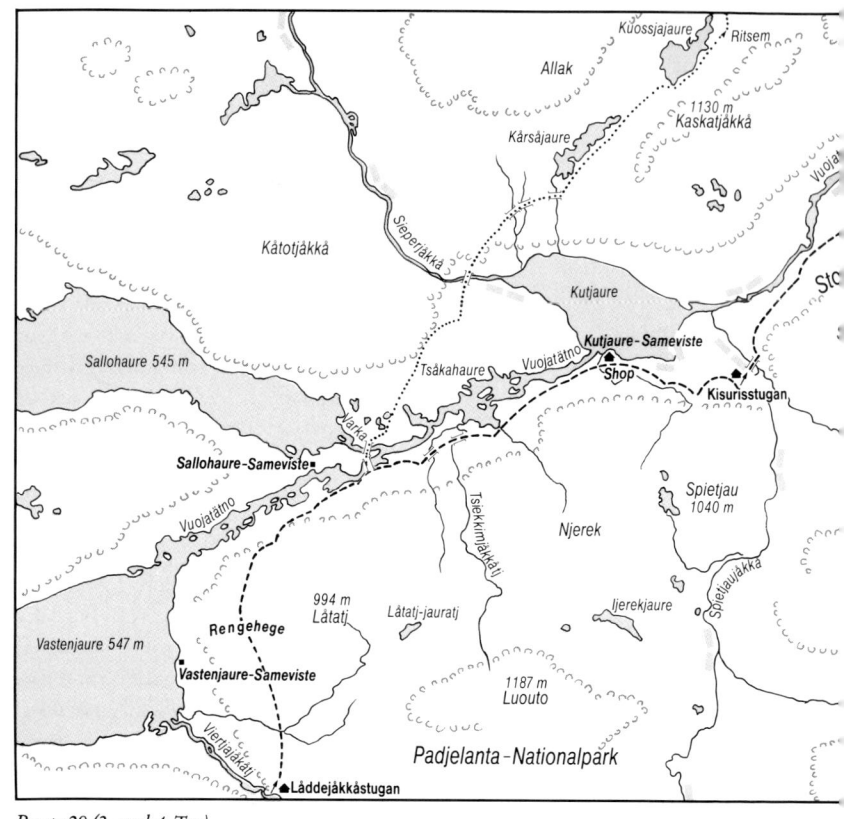

Route 29 (3. und 4. Tag)

denn sie kennt nur einen einzigen Aufstieg. Der allerdings beginnt direkt oberhalb der Låddejåkkåstugan. Wir passieren das Gatter eines Rentierzaunes (der die Grenze zwischen den Weidegebieten der Sirka- und Jåkkåkaska-Samen markiert) und steigen über die steile Fjellflanke innerhalb von 15 Min. bis zu einer Hochfläche auf (700–740 m), die um den Gipfel des Låtatj (994 m) herumführt. Der Weg ist größtenteils mit Dielen verstegt und einfach zu begehen. Aus der weiten und mit Felsblöcken übersäten Fjellöde blicken wir zurück in das tiefe Kerbtal des Låddejåkkå, das sich zum Vastenjaure hin trichterförmig verbreitert. Rechts neben dem Mündungsdelta sehen wir ein halbes

Dutzend Kåtas der Vastenjaure-Sameviste, und der Vastenjaure selbst präsentiert sich als langgestreckter Riesenkeil, der zwischen schroffen Felswänden eingezwängt ist und weit im Westen von den ›himmelstürmenden‹ Schneegipfeln des Grenzgebirges flankiert wird.

Nach insgesamt etwa 30 Min. muß der Viertjajåkåtj über Steine gequert werden (unproblematisch), und direkt danach gabelt sich der Weg. Der linke Pfad ist der richtige und führt bei konstanter Höhe nach weiteren 40 Min. erneut an einen **Rentierzaun** mit Gatter. Dann tauchen links unten auf einer Insel die Kåtas der Keukessuoloi-Sameviste auf, und wenig später haben wir auch den fast 1 km brei-

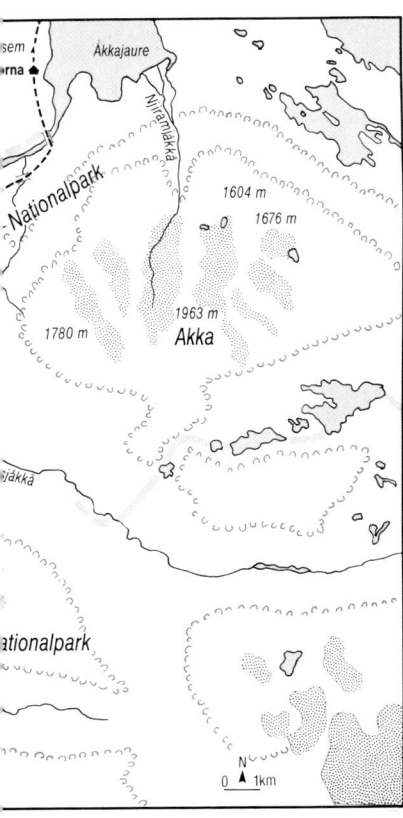

Der Weg läuft in spitzem Winkel auf den Vuojatätno zu (samisch: ›Der Fluß, den die Rentiere durchschwimmen‹), erreicht ihn gegenüber der Sameviste und folgt dem Ufer bis zu einer etwa 100 m langen Hängebrücke. Sie ist nur die erste von drei Stahlkonstruktionen, die das **Mündungsgebiet des Varka** (Abfluß des Sallohaure) in den Vuojatätno überspannen, und wer den links abzweigenden Weg beschreitet, der hat sich für die 24 km lange Alternativroute entschieden, die die Kutjaurestugan mit Vaisaluokta am Akkajaure verbindet. Unsere, nach Änonjalme ausgeschilderte Route mißt zwar 28 km, ist aber dennoch schneller und führt uns über ein halbes Dutzend Wiesenrücken, bevor der Weg wieder durchs ebene Feuchtland verläuft (meist über Dielenstege), um den vom Voujatätno gebildeten Tsåkahaure zu umrunden. Etwa 70 Min. sind vergangen, seit wir die Hängebrücke passiert haben, da taucht vor uns am Ufer des Kutjaure (samisch: ›Lachsforellensee‹) die **Kutjaure-Sameviste** auf, die aber noch etwa 50 Min. entfernt ist. Den Weg dorthin markieren Holzpflöcke. Wir passieren mehrere Sumpfflächen, einen Birkenhain, schließlich eine gewölbte Holzbrücke. Dann stehen wir, 500 m vom Dorf entfernt, vor einem Schild, das zu einem Besuch der Sameviste einlädt. Es berichtet von Unterkunft, frischem und geräuchertem Fisch, einem Kiosk (mit Grundnahrungsmitteln), Bootsverleih und – Labsal für den Körper – von einer Sauna.

Wer dieser Verlockung widersteht, der hat noch etwa 1 Std. vor sich. Der Weg schwenkt vom See nach Westen, direkt auf den Akka zu, und führt über lange Dielenstege durch eine ausgedehnte Moorfläche auf einen mit Birken und Kiefern licht bestandenen Moränenwall, der sich auf die **Kisurisstugan** zuwindet. Schließlich

ten Vuojatätno (Abfluß des Vastenjaure) im Blick sowie die Sallohaure-Sameviste, die sich im schmalen Sumpfland zwischen dem Vuojatätno und dem sich nördlich anschließenden Sallohaure ausbreitet. Exakt ausgerichtete Reihen grünlicher und bräunlicher Erdkegel, die zu Hunderten aus dem zerfaserten Sumpfland zu unserer Linken aufragen, verleihen der Landschaft ein archaisches Aussehen. Blaugrau hebt sich das Wasser gegen das Schwarzblau der Berghänge ab, und im Nordosten klafft ein Trogtal zu Füßen der fast 2000 m hohen und tief zernarbten Felsmasse des Akka. Wie ein Wesen aus grauer Vorzeit thront die ›alte Tante‹ über dem Land.

227

taucht die Wanderhütte (mit Nottelefon) vor uns auf, von der wir nach weiteren 10 Min. nur noch durch ein tief ausgewaschenes Bachbett getrennt sind.

14 km liegen noch vor uns, und diese Strecke ist im Vergleich zu den letzten Etappen wirklich ein Spaziergang, den man gut und gerne in 3 Std. bewältigen kann. Durch lichten Wald erreichen wir rund 10 Min. nach Kisuris (samisch: ›junges Ren‹) den glasklaren Spietjaujåkkå (auch: Kisurisjåkkå), der die Grenze des Padjelanta-Nationalparks markiert. Eine Brücke führt auf die andere Seite, die zum Sarek-Nationalpark gehört, den wir aber schon nach 2 Min. über eine weitere Brücke, die den milchigen Sjnjuftjutisjåkkå überspannt, wieder verlassen. Am jenseitigen Ufer dieses Gletscherflusses betreten wir schließlich den Stora-Sjöfallet-Nationalpark, in dem wir schon nach etwa 500 m bis zu 1 m tiefe Mulden mit bis

Die Zivilisation hat sie wieder ...

zu 4 m Durchmesser gewahren. Sie haben keinen natürlichen Ursprung, sondern sind vor vielen Jahrhunderten von den Samen als sogenannte Renfanglöcher gegraben worden, was man noch deutlich an den Erdwällen feststellen kann, die ringsum aufgeschüttet sind.

Ein Stückchen weiter läßt sich das ganze Trogtal bis hinunter zum Akkajaure überblicken. Links sehen wir die Stromschnellen des Vuojatätno, und auf der rechten Seite steigt steil und drohend der aus schwarzem Amphibolit, violett schattiertem Syenit und braunrotem Granit bestehende Felsgigant des Akka auf. Nach insgesamt etwa 1 Std. erreichen wir einen ramponiert aussehenden Birkenwald: Er wurde in den 50er Jahren von Schädlingen schwer verwüstet und hat sich davon noch immer nicht vollkommen erholen können. Bald passieren wir einen kleinen, mit Feuerstelle und WC ausgestatteten Rast- und Zeltplatz. Und blicken wir 30 Min. später nach rechts, zum Akka, so sehen wir, daß an seiner oberen Flanke eine riesenhafte, trichterförmige Öffnung klafft, die nahezu vollständig von hellblau schimmerndem Eis bedeckt ist. Dort, wo die Zunge des Gletschers über den Fels leckt, sickert ein Bach heraus, der über Steine zu Tal springt und schließlich unseren Weg unter einer Brücke kreuzt. Rund 3 km sind es noch bis zur Wanderhütte, und wer die Einsamkeit sucht, der sollte hier, auf der **Wiese** oberhalb des milchigen Gletscherbachs, sein Zelt aufschlagen.

15 Min. noch, dann schwenkt der Weg nach links, steigt zum **Vuojatätno** hinunter und quert ihn dort (Hängebrücke), wo der Fluß eine imponierende Stromschnelle bildet. Das Ufer markiert die Grenze des Stora-Sjöfallet-Nationalparks, und entlang eines mit Steinen übersäten, recht mühsam zu begehenden Weges erreichen wir schließlich die an einem licht

bewaldeten Flachhang gelegenen **Akkastugorna,** die reiche Aussicht auf den Akka und seinen Gletscher, auf die Vuojatätno-Mündung und den Akkajaure sowie auf die Berge im Norden bieten. Es ist viel schöner, hier noch einmal zu übernachten, als in Ritsem auf der anderen Seite des Sees, wohin von der Änonjalme-Sameviste aus zweimal täglich (morgens und abends) ein Boot verkehrt.

Zum **Bootsanleger** sollen es laut Schild 3 km ab Akkastugorna sein, aber wir bewältigen die Distanz in knapp 30 Min. über einen einfach zu begehenden Weg.

Am Ufer über dem aufwendigen Anleger können wir noch kurz in einen Kiosk einkehren (hier gibt es auch Lebensmittel), bevor wir das Akka-Schiff besteigen, das uns schnell nach **Ritsem** befördert. Direkt oberhalb an der Straße hält der Bus Richtung Gällivare (der u. a. auch in Kebnats stoppt; s. Wanderung Nr. 23 und 24). Wer zum Ausgangspunkt Kvikkjokk zurück will, steigt an der Hauptstraße (Ritsemvägen) aus und wartet dort auf den Bus nach Jokkmokk (täglich außer Sonntag) mit Anschluß nach Kvikkjokk.

30   Das Reivo-Naturreservat – eine Taiga im kleinen

Spaziergang durch ein Nadelurwald-Refugium mit zahlreichen Moorflächen und vielfältiger Flora und Fauna.

Dauer/Länge: ca. 2 Std., ca. 6 km.
Wegverlauf/Entfernungs-/Höhenangaben: Parkstreifen mit Wegweiser zum Kyrkstigen (460 m) – See (30 Min., 490 m) – Lichtung mit Wegweiser (30 Min., 530 m) – Schotterstraße (40 Min., 460 m) – Parkstreifen (15 Min., 460 m).
Wegbeschaffenheit: Drei Viertel der Strecke führen über bequem zu begehende (Wald-)Wege und ein Viertel über verstegte Pfade, die aber eine Erneuerung nötig hätten (z. T. durchgefault).
Orientierung: Gelbe Farbmarkierungen, z. T. etwas unübersichtliche Wegführung.
Kartenmaterial: Gibt es nicht über diese Region, aber die hier abgebildete Karte genügt vollkommen.
Wanderzeit: Möglich zwischen Anfang Juni (bis Mitte Juli z. T. äußerst morastig; Mückenplage Ende Juni bis Anfang

August) und Mitte Oktober, ideal von Anfang August bis Ende September.
Information/Angeln: *Turistbyrå Arvidsjaur,* Östra Skolgatan 18, Arvidsjaur, ✆ 09 60/1 58 00; alltags von 9–17 Uhr, Sa bis 12 Uhr. Hier ist auch der Angelschein erhältlich: Der Reivo-See gilt als besonders fischreich.
Ausrüstung: Grundausstattung, Gummistiefel sind zu bevorzugen. Lebensmittelladen in Arvidsjaur.
Hütten-/Zelttour: Keine Hütten am Weg, auch kaum zum Zelten geeignete Plätze.
Anfahrt: Von der R 88 zweigt in einer weitgestreckten Talmulde rund 12 km nördlich von Arvidsjaur eine Schotterpiste zum westlich gelegenen *Reivo-Reservat* ab. Aber man muß langsam fahren, um das altersschwache grüne Schildchen links der Straße ausmachen zu können. Es folgt eine Piste durch Rodungsgebiet bis zum Rastplatz am Reivo-See. Keine öffentlichen Verkehrsmittel.

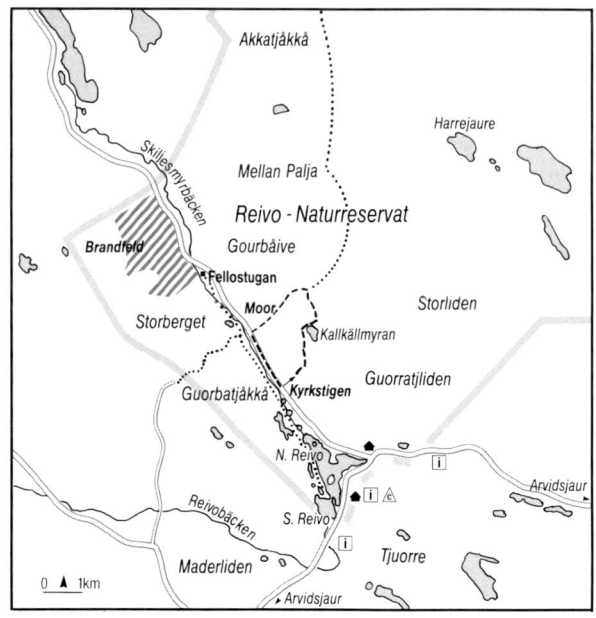

Route 30

Unterkunft: Der Rastplatz direkt am Reivo-See gehört zu den schönsten, die wir in Schweden besucht haben. Für Zelt, Wohnmobil oder Caravan ist es optimal: auch Feuerstellen sind vorhanden, außerdem eine Schutzhütte (die aber arg verräuchert ist). Zimmer und Ferienhäuser sowie Jugendherberge in Arvidsjaur.
Für Kinder: Ein Spaziergang für die ganze Familie.
Mountain Bike: Nicht geeignet.
Anschlußwanderungen: Mit einer vernünftigen topographischen Karte, die aber nicht zu bekommen ist, würde sich noch so manche Tour anschließen lassen, denn zahlreiche Wanderwege führen durch das Reservat.

Das 160 km² große Reivo-Naturreservat liegt südlich 66°33' nördlicher Breite und somit außerhalb des von uns als ›Region nördlich des Polarkreises‹ definierten Lappland. Aber die Natur kümmert sich nicht um solche Abgrenzungen. Das anstehende Schutzgebiet gilt als eines der letzten problemlos erreichbaren Nadelurwald-Refugien Nordschwedens und ist als solches wert, näher betrachtet zu werden. Wer noch nach Lappland will, der kann hier erste ›Tuchfühlung‹ mit der Taiga aufnehmen, und wer auf der Heimreise ist, findet alles nach Maß für einen gelungenen Abschied.

Vom Rastplatz N.Reivo aus folgen wir der um den See herumführenden Schotterstraße für etwa 4 km bis zu einem schmalen, direkt rechts vor einer Flußbrücke gelegenen **Parkstreifen,** wo ein gelber Wegweiser mit der Aufschrift ›Kyrkstigen‹ in den Fichtenwald zeigt, der sich sofort von seiner schönsten Seite präsentiert: Aus einem Meer von Blaubeeren ragen bemooste Steine wie Inseln auf. Der deutlich sichtbare Weg ist ausgetreten und geleitet mit gelben Farbmarkierungen sicher durch das leicht gewellte und unmerklich ansteigende Terrain. Nach

10 Min. führt der Weg von rechts an einen Bach heran, quert ihn bald darauf (der geradeaus führende Trampelpfad verläuft sich) und verläuft in ziemlich gerader Linie (an einem nach links abzweigenden Pfad vorbei) durch den Forst, der zusehends an einen Urwald erinnert: Graue Riesenkiesel liegen verstreut zwischen den Leichen umgestürzter und merkwürdig verdrehter Bäume, deren Äste, wie die lebender Bäume auch, mit langen Bartflechten behangen sind.

Nach weiteren 5 Min. erreichen wir eine Feuchtstelle, aus der Hunderte verfaulter und umgestürzter Baumstämme aufragen, was die Frage aufwirft, warum Fichten auf einem durchnäßten Boden absterben. Bäume benötigen Stickstoff zum Leben, und weil sie ihn nicht direkt der Luft entnehmen können, sind sie auf Bakterien angewiesen, die den Luftstickstoff im Boden in lösliche Nitrate umwandeln, die von den Wurzeln aufgenommen werden. Überschwemmte Böden aber enthalten keinen Sauerstoff, den die Bakterien zum Leben benötigen. Die Bäume sterben also ab, und nur die Erle, die mitunter mit stickstoffbildenden Bakterien in Symbiose lebt, kann im Sumpfland existieren.

Der Weg ist auch weiterhin markiert, hat einen angenehm weichen Nadelbelag und führt, wann immer feuchte Passagen oder kleinere Bäche zu queren sind, über Baumstämme, die vielerorts die sonst üblichen Dielenstege ersetzen. Noch immer bestimmen Fichten das Bild, schnurgerade gewachsene, hohe und schlanke Fichten, aber je höher wir kommen, desto mehr Kiefern und Birken säumen den Weg, der nach insgesamt rund 30 Min. nahe an einen rechts schimmernden See heranführt. Der Anblick ist verlockend, und so schlagen wir uns die rund 50 m bis ans Ufer durch, wo mehrere Plastikapparaturen unsere Neugierde wecken. Wir sehen Trichter

Wandern mit Kindern? Kein Problem

Wildes Campen am Reivo-See

und Filter, Röhren und Auffangbehältnisse und nehmen an, daß die Vorrichtungen der Messung des sauren Regens dienen, von dem ja auch Lappland nicht verschont geblieben ist. Der See entpuppt sich als Oval im Schilf- und Waldsaum, ist von ein paar Entenfamilien bevölkert und von vielen trockenen Heidebuckeln umgeben, die sich als Sitzkissen anbieten.

Der Weg führt links um die etwa 300 m lange Wasserfläche herum und steigt dann auf einen 50 m höheren Waldrücken an, der zur Abwechslung mal ausschließlich mit wuchtigen Kiefern bestanden ist. Nach rund 15 Min. müssen wir den Arm einer links liegenden, ausgedehnten Moorfläche queren, und wer keine Gummistiefel trägt, sollte den (mindestens wadentiefen) Morast weiträumig umwandern. Direkt dahinter muß man einen nach links abzweigenden Pfad ignorieren und geradeaus weiterlaufen. Wir passieren eine zweite Moorfläche, ignorieren erneut einen Seitenweg (ebenfalls gelb markiert) und laufen direkt auf das Ufer eines zu querenden Baches zu, hinter dem sich eine dritte Moorfläche öffnet. Dann dominieren wieder Fichten, der Weg verläuft durch eine regelrechte Waldschneise und erreicht bald (nach insgesamt etwa 1 Std.) eine **Lichtung** mit Wegweiser und daran befestigter topographischer Karte. Geradeaus ist der ›Kyrkstigen‹ ausgeschildert, den wir hier verlassen (der Pfad quert den Park, stößt an seinem Nordrand auf eine Schotterstraße), um auf einen nach links weisenden, gelb markierten (aber nicht ausgeschilderten) Weg abzubiegen.

Rund 40 Min. liegen jetzt noch bis zur **Schotterstraße** vor uns (plus 15 Min. bis

zum Fahrzeug: nach links), und in dieser Zeit werden wir mehr als ein halbes Dutzend offene Moor- und Sumpfflächen queren, die alle parallel zueinander verlaufen und durch schmale Waldrücken getrennt sind. Der Wegverlauf ist eindeutig (nach rechts und links abzweigende, z. T. auch markierte Pfade ignorieren) und überwindet die mehr als 200 m langen Strangmoor-Passagen mit Hilfe von Dielenstegen, die allerdings – weil teilweise angefault und morsch – dringend eine Erneuerung nötig hätten. Aber keine Angst: Wer abrutscht, sackt nicht ins Bodenlose, sondern nur ins maximal Knietiefe …

Etliche Seggenarten und Wollgräser sowie Fieberklee und Sumpfblutauge sind jetzt unsere ständigen Begleiter, und mit ein bißchen Glück können wir die Sumpfohreule auf Mäusejagd über die Moore streichen sehen, die wohltönende Balzstrophe des Bruchwasserläufers hören, vielleicht sogar das kilometerweit schallende Trompeten der Kraniche oder – aber nur im Frühsommer – das Kullern und Fauchen der balzenden Birkhähne, die im Reivo-Naturpark ebenfalls vertreten sein sollen. Aber das ausgedehnte Feuchtgebiet ist auch ein Paradies für Beerensammler. Massen von Multebeeren sind hier im August zu finden, während die Blaubeeren in den Waldgürteln durchaus schon im Juli reif sein können. Wie eine wissenschaftliche Untersuchung gezeigt hat, liegt der Marktwert der Beeren in entsprechenden schwedischen Wäldern höher als der der Holzproduktion. Schade ist nur, daß sich Beeren (die ja unter das ›Jedermannsrecht‹ fallen) wirtschaftlich kaum nutzen lassen.

Praktische Reiseinformationen

Vor der Reise

Informationsstellen

Auskünfte für eine Reise nach Lappland kann man unter folgenden Adressen anfordern:

Norwegen

Die Auslandsvertretung für den deutschen Sprachraum:
Norwegisches Fremdenverkehrsamt
Mundsburger Damm 27
D-2000 Hamburg 76
✆ 0 40/22 71 08–10

Finnland

Finnisches Fremdenverkehrsamt
Darmstädter Landstr. 180
D-6000 Frankfurt 1
✆ 0 69/9 61 23 60

Finnische Zentrale für Tourismus
Schweizergasse 6
CH-8001 Zürich
✆ 01/2 11 13 40

Schweden

Schwedisches Touristik-Amt
Burchardstr. 22
D-2000 Hamburg 1
✆ 0 40/33 01 85

Schwedische Touristik-Information
Wiesenstr. 9
CH-8008 Zürich
✆ 01/3 83 41 30

ÖAMTC-Reisen
Schubertring 1–3
A-1010 Wien
✆ 02 22/71 99

Diplomatische Vertretungen

Königlich Norwegische Botschaften
Mittelstr. 43
D-5300 Bonn 2
✆ 02 28/81 99 70

Dufourstr. 29
CH-3005 Bern
✆ 0 31/44 46 76

Bayerngasse 3
A-1037 Wien
✆ 02 22/75 66 92

Finnische Botschaften
Friesdorfer Gasse 1
D-5300 Bonn
✆ 02 28/38 29 80

Weltpoststr. 4
CH-3015 Bern
✆ 0 31/43 30 31

Untere Donaustr. 13–15
A-1020 Wien
✆ 02 22/24 75 21

Königlich Schwedische Botschaften
An der Heussallee 2–10
D-5300 Bonn 1
✆ 02 28/26 00 20

Bundesgasse 26
CH-3001 Bern
✆ 0 31/21 05 63

Donaustr. 49–51
A-1020 Wien
℘ 02 22/33 45 45

Einreisebestimmungen

Personalpapiere

Für die Einreise nach Schweden, Norwegen sowie Finnland benötigen Bürger der Bundesrepublik Deutschland, der Schweiz und Österreichs einen gültigen Personalausweis bzw. eine Identitätskarte oder einen Reisepaß.

Fahrzeugpapiere

Kraftfahrzeuge müssen beim Grenzübertritt das Nationalitätskennzeichen tragen; die Internationale Versicherungskarte (Grüne Karte) ist nicht erforderlich, wird aber empfohlen. Der nationale Führerschein ist ausreichend (auch um ein Auto vor Ort zu mieten).

In Schweden wird für Diesel-Wohnmobile über 3,5 t oder für solche, die Platz für mehr als 8 Personen bieten, eine Gebühr erhoben (Einfuhrerklärung bei der Einreise ausfüllen), die sich nach Anzahl der gefahrenen Kilometer berechnet (2,50 bzw. 2 SEK pro 10 km). In Norwegen ist die Höchstbreite von Campingwagen auf 2,30 m begrenzt (in Finnland auf 2,60 m), die Gesamtlänge eines Gespanns darf 18,5 m nicht überschreiten.

Einfuhr von Tieren

Lassen Sie es lieber bleiben, denn nach Norwegen dürfen weder Säugetiere noch Vögel eingeführt werden, und in Schweden besteht ein viermonatiger Quarantänezwang. Lediglich Finnland läßt Hunde und Katzen passieren, so das Gesundheitszeugnis (mindestens 30 Tage, maximal 12 Monate alt) eines autorisierten Tierarztes aus dem Herkunftsland vorliegt.

Einfuhr von Waren

Alle Gegenstände für den persönlichen Bedarf können problemlos eingeführt werden. Man kann damit die grün markierten Ausgänge (nichts zu verzollen) benutzen. Eingeführt d. h. persönlich mitgeführt werden dürfen:

Alkohol (Altersgrenze 20 Jahre): 1 l Spirituosen, 1 l Wein und 2 l Bier oder 2 l Wein und 2 l Bier. – Wer diese Mengen überschreitet, ohne sie zu verzollen, und ertappt wird, muß mit drastischen Geldbußen rechnen!

Tabakwaren (Altersgrenze 16 Jahre): 200 Zigaretten oder 250 g Tabak.

Lebensmittel (Altersgrenze 12 Jahre): Nach Schweden und Finnland dürfen 15 kg Lebensmittel abgabefrei mitgebracht werden (im Gesamtwert bis zu 1000 SEK bzw. 1500 FIM), nach Norwegen Waren bis zu 1200 NOK (aber nur max. 5 kg Fleischkonserven). Verboten ist in allen drei Ländern die Einfuhr von Fleisch (außer Konserven), Kartoffeln (in Schweden auch Wurzelgemüse, Erbsen und Bohnen) sowie Eiern und Milchprodukten.

Gesundheitsvorsorge

Da zwischen den skandinavischen Ländern und Deutschland, der Schweiz und Österreich keine Sozialabkommen bestehen, empfiehlt sich der Abschluß einer privaten Auslands-Krankenversicherung.

In Schweden ist für eine ambulante Behandlung eine Pauschalgebühr von 100 SEK zu entrichten (gilt nicht für Zahnbehandlungen); in Norwegen kostet eine normale Arztkonsultation 62 NOK, und in Finnland wird für einen Besuch der Krankenhäuser 50 FIM berechnet (private Ärzte sind wesentlich teurer). Alle Honorare sind bar zu bezahlen.

Die Mitnahme einer umfangreichen Reiseapotheke ist unnötig, da die Apotheken in den anstehenden drei Ländern gut bestückt sind: aber nur mit Erzeugnissen der pharmazeutischen Industrie; homöopathische Medikamente sowie Gesundheitstees sind nahezu unbekannt.

Anreise

... mit dem Auto

Ohne Fähren geht es nicht, und wer in den Monaten Juli und August anreist, ist gut beraten, eine Reservierung vorzunehmen. Welche der rund zwei Dutzend Verbindungen bevorzugt wird, hängt von der Routenwahl, aber auch vom Geldbeutel ab.

Die längste und teuerste Verbindung ist die mit dem Finnjet nach Helsinki, von wo man aber auch nur rund 850 km bis zum Polarkreis zurücklegen muß. Die Vogelfluglinie (Puttgarden/Fehmarn – Rødbyhavn/Dänemark sowie Helsingør/Dänemark – Helsingborg/Schweden) ist die kürzeste und schnellste Verbindung, und von Helsingborg beträgt die Distanz bis zum Polarkreis rund 1400 km. Wer durch Norwegen anreisen will, wird die von Frederikshavn/Dänemark nach Oslo verkehrende Fähre

Wichtige Fährverbindungen

bevorzugen und hat von dort aus rund 1000 km bis Lappland vor sich; aber die Strecke ist sehr kurvenreich und beansprucht wesentlich mehr Zeit als eine Fahrt durch Schweden. Ein Preisvergleich lohnt stets, man sollte sich in einem Reisebüro beraten lassen und dort auch bereits das Ticket erstehen: es ist in vielen Fällen billiger als am Fährhafen.

Die **Mitfahrzentralen** vermitteln Mitreisegelegenheiten und verlangen von Mitfahrern um 150 DM für die einfache Strecke bis zum Polarkreis. Eine komplette Adressenliste aller in Deutschland angemeldeten Mitfahrerzentralen kann man anfordern beim:

Verband deutscher Mitfahrzentralen e. V.
Antwerpener Str. 6–12
5000 Köln 1
✆ 02 21/56 19 74

... mit dem Bus

Oslo, Stockholm und Helsinki stehen auf dem Programm des Europa- sowie Continentbus, in den man in den meisten größeren Städten der Bundesrepublik Deutschland zusteigen kann. Von den Zielorten aus besteht täglich Busanschluß in den hohen Norden (etwa nach Mo i Rana, Jokkmokk, Kuusamo etc.), und auch über diese Verbindungen sollte man sich in einem guten Reisebüro beraten lassen; die von den jeweiligen Fremdenverkehrsämtern herausgegebenen Reisehandbücher informieren ausführlich.

... mit der Bahn

Die Bahnanreise nach Finnland erfolgt über Kopenhagen (umsteigen) und Stockholm (umsteigen auf Fähre) nach Helsinki und Turku, und von dort aus kann man per Schiene bis Rovaniemi am Polarkreis gelangen. Nach Schweden fährt man normalerweise über Hamburg und Kopenhagen nach Helsingborg und von dort aus weiter nach Stockholm mit Anschluß nach Kiruna und Narvik. Von Hamburg bis Oslo ist der Zug mindestens 15 Std. unterwegs (inkl. Fährzeiten), und die nördlichste von dort aus erreichbare Destination ist Bod∅.

Aber eine Bahnfahrt ins ›Land der Mitternachtssonne‹ ist unverhältnismäßig teuer, und wer zu alt für ein Interrail-Ticket ist, kann selbst mit dem Flugzeug günstiger anreisen.

... mit dem Flugzeug

Drehpunkt für Nordschweden ist Stockholm, für Nordfinnland entsprechend Helsinki und für Norwegen entweder Oslo oder Bergen. Diese Destinationen kann man von Berlin, Hamburg, Frankfurt, Düsseldorf, München, Zürich und Wien aus direkt erreichen, und am gleichen Tag hat man auch in aller Regel Fluganschluß nach Lappland (etwa u. a. nach Rovaniemi oder Inari, Kiruna oder Gällivare, Mo i Rana, Narvik, Tromsø oder Alta).

Der Tarif ›Flieg & Spar‹ hilft Geld zu sparen, aber es gibt auch sogenannte Billigtickets (nur in einschlägigen Reisebüros), die noch wesentlich günstiger sein können.

Reisen in Lappland

Mit dem Auto

Straßenzustand

Über den Zustand der Straßen in Lappland kursieren phantastische Gerüchte. Tatsache ist, daß alle Hauptstraßen und auch die meisten Nebenstraßen asphaltiert und in durchweg gutem Zustand sind. Die Zeiten, als man sich mit zusätzlichen Stoßdämpfern ausrüsten mußte, gehören wirklich der Vergangenheit an, und selbst die nicht asphaltierten Pisten sind – weil mit einem asphaltähnlichen Ölkiesbelag bedeckt – gut und auch zügig zu befahren.

Verkehrsbestimmungen

In Norwegen setzt die Topographie der Geschwindigkeit enge Grenzen, die oft unterhalb der gesetzlich erlaubten liegen: 50 km/h innerhalb geschlossener Ortschaften, 80 km/h außerhalb bzw. 70 km/h für (gebremste) Gespanne; wer 60 km zu schnell fährt und erwischt wird, darf z. B. 700 NOK Strafe zahlen.

In Schweden und Finnland könnte man aufgrund der Topographie das Gaspedal zumeist durchtreten. Gegen das Rasen spricht aber, daß die Straßen auch von Elchen und Rentieren frequentiert werden. Und natürlich die Geschwindigkeitsbegrenzungen, die innerhalb geschlossener Ortschaft bei 50 km/h liegen und außerhalb bei 70–110 km/h; in Wohngebieten sind meist nur 30 km/h erlaubt, und Überschreitungen können durchaus auch mit Führerscheinentzug geahndet werden.

Natürlich besteht Anschnallpflicht, und wer ›gurtlos‹ erwischt wird, muß mit drastischen Strafen rechnen. Wer mit mehr als 0,5 Promille am Steuer sitzt, kann in Norwegen ins Gefängnis wandern, wird aber definitiv seinen Führerschein auf ein Jahr abgeben müssen. In Schweden gilt die 0,2-Promille-Grenze, in Finnland die 0,5-Promille-Grenze und ab 1,5 Promille wird man für mindestens ein halbes Jahr ›aus dem Verkehr gezogen‹.

Mit umgerechnet etwa 100 DM Strafe wird in allen drei Ländern bestraft, wer mißachtet, daß grundsätzlich, also auch tagsüber, mit Abblendlicht gefahren werden muß.

Tanken

Bleifreies Benzin gibt es so gut wie an jeder Tankstelle. Das Tankstellennetz aber ist – je nach Landschaft – dünn bis äußerst dünn –, und nach 22 Uhr sind in Norwegen und Finnland oft nur noch Geld- oder Kreditkarten-Automaten in Betrieb (meist nicht für Diesel), in Schweden hingegen wird schon gegen 21–22 Uhr ›Zapfenstreich geblasen‹, und nur in Kiruna kann man bis 24 Uhr fündig werden.

Die Mitnahme eines Reservekanisters ist somit stets und überall zu empfehlen. Ebenso das Horten von (nicht geknickten) Geldnoten für die Automaten. Mit Kreditkarten (meist VISA, seltener Eurocard) ist das Bezahlen problemlos.

Die Treibstoffpreise sind völlig instabil, und nur so viel sei gesagt: sie sind in aller Regel höher als in Deutschland, am höchsten in Schweden, wo auch Diesel unverhältnismäßig teuer ist. In Norwegen ist Diesel günstiger als in Deutschland, und in Finnland dürfen Ausländer das relativ billige Heizöl tanken, was an *Polttoölji*-Zapfsäulen (nicht an jeder Tankstelle) erhältlich ist.

Probleme

Wer einen Elch oder ein Ren ›anrempelt‹, hat ein Problem, nämlich ein meist völlig verformtes Fahrzeug, und ist verpflichtet, den Wildschaden sofort der nächsten Polizeidienststelle zu melden. Es empfiehlt sich der Abschluß einer Teilkasko-Versicherung, die Wildschäden einschließt; am besten auch Glasbruch, denn die oft aufgerauhten Straßen können wahre Windschutzscheiben-›Killer‹ sein.

Autopannen, die nicht selbst behoben werden können, plündern leicht die Reisekasse, denn unter umgerechnet rund 100 DM/Std. ist kein Mechaniker bereit, einen Finger zu krümmen. Nottelefone existieren so gut wie nicht, aber da die meisten Norweger und Schweden (nicht so die Finnen) ein Autotelefon ihr Eigen nennen (und anzuhalten ist bei einem Pannenfall Ehrensache in Lappland), ist eine Pannenhilfe trotzdem meist schnell alarmiert.

Autodiebstahl übrigens ist kein Thema in Lappland.

Mietwagen

Auch Wohnwagen und Wohnmobile können in Schweden, Finnland und Norwegen gemietet werden (Adressen über die Fremdenverkehrsämter), aber die Kosten belaufen sich auf rund 1500–2000 DM pro Woche.

Normale PKWs sind in fast jeder größeren Stadt erhältlich und können bereits von der Bundesrepublik, der Schweiz und Österreich aus gebucht werden (z. B. über Avis, Inter-Rent etc.); es ist üblich, eine Kaution zu hinterlegen (oder Kreditkarte vorzeigen). Viele Vermieter geben ihre Fahrzeuge nur an Personen über 25 Jahre ab. Der nationale Führerschein ist ausreichend.

Mit öffentlichen Verkehrsmitteln

Wer sie nutzen will, sollte die Fremdenverkehrsämter kontaktieren und entsprechende Broschüren anfordern. Die Schweden sind auf die Belange nichtmotorisierter Wanderer am besten eingerichtet und geben jährlich aktualisierte Fahrpläne heraus, die alle Transportfragen erschöpfend beantworten: fragen Sie nach den (auch vor Ort erhältlichen) Heftchen ›Kungsleden – Busstidtabell för fjällinjerna‹ und insbesondere nach ›Turisttrafik i fjällen‹. Diese vom STF herausgegebene Broschüre beantwortet alle Fragen zu öffentlichen Verkehrsmitteln (auch Flug- und Fährverbindungen) und ist kostenlos erhältlich.

Die **Eisenbahn** kann nur für die Anreise empfohlen werden, denn die Schienenstränge der drei Länder führen zwar bis, aber nicht durch Lappland. Ausnahme: die ›Erzbahn‹, die Luleå in Schweden via Kiruna mit Narvik in Norwegen verbindet.

Norwegisch-Lappland verfügt über ein sehr dichtes **Flugnetz,** und rund 24 Destinationen werden angeflogen (von SAS, Widerøe, Norsk Air und Braathens); die Preise sind niedrig, und häufig hat man gute Chancen, auch ›Standby‹ (›Last Minute‹-Ticketkauf am Airport) extrem günstig transportiert zu werden. In Nordschweden sind nur Kiruna und Gällivare von Interesse, aber hier haben sich viele kleine Taxiflug-Gesellschaften etabliert, mit denen – außerhalb der Nationalparks – jedes Ziel zu moderaten Preisen erreicht werden kann. So auch in Finnland, wo das offizielle Finnair-Flugnetz sehr dünn ist (nur Enontekiö und Ivalo werden angeflogen).

Busfahren erfreut sich im Norden großer Beliebtheit, die Netze sind dicht und effektiv, am dichtesten in Norwegen. In Schweden und Finnland werden zur Saison (Mitte Juni bis Anfang/Mitte September) sogar Linien eingerichtet, mit denen man die Ausgangs- und Zielpunkte der beliebtesten Fernwanderwege erreichen kann. Der gebotene Komfort ist hoch, die Preise sind adäquat.

Taxifahren ist bei den zurückzulegenden Distanzen eine kostspielige Angelegenheit: der Fahrpreis beträgt rund 2 DM pro km.

Praktische Hinweise von A bis Z

Angeln

Lappland gilt als eines der wasserreichsten Länder der Erde; kein Wunder also, daß es auch ein Paradies für Angler und Fischer ist. Gleichgültig, ob es sich nun um Süß- oder Salzwasserfisch handelt – die Beute wird reichlich sein, auch für Anfänger. Am norwegischen Eismeer gilt das geflügelte Wort, »daß, wer nicht je Minute mindestens einen Fisch am Haken hat, ein Stümper sein muß« ...

Wer nur auf Salzwasserfische aus ist, darf wo und wie oft er will, sein Glück versuchen, ohne einen Angelschein zu erwerben. Mit Süßwasserfischen kann man seine liebe Last haben. In Schweden ist es noch am einfachsten, dort reicht es, in einem Informationsamt oder Sportgeschäft eine Angelkarte *(fiskekort)* zu erwerben (ab 35 SEK pro Tag). In Norwegen muß man erst einmal eine Grundgebühr von 60 NOK an die staatliche Fischereikasse entrichten, um in den Genuß einer staatlichen Angellizenz zu kommen (bei jedem Postamt); sodann gilt es, sich für ein bestimmtes Gebiet eine Angelkarte *(fiskekort)* zu besorgen, deren Preis – je nach Revier – variiert. Die gleiche Prozedur ist auch in Finnland vorgeschrieben, wo die staatliche Lizenz 30 FIM kostet (erhältlich in jedem Postamt).

Ärztliche Versorgung

Die meisten Ärzte sprechen Deutsch, in jedem Fall aber Englisch, Hausbesuche sind nur bei schweren Krankheiten und Unfällen üblich, und alles in allem ist die ärztliche Versorgung in Lappland ganz ausgezeichnet. Und zwar obwohl – oder vielleicht gerade weil – es kaum niedergelassene Ärzte gibt. Wer krank ist, geht ins Krankenhaus, das in jeder Stadt deutlich ausgeschildert ist (mit dem ›Roten Kreuz‹).

Diebstahl

Ist kein Thema in Lappland, und wenn sich doch mal jemand dazu hinreißen läßt, seinen Mitmenschen zu bestehlen, berichtet die Presse wochenlang über derart ›abnormes Verhalten‹.

Diplomatische Vertretungen

Botschaften der Bundesrepublik Deutschland
Oscarsgate 45
N-0258 Oslo 2
✆ 02/55 20 10

Skarpögatan 9
S-11527 Stockholm
✆ 08/6 63 13 80

Fredrikinkatu 61
SF-00 100 Helsinki
✆ 90/69 43 35

Deutsche Konsulate gibt es nur in Norwegisch-Lappland: Bodø (Sjøgaten 19, ✆ 0 81/2 00 31), Tromsø (Stakkevollveien 65, ✆ 0 83/8 75 75) und Kirkenes (Dr. Wesselsgate 8, ✆ 0 85/9 12 44).

Botschaften der Schweiz
Bygdøy Allé 78
N-0268 Oslo 2
✆ 02/43 09 90

Birger Jarlsgatan 64
S-11130 Stockholm
✆ 08/231550

Uudenmaankatu 16A
SF-00120 Helsinki
✆ 90/649422

Botschaften von Österreich
Sohus Lies gt. 2
N-0244 Oslo 2
✆ 02/552348

Birger Jarlsgatan 67
S-11356 Stockholm
✆ 08/322583

Eteläesplanadi 18
SF-00130 Helsinki
✆ 90/634255

Entfernungen

Entfernungen werden in Lappland oft (aber nie auf Verkehrsschildern) in Meilen angegeben, wobei 1 Meile 10 km entspricht.

Feiertage und Feste

Offizielle Feiertage sind in **Norwegen**:
Neujahr
Gründonnerstag
Karfreitag
Ostermontag
1. Mai
Christi Himmelfahrt
17. 5. (Nationalfeiertag)
Pfingstmontag
Erster und Zweiter Weihnachtsfeiertag

In Finnland:
Neujahr
6. 1. (Drei Könige)
Karfreitag
Ostermontag

1. Mai
Christi Himmelfahrt
Pfingstmontag
Mittsommer (Vorletzter Freitag im Juni)
Allerheiligen
6. Dezember (Unabhängigkeitstag)
Heiligabend
Erster und Zweiter Weihnachtstag

In Schweden:
Neujahr
6. Januar (Drei Könige)
Karfreitag
Ostermontag
1. Mai
Christi Himmelfahrt
Pfingstmontag
Mittsommer (Vorletzter Freitag im Juni)
Allerheiligen
Erster und Zweiter Weihnachtstag
Der schwedische Nationalfeiertag (6. Juni) ist normaler Arbeitstag.

Über die während des ganzen Jahres in Lappland stattfindenden lokalen Feste und Märkte informieren die Fremdenverkehrsämter.

FKK

Die Norweger sind prüde, die Finnen vielleicht noch prüder, und nur in Schweden ist es üblich, sich nackt in die Fluten zu stürzen.

Geld

Geld wird man reichlich los in Lappland, und fast alles ist so teuer, daß man sich fragt, wie die Norweger, Schweden und Finnen immer noch so gesund ausschauen und dazu gut gekleidet sein können ...

In Norwegen zahlt man mit Norwegischen Kronen (NOK) und Öre, das kleinste Geldstück ist 10 Öre, das größte 10 NOK; es gibt 10-, 50-, 100- und 1000-NOK-Scheine. 1 NOK entspricht etwa 0,25 DM.

241

Die Schweden rechnen mit Schwedischen Kronen (SEK) und Öre, das kleinste Geldstück ist 10 Öre, das größte 5 SEK; es gibt Scheine zu 10, 50, 100, 500 und 1000 SEK. 1 SEK entspricht etwa 0,29 DM.

Die Finnen haben Markka (FIM) und Penni, die kleinste Münze ist 5 Penni, die größte 5 FIM, Scheine gibt es zu 5, 10, 50, 100 und 500 FIM. 1 FIM entspricht etwa 0,43 DM.

Es ist günstiger, erst in Skandinavien zu tauschen, und zwar möglichst große Summen, da – unabhängig von der Summe – sehr hohe Wechselgebühren berechnet werden. Banken finden sich in jeder Stadt, in Norwegen sind sie Mo–Fr 8.15–15.30 Uhr geöffnet, in Schweden 9.30–15 Uhr und in Finnland 9.30–16 Uhr.

Bargeld zu tauschen ist problemlos (und in Schweden auch an den Postämtern möglich), Eurocheques werden ebenfalls anstandslos akzeptiert (Höchstbeträge: in Norwegen 1300 NOK, in Schweden 1400 SEK, in Finnland 900 FIM), aber in Geschäften haben sie sich als Zahlungsmittel noch längst nicht überall durchgesetzt. Mit Kreditkarten hingegen (hauptsächlich VISA, seltener Eurocard) kann man in den meisten Geschäften zahlen, auch an Tankstellen, aber Bargeld erhält man darauf nur an bestimmten Banken, und in Nordschweden in der Regel nur auf VISA (Bargeld auf Eurocard nur in Luleå).

Vom Postsparbuch kann man in allen drei Ländern Geld in der Landeswährung abheben und zwar bis zu 1000 DM pro Tag; aber das geht nicht an allen Postämtern, man sollte sich bereits zu Hause entsprechende Infohefte besorgen (an jedem Postamt).

Kanufahren

Lappland – Kanuland! Und wer kein eigenes Kanu mitbringt, der kann sich vielerorts eines leihen – mit allem Drumherum und für (nicht nur skandinavische Verhältnisse) relativ wenig Geld.

Alle Verleihstationen aufzulisten (Informationen über die Fremdenverkehrsämter), würde ebenso jeden Rahmen sprengen, wie die Beschreibung der populärsten Kanugewässer, denen viele empfehlenswerte Bücher gewidmet sind. Insbesondere die Aktivführer des Nordis-Verlages (etwa: ›Kanuwandern in Nordschweden‹, ›... in Nordfinnland‹, ›... in Norwegen‹; zu beziehen über den Buchhandel) haben sich einen guten Namen gemacht, wie auch die Handbücher des Deutschen Kanuverbandes (in guten Sportgeschäften) ihren Autoren alle Ehre machen.

Karten

Es gibt nur eine empfehlenswerte Karte, die auf einem Blatt ganz Lappland abbildet: die ›Nordkalotten-Karte‹ (1:650 000), herausgegeben vom Nordis-Verlag/Essen. Als außerordentlich zuverlässig (und sogar noch die Haupt-Wanderrouten verzeichnend) haben sich die im Maßstab 1:400 000 erstellten Straßenkarten von Kümmerly + Frey erwiesen, die den Norden Europas in mehreren Blättern vorbildlich darstellen; in jedem guten Buchhandel erhältlich.

Alle Karten und Wanderkarten (s. auch S. 46) im Buchhandel. Oder direkt (auch telefonisch) über

NORDIS
Buch- und Landkartenhandel
Postfach 343
D-4019 Essen
℘ 0 21 73/5 66 65

Versandbuchhandlung Angelika Haardiek
Postfach 5
4553 Neuenkirchen
℘ 0 54 65/4 76

Lebensmittel

An Supermärkten herrscht kein Mangel, und auch die meisten Tankstellen verstehen sich als kleine Shoppingzentren. Wer freilich zum ersten Mal einen nordischen Lebensmittelladen betritt, muß auf einen Schock vorbereitet sein: Die Preise sind hoch, für manche Artikel gar astronomisch hoch, wie man immer wieder frustrierte (ausländische) Kunden stöhnen hört. 10 DM für einen Blumenkohl, 3 DM für 1 kg Kartoffeln, 6 DM für ein Brot und 50 DM für 1 kg Fleisch sind keine Ausnahmen, und gäbe es nicht überall und immer irgend etwas im Sonderangebot, man könnte schier verzweifeln. Aber zumindest die Qualität stimmt, und wer z. B. einmal nordische Milchprodukte gekostet hat, der würde auch zu Hause gerne mehr bezahlen, um noch einmal in den Genuß solch geschmacklich unverfälschter Lebensmittel zu kommen. Aber das passiert nur den wenigsten Touristen, denn das Gros der Besucher schert sich einen Deut um die (in dieser Hinsicht nicht allzu restriktiv ausgelegten) Einreisebestimmungen und reist mit Fahrzeugen an, die bis zur Grenze der Belastbarkeit mit Eßwaren beladen sind.

Mückenschutz

Den besten Schutz bietet die Kleidung, die möglichst nicht zu eng anliegen sollte. Nicht bedeckte Stellen kann man mit Chemie einreiben, etwa mit *Autan, Bonomol, US 622* oder am besten – weil am wirksamsten – mit dem schwedischen Produkt *Djungelolja*.

Für Kinder und alle mit empfindlicher Haut empfiehlt sich *Wilmas Nordic Summer* (als Paste oder Tinktur), ein Holzteer-Naturprodukt, das zwar nichts für sensible Nasen ist, aber eben auch keine schädlichen Nebenwirkungen hat und obendrein ebenso wirksam sein kann wie die stärkste Chemie.

Viel Vitamin B 1 soll auch helfen, aber die Mengen, die man zur Vorbeugung schlucken muß, sind von gesundheitsschädigender Höhe.

Draußen hilft ein Feuer, auf das man grüne Äste und Gras legt, die Plagegeister zu vertreiben; in geschlossenen Räumen kann man (schrecklich stinkende) Räucherspiralen benutzen, und Autos, Wohnmobile, Caravans macht man am besten mückensicher, indem man Moskitonetze (alternativ: feinmaschige Gardinenstoffe) vor die Fenster spannt, die Lufteinlaßschlitze mit Fliegengittern versieht, generell alle Öffnungen verstopft.

Wer gebissen wurde, kann dem Juckreiz mit Soventol-Salbe beikommen, obwohl gewöhnlicher Salmiakgeist die gleichen Dienste versieht.

Notrufe

In Norwegen gibt es keine einheitliche Notrufnummer, jede Stadt und jeder Landkreis hat einen eigenen Notruf.

Für ganz Schweden gilt die Nummer 9 00 00 (die kostenlos von allen Telefonapparaten angewählt werden kann), und in Finnland lautet die Nummer 0 00.

Öffnungszeiten

Norwegen
Geschäfte: 9–16/17 Uhr, Do 9–19/20 Uhr, Sa 9–13/15 Uhr; den Tankstellen sind meist kleine Supermärkte angeschlossen.
Banken: Mo–Mi und Fr 8.15–15.30, Do 8.15–17 Uhr; im **Sommer** (15. 5.–1. 9.) 8.15–15 Uhr.
Alkoholläden: Mo–Mi 10–16 Uhr, Do bis 17 Uhr, Fr von 10–16 Uhr, Sa von 9–13 Uhr.
Post: Mo–Fr 8/8.30–16 Uhr, Sa 8–13 Uhr.

Finnland
Geschäfte: Mo–Fr 9–18 Uhr, Mo und Fr oft bis 20 Uhr, Sa 9–14/18 Uhr.

Banken: Mo–Fr 9.30–16.15 Uhr.
Alkoholläden: Mo–Do 10–17 Uhr, Fr 10–18 Uhr, Sa 9–14 Uhr.
Post: Mo–Fr 9–17 Uhr.

Schweden
Geschäfte: 9.30–18 Uhr, Sa 9–13 Uhr, oft bis 16 Uhr, manche Supermärkte haben auch So 10–13 Uhr geöffnet; den meisten Tankstellen sind Supermärkte angeschlossen.
Banken: Mo–Fr 9.30–15 Uhr, am Tag vor Feiertagen 9.30–13 Uhr.
Alkoholläden: Mo–Fr 10–18 Uhr.
Post: Mo–Fr 9–18 Uhr, Sa 9–12 Uhr.

Radio

Deutsche UKW-Sendungen kann man nicht empfangen, um auf Langwelle etwas hören zu können, benötigt man eine lange Antenne (ca. 2 m). Was bleibt, ist die Kurzwelle, auf der folgende Sender ausstrahlen:
Deutsche Welle: 6074 kHz, 49,0 m und 31,0 m.
Deutschlandfunk: 6090 kHz, 49,0 m.
Radio Bremen: 6190 kHz, 48,5 m.
Südwestfunk: 6030 kHz, 49,8 m.

In Norwegen senden Radio Alta (106,9 Mhz) und Radio Nordkapp (103,9 Mhz) in deutscher Sprache.
Radio Turku (Finnland) sendet um 8 und 22 Uhr Nachrichten in deutscher Sprache (etwa 45 Min.): auf MW 963 kHz und KW 6120 kHz.
Radio Schweden sendet Mo–Fr 21–23 und Sa/So 11.30–12.30 sowie 18.30–19.30 Uhr Nachrichten, Wetterbericht etc. in deutscher, englischer und französischer Sprache auf MW 1179 kHz (254 m) und KW 6065 kHz.

Restaurants

Es scheint, als habe man in Norwegisch-, Schwedisch- und Finnisch-Lappland gerade erst entdeckt, daß es so etwas wie Restaurants gibt, sie dann mit Kantinen, wenn nicht Imbißstuben, verwechselt und ganz schnell ein paar eingerichtet. Sicher: hier und da gibt es auch ein gemütliches Restaurant – so richtig mit Bedienung und Tischdecken –, aber das muß man erst mal finden, und wenn, muß man die Preise auch bezahlen können. In Norwegen kann man durchaus für umgerechnet 15 DM eine Mahlzeit einnehmen, aber in Schweden und Finnland schlägt selbst ein Schnellimbiß mit solcher Summe zu Buche, wenn man zu den Pommes Frites auch eine Wurst bestellt.

Sprache

Wer Plattdeutsch beherrscht oder – noch besser – den deutschen ›Waterkant‹-Dialekt, wird in Schweden mäßig, in Norwegen gut verstanden, in Finnland freilich überhaupt nicht. Norwegisch und Schwedisch werden üblicherweise als leicht eingestuft, Finnisch als äußerst schwer, aber auch was leicht ist, erlernt man kaum während eines (Wander-)Urlaubs. Aber man kommt immer irgendwie auch mit Deutsch zurecht, noch besser mit Englisch, denn die Leute sind denkbar hilfsbereit und verständnisvoll und sprechen fast stets (zumindest in Norwegen und Schweden) auch ein rudimentäres Deutsch (viele unsynchronisierte deutsche TV-Sendungen), so sie es nicht schon auf der Schule erlernt haben (Deutsch ist neben Englisch Zweitsprache).

Spirituosen

Ohne Zweifel gibt es einen Zusammenhang zwischen Klima und Trinkgewohnheiten, und in Skandinavien ist das Klima hart; je nördlicher man kommt, desto härter wird es – sprich: desto mehr wird getrunken. Oder besser: wurde getrunken, denn gegen Ende des letzten Jahrhunderts entstanden

Absolutistenbewegungen, die mit Erfolg gegen den ›Teufel Alkohol‹ zu Felde zogen. Heute wird der Stoff, der das Walhalla der Wikinger erst zum Paradies machte (»ein Ort, wo gekämpft, gefressen und gesoffen wurde, bis alle umfielen«) nur noch zu hohen Preisen und über ein sehr weitmaschiges Ladennetz verkauft. Und zwar sowohl in Norwegen und Schweden als auch in Finnland.

Dieser Balanceakt zur Drosselung des Verbrauchs funktioniert insgesamt einigermaßen gut, und wer während eines Lappland-Urlaubs seine Leber nicht in Ruhe lassen möchte, der wird seine Nerven strapazieren (auf der Suche nach den spärlich verteilten Läden) und seine Reisekasse belasten: Wein etwa gibt es nicht unter umgerechnet 10 DM, harte Sachen schlagen mit mindestens 80 DM zu Buche und auch für ein Döschen Bier muß man gut und gerne 5 DM auf den Tisch der (staatlichen) Alkoholläden legen. Nur Leichtbier (2,8%) und natürlich alkoholfreies Bier ist auch in Supermärkten erhältlich (etwa doppelt so teuer wie bei uns), und dieses ist – anders als bei uns – wirklich von ausgezeichneter Würze.

Wenn's trotzdem das ›echte‹ sein soll: In Finnland heißen die Alkoholshops treffend *ALKO*, in Schweden *Systembolaget* (allgemein *Systemet*) und in Norwegen *Vinmonopolet A/S* (im Volksmund *Polet*). Es gibt sie in allen Ortschaften, die Stadtrechte haben – und das sind nicht viele!

Telefon

Auslandsgespräche im Selbstwählverkehr von den meisten Telefonzellen aus, in denen in aller Regel auch eine mehrsprachige Bedienungsanleitung angebracht ist. Anrufe von Schweden aus sind teurer, von Norwegen und Finnland kosten sie etwa ebensoviel wie Anrufe aus Deutschland in diese Länder.

Von Finnland aus kann man – ohne einen Signalton abzuwarten – direkt durchwählen, läßt aber die 0 der Ortskennzahl weg: Deutschland hat die Nummer 9 90 49, die Schweiz ist unter 9 90 41 und Österreich unter 9 90 43 zu erreichen.

Von Schweden aus wählt man 0 09 49 für Deutschland vor, 0 09 41 für die Schweiz, 0 09 43 für Österreich, wartet den Signalton ab und wählt dann die Ortskennzahl ebenfalls ohne die 0, gefolgt von der Teilnehmerzahl.

Von Norwegen aus kann man ebenfalls direkt durchwählen: Deutschland 0 95 49, Schweiz 0 95 41, Österreich 0 95 43.

Tschernobyl

Der 27. April 1986 war bekanntlich auch für Lappland ein ›schwarzer‹ Tag, aber laut *Spiegel* (Nr. 38/86) verlief »die nördliche Grenze des kontaminierten Gebiets praktisch am Polarkreis«. Das heißt, daß nördlich davon die radioaktive Belastung ziemlich gering war. Dennoch lauteten die Empfehlungen der Umweltämter, auf den Genuß von Beeren und Pilzen möglichst zu verzichten. Heute sehen Schweden, Finnen und Norweger keinen Grund mehr, sich im Hinblick auf die Strahlung irgendwelche Beschränkungen aufzuerlegen, und auch Elch- sowie Renfleisch wird verzehrt wie eh und je.

In bezug auf Beeren und Pilze wird man es den Skandinaviern wohl nachmachen können, denn während der wenigen Urlaubswochen braucht man sich beim Grad der heutigen Bodenbelastung kaum Sorgen zu machen. Was das Fleisch von Ren und Elch angeht, kann aber eine gewisse Vorsicht nicht schaden, denn 1988 stieg aus bislang nicht eindeutig geklärten Gründen die Strahlenbelastung stark an, was aber nicht dazu führte, daß das Fleisch vernichtet wurde: 1986 nämlich hatten die Schweden die Obergrenze der Belastbarkeit von Fleisch auf 1500 Becquerell pro kg heraufgeschraubt, und in Norwegen wurde gar ein Sprung von maximal 300 bcq auf 6000 bcq/kg Rentierfleisch gemacht.

Unterkunft

Eine Reise durch Lappland kann eine teure Sache werden, und insbesondere die Übernachtungskosten in Hotels sind so hoch, daß einem die Haare zu Berge stehen. Selbst die billigsten Betten – etwa die der zahlreichen und für jedes Alter zugelassenen Jugendherbergen – sind nicht unter 25–30 DM zu bekommen. Lediglich Campingplätze – die in Schweden durchwegs von sehr hohem Standard sind, in Norwegen und Finnland hingegen von recht durchschnittlichem – sind für jeden Geldbeutel erschwinglich (Familie im Wohnmobil oder Zelt zahlt rund 20 DM), und auch die dort häufig vermieteten Ferienhütten sind mit durchschnittlich 40–60 DM (für 2–4 Personen) eher günstig.

Aber eine Reise durch Lappland kann auch spottbillig sein. Dann nämlich, wenn man von dem Recht Gebrauch macht, daß man nahezu überall ›wild‹ campen kann. Mit

WCs (in Schweden oft sogar zusätzlich mit Schutzhütte, Feuerstellen, Spielplatz etc.) ausgestattete Rastplätze gibt es an allen Hauptstraßen des Tourismus zuhauf, und nahezu überall (außer entlang der E 6 in Norwegen) finden sich auch idyllische Fleckchen mitten in der Natur, die gleichermaßen für Wohnmobile, Caravans und Zelte geeignet sind.

Zeit

In Norwegen und Schweden gibt es – wie in Mitteleuropa auch – die MEZ und auch die Sommerzeit (28. 3.–26. 9.). Finnland ist 1 Std. weiter (OEZ = MEZ + 1 Std.) und schaltet ebenfalls auf Sommerzeit.

Zeitungen

Deutschsprachige Zeitungen und Zeitschriften sind in Finnisch-Lappland kaum zu erhalten, im norwegischen und schwedischen Landesteil hingegen in den größeren Städten an den Kiosken (etwa in Kiruna, Jokkmokk, Gällivare, Mo i Rana, Narvik, Alta).

Wörterbuch

(In topographischen Karten gebräuchliche Begriffe)

Norwegisch

Wie im norwegischen Alphabet stehen die Umlaute æ, å und ø am Schluß.

aksla	– Ausläufer
bekk	– Bach
botn	– Talmulde, Kar
bree	– Gletscher

bru/bro	– Brücke
bukt	– Bucht
čåk'ka	– Gipfel
dal	– Tal
dokk	– Loch, Höhle, Senke
egg	– Gebirgskamm/Grat
eid	– Landenge
elv	– Fluß
fjell	– Berg, Gebirge
fjord	– Fjord
foss	– Wasserfall
fylke	– Regierungsbezirk
gard/gård	– Hof
hallet	– Abhang
halsen	– Engpaß
hamar	– Steilfels
haug	– Hügel, Anhöhe
hav	– Meer
hei	– Gebirgsrücken (flach)
holm	– kleine Insel/Schäre
hovd	– Hügel
hytta	– Hütte
hø	– Höhe(n), Gipfel
høgda	– Hügel, Berg
hølen	– Fluß-/Seetiefe
jav'ri	– See
jord	– Land
jåkka	– Fluß
jøkul	– Gletscher
kløft	– Kluft
kvelven	– Wölbung
li	– Abhang
læger	– Schutzhütte
myr	– Moor
nibba	– Gipfel
nut	– Gipfel, Bergspitze
os	– Flußmündung
pigg	– Gipfel, Bergspitze
rygg	– Gebirgskamm, Rücken
sjø	– See
skog	– Wald
skard	– Paß, Sattel
slette	– Ebene
strupen	– Paß, Sattel
straumen	– Gezeitenstrom

sund	– Meerenge
tangen	– Landzunge, Landenge
tind	– (hoher) Gipfel
tjørn	– See, Teich
topp	– Gipfel, Spitze
urd	– Geröllhang
utløper	– Ausläufer
varde	– Steinhaufen
vatn	– See
vik	– Bucht
voll	– Bergwiese
vær	– Fischerdorf
øya	– Inseln
å	– Bach
ås	– Bergrücken

Finnisch

aapa	– Moor
autiotupa	– (unverschlossene) Übernachtungshütte
avokallio	– (nackter) Fels
järvi	– See
joki	– Fluß
kämppä	– Waldarbeiter-Hütte
kävelyreitti	– Wanderroute
keittokatos	– Lagerfeuerstelle
kirkki	– Kirche
kivikko	– Blockfeld
koski	– Stromschnelle
kylä	– Dorf
köngas	– Wasserfall
laakso	– Tal
laavu	– Windschutzhütte
lampi	– (kleiner) See
luonnonsuojelualue	– Naturschutzgebiet
lomakylä	– Feriendorf
maihinnousupaikka	– Landungsstelle
metsä	– Wald
papapiiri	– Polarkreis
paikka	– Stelle/Platz
pitkospuut	– Moorsteg
polku	– Pfad
puhelin	– Telefon
puro	– Bach

silta	– Brücke
suo	– Moor
telttailualue	– Zeltplatz
tunturi	– Berg, waldloser Hügel
varaustupa	– (verschlossene) Reservierhütte
venereitti	– Bootsroute
vuori	– Berg
ylätasanko	– Hochebene

Schwedisch

ätno	– (großer) Fluß
båtled	– Bootsroute
bro	– Brücke
brygga	– Landungsbrücke
čohkka	– Gipfel
dal	– Tal
färja	– Fähre
fjällstation	– Bergstation
fors	– Stromschnelle
glaciär	– Gletscher
hjälptelefon	– Nottelefon
johka/jåkkå	– Fluß, Bach
jávri/jaure	– See
kyrka	– Kirche
kåta	– Hütte
lako	– Plateau/Hochebene
luoppal	– Bucht
naturminne	– Naturdenkmal
rastskydd	– Windschutzhütte
renstängsel	– Rentiergehege
sank mark	– Sumpfgelände
skärning	– Schlucht
skog	– Wald
stuga	– Übernachtungshütte
stugby	– Feriendorf
stugvärd	– Hüttenwirt
tjåkka	– Gipfel
turistkåta	– Übernachtungshütte
vad	– Furt
vagge	– Tal
vattenfall	– Wasserfall
vindskydd	– Windschutzhütte
vuopme	– Wald

Literatur

Zum Einstimmen

– Andersch, Alfred: Wanderungen im Norden, Zürich 1984; ein literarisches Meisterwerk des bekannten Philosophen und vielfach ausgewiesenen Skandinavien-Kenners.
– Crottet, Robert: Verzauberte Wälder, München, 1976, 4. Auflage 1989; Geschichten und Legenden aus Lappland.
– Thoma, Michael: Abenteuer Lappland, Freiburg 1986; teils Bildband, teils ›Abenteuer‹-Beschreibung, schöne Aufmachung.
– Winter, G./Sittig, H. J.: Weite des Nordlichts, Freiburg 1989; atemberaubende Fotos prägen diesen (günstigen) und mit viel Liebe gestalteten Bildband.

Natur

– Linné, Carl von: Lappländische Reise, Frankfurt 1964, 8. Auflage 1990; Tagebuchaufzeichnungen des berühmten (und Goethe inspirierenden) Naturforschers, der im 18. Jh. Lappland bereiste und als Erfinder der botanischen Fachsprache gilt.

– Marsden, Walter: Lappland, Die Wildnisse der Welt, Amsterdam 1976; ein mit vielen ausgezeichneten Fotos ausgestattetes (großformatiges) Buch.
– Schwiertz, N./Wisniewski, W.: Lappland, Hannover 1988; ein zu eigenen Beobachtungen anregender Naturführer.
– Pareys Bestimmungsbücher (Pareys Vogelbuch, Pareys Buch der Bäume, Pareys Blumenbuch, Pareys Pilzbuch, Pareys Buch der Säugetiere), Hamburg & Berlin; die fundiertesten Bestimmungsbücher in deutscher Sprache.

Reise

– Herbst, F.-P./Rump, P.: Skandinavien – Der Norden, Reise Know-How, Bielefeld 1990; ein ›alternativer‹ Reiseführer mit einer Fülle von Informationen im lustig-flapsigen Schreibstil – ›das‹ Buch der Interrailer.
– Kreuzenbeck, Ulrich: Nordkalotte, Essen 1986; nach Routen und Städten aufgeteiltes Standardwerk mit einer Fülle reisepraktischer Hinweise.

Abbildungsnachweis

Register

Raum für Reisenotizen

Von Michael Möbius und Annette Ster ist ebenfalls in unserem Verlag erschienen:

»Richtig reisen«: Gran Canaria

272 Seiten mit 31 farbigen und 129 einfarbigen Abbildungen, 11 Karten und Plänen, 28 Seiten praktischen Reisehinweisen, Register

Bitte beachten Sie auch die folgenden DuMont Reiseführer zu Skandinavien:

Norwegen

Natur- und Kulturlandschaft vom Skagerrak bis nach Finnmark

Von Ewald Gläßer. 344 Seiten mit 33 farbigen und 61 einfarbigen Abbildungen, 115 Zeichnungen, Karten und Plänen, 33 Seiten praktischen Reisehinweisen, Glossar, Literaturverzeichnis, Register (DuMont Landschaftsführer)

»Richtig reisen«: Norwegen

Von Reinhold Dey. 392 Seiten mit 65 farbigen und 171 einfarbigen Abbildungen, 12 Karten und Plänen, 94 Seiten praktischen Reisehinweisen, Register

»Mit diesem Buch haben Sie für alle Fragen, die auf einer Norwegenreise auftauchen könnten, eine Antwort parat. Ob Sie an der Mitternachtssonne oder den Öffnungszeiten der Geschäfte interessiert sind, an norwegischer Politik und Geschichte oder einfach an Museumsdaten: Das alles steckt in dem 392-Seiten-Buch übersichtlich verpackt drin. Leicht zu lesende Essays über Land und Leute sowie viele gute Fotos ergänzen den Reiseführer.«
Wiener Zeitung

»Dem Autor ist es hier zusammen mit einer ganzen Reihe von Co-Autoren gelungen, ein recht facettenreiches Bild des Landes zu entwerfen und – meist munter und gut lesbar geschrieben – dem Leser einen Einblick in das Innenleben Norwegens und der Norweger zu geben.«
Frankfurter Allgemeine Zeitung

Schweden

Vielfalt von Kunst und Landschaft im Herzen Skandinaviens

Von Werner Heinrichs. 432 Seiten mit 28 farbigen und 75 einfarbigen Abbildungen, 177 Zeichnungen, Karten und Plänen, 15 Seiten praktischen Reisehinweisen, Literaturverzeichnis, Erklärung der Fachbegriffe, Register (DuMont Kunst-Reiseführer)

»Richtig reisen«: Schweden

Von Reinhold Dey. 376 Seiten mit 40 farbigen und 183 einfarbigen Abbildungen, 24 Karten und Plänen, 49 Seiten praktischen Reisehinweisen, Register

»In dem Band ›Richtig reisen‹: Schweden aus dem DuMont Buchverlag Köln, verstehen es der Autor Reinhold Dey und dessen Mitarbeiter ganz hervorragend aufzuzeigen, wie man das Land der Mitternachtssonne oder des Nordlichts auf untraditionelle Weise entdecken kann.«
Skandinavischer Pressedienst

»Richtig reisen«: Finnland

Von Reinhold Dey. 396 Seiten mit 46 farbigen und 178 einfarbigen Abbildungen, 27 Karten und Plänen, 122 Seiten praktischen Reisehinweisen

»Das Buch beschreibt nicht nur Landschaften und Sehenswürdigkeiten (einschließlich Kapitel für Leningrad und Tallin), gibt nicht nur die üblichen Reisetips, sondern es läßt auch tiefe Einblicke in das finnische Volksleben zu – all das in einer zum Lesen anregenden Sprache – so wünscht man sich Reiseführer.«
Die Zeit

»Richtig reisen«

DuMont Kunst-Reiseführer

DuMont Reise-Taschenbücher

DuMont Reise-Taschenbücher